W0074961

Viola Falkenberg

Pressemitteilungen
schreiben

Viola Falkenberg

Pressemitteilungen
schreiben

Die Standards
professioneller Pressearbeit

Mit zahlreichen Übungen
und Checklisten

Frankfurter Allgemeine Buch

Bibliografische Information der Deutschen Nationalbibliothek
Die Deutsche Nationalbibliothek verzeichnet diese Publikation in
der Deutschen Nationalbibliografie; detaillierte bibliografische
Daten sind im Internet über http://dnb.d-nb.de abrufbar.

Viola Falkenberg

Pressemitteilungen schreiben

Die Standards professioneller Pressearbeit.
Mit zahlreichen Übungen und Checklisten

F.A.Z.-Institut für Management-,
Markt- und Medieninformationen,
Frankfurt am Main: 2010

6. Auflage

ISBN 978-3-89981-169-8

𝕱𝖗𝖆𝖓𝖐𝖋𝖚𝖗𝖙𝖊𝖗 𝕬𝖑𝖑𝖌𝖊𝖒𝖊𝖎𝖓𝖊 Buch

Copyright	F.A.Z.-Institut für Management-, Markt- und Medieninformationen GmbH Mainzer Landstraße 199 60326 Frankfurt am Main
Bildauswahl/Satz Umschlag	F.A.Z.-Marketing/Grafik
DTP	Ernst Bernsmann
Druck	Bercker Graphischer Betrieb, Kevelaer

Alle Rechte, auch des auszugsweisen
Nachdrucks, vorbehalten.

Printed in Germany

Inhalt

Vorwort

Seit der ersten Auflage von „Pressemitteilungen schreiben" vor sieben Jahren hat sich in der Pressearbeit vieles geändert: Sie wurde professioneller und der Einsatz von Internet und E-Mails selbstverständlich. Immer mehr Agenturen und Berater betreiben Pressearbeit und immer mehr Dienstleister verbreiten die Texte. Dies stößt oft auf neue Arbeitsstrukturen bei den Journalisten. Bald hat jedes Medium eine Online-Version, und unzählige Online-Medien – ob Portale oder Newsletter – sind etabliert. Das crossmediale Arbeiten wirkt ebenso auf die Arbeitsbedingungen in Redaktionen und Pressestellen wie die Boulevardisierung der klassischen Berichterstattung.

Folgen haben diese Entwicklungen für die inhaltlichen, organisatorischen und technischen Anforderungen an Pressemitteilungen. Nun gibt es Standards für die Versendung von Pressetexten per E-Mail und eingestellte Pressefotos. Während bei vielen aktuellen Medien weiterhin über zu viele und schlechte Pressemitteilungen geklagt wird, wächst die Bedeutung der Pressearbeit für Fachmedien. Der Aspekt wird allerdings von Journalisten und in der Forschung häufiger übersehen als von Pressesprechern und Public-Relations-Beratern.

Was sich erst entwickelt, sind die Standards zu Pressebereichen im Internet und für internationale Pressemitteilungen. Um eine Orientierung zu ermöglichen, wird der aktuelle Stand beschrieben. Denn auch mit der fünften Auflage soll all denen eine überzeugende Einführung angeboten werden, die Pressemitteilungen schreiben. Den geübten Profis sollte die Aktualisierung des Wissens und Einsteigern sowie PR-Dozenten der schnelle und systematische Überblick ermöglicht werden.

Berücksichtigt wurde, dass neben Pressesprechern immer mehr Public-Relations-Fachkräfte für die Texte zuständig sind. Für die rechtlichen Aspekte bedeutete dies, außer auf Gesetzesänderungen auch auf aktuelle Urteile hinzuweisen, die deren Mitverantwortung regeln. Da Schreibblockaden in beiden Berufsgruppen nach wie vor das berufliche „Aus" bedeuten können, blieb das Kapitel zu diesem oft verschwiegenen Thema erhalten. Damit die Regeln und Empfehlungen umsetzbar sind, wurden die praktischen Übungen vertieft und um Pressemitteilungen erweitert, die Satz für Satz überarbeitet werden können.

Viola Falkenberg   Im Mai 2008

1 Einführung

1.1 Rahmenbedingungen

Die schriftliche Medieninformation ist das Instrument der Pressearbeit, das am häufigsten angewandt wird. Dem Verfassen folgen oft hohe Erwartungen an die Ergebnisse der Veröffentlichung. Aber nicht nur die bleiben manches Mal aus. Mitunter entfällt schon die Veröffentlichung selbst. Dem folgen Klagen über die ignoranten Journalisten, die gerade die eigenen Pressetexte nicht richtig berücksichtigen. Einen schnellen Ausweg bietet da das Internet: Der Text kann auf die eigene Internetseite und zahlreiche Portale für Pressemitteilungen gestellt werden. Das sichert zwar die gewünschte Unabhängigkeit von Redaktionen, erreicht aber trotz weltweiter Zugänglichkeit dann doch oft weniger Menschen als erhofft. Damit die Pressemitteilungen von mehr Menschen gelesen werden, wird nicht nur in den USA propagiert, schon deren Überschriften für Suchmaschinen zu optimieren und die wichtigsten Suchworte in den ersten 100 Worten unterzubringen. Wer trotz Pressemitteilungsportalen und Pressebereich auf den eigenen Internetseiten (vgl. Kapitel 4.5 „Texte nachbereiten und nutzen") auf die höhere Glaubwürdigkeit redaktionell geprüfter Informationen nicht verzichten will, der muss seine Informationen nach wie vor dem Wettbewerb der Nachrichten in den Redaktionen aussetzen. Und wer sich nicht stärker als nötig von den Medien abhängig machen wollte, prüfte schon immer, ob parallel oder ersatzweise weitere Instrumente der Presse- oder Öffentlichkeitsarbeit genutzt werden konnten. Denn das vereinfachte es auch, nur dann eine Pressemitteilung zu versenden, wenn medienrelevante Informationen vorlagen.

Die Probleme beginnen weiterhin mit der genauen Definition der Worte: Was genau ist eine Pressemitteilung, wie unterscheidet sie sich von einer Presseerklärung oder -information? In vielen Lexika fehlen diese Begriffe ganz. Stattdessen heißt es schon mal schwammig, Presseinformationen seien „eine Information für die Presse oder eine durch die Presse". Länger als solche Definitionen ist die Liste der verwendeten Synonyme: ob Medienmitteilung oder Waschzettel, Pressemeldung oder -aussendung, Pressenachricht oder -notiz, Presseankündigung, -text oder -bericht. Einige Autoren interpretieren diese Synonyme unterschiedlich. Verstehen die einen unter einer Pressemeldung einen kurzen Hinweis auf Aktivitäten und Tätigkeiten, würden andere dies als Meldung in der Presse bezeichnen. Für sie wäre eine Presseerklärung dagegen eher eine Stellungnahme. Am häufigsten genutzt werden im Moment Terminankündigung und Pressemitteilung.

Nicht-Journalisten erschweren kaum nachvollziehbare Definitionen die Pressearbeit, während Journalisten sich um das begriffliche Wirrwarr kaum scheren. Für sie sind alle zur Veröffentlichung im redaktionellen Teil bestimmten Texte, die sie unabgesprochen erhalten, ein unverbindliches Informationsangebot, über dessen Veröffentlichung sie nach Thema und Relevanz frei entscheiden. Wer diese redaktionelle Entscheidung ganz umgehen und seine Informationen dennoch in der Zeitung haben möchte, dem bleibt der Anzeigenteil. Dort sind die Anzeigenkunden die unangefochtenen Könige.

Charakterisiert sind Texte für den redaktionellen Teil dadurch, dass sie:

- schriftliche Mitteilungen an die Presse sind,

- so geschrieben sind, dass sie ohne Änderung veröffentlicht werden können,

- ein Informationsangebot an die Redaktion darstellen, die über Änderungen und Abdruck frei entscheidet,

- aus medienrelevantem Anlass über einen Sachverhalt, ein Ereignis oder eine Einschätzung mittels Fakten oder Meinungen informieren.

Als „Gesetz des Nachrichtengeschäfts" gilt, dass alle in einer Redaktion eingegangenen Texte miteinander um die höhere Medienrelevanz konkurrieren. Das ist auch dadurch nicht zu umgehen, dass alle Regeln des Schreibens von Pressemitteilungen aufs Genaueste eingehalten werden: Gibt es – nach Einschätzung der Redaktion – Wichtigeres zu vermelden und für das Publikum Relevanteres, wird auch der professionellste Text nicht veröffentlicht: „Wenn es keinen deutschen Bezug gibt, wenn nicht hunderttausende Menschen sterben oder das Thema international auf die Tagesordnung gesetzt wird, dann laufen unser Bemühungen oft ins Leere"[1], stellte die Sprecherin von Ärzte ohne Grenzen fest. Gleichzeitig wird seit Jahren der große Einfluss der Public Relations auf die Berichterstattung beklagt. So basiert bereits jede zweite Meldung der Nachrichtenagentur dpa auf einer Pressemeldung, obwohl die meisten dort eingehenden Pressemeldungen ganz aussortiert werden.[2]

Denn berücksichtigt werden nur Informationen, die medienrelevant sind. Das sollen die Informationen sein, die die Menschen interessieren, an die sich die Redaktion wendet. Die interessieren sich – zumindest in der Theorie – für das, was

- aktuell für sie von Bedeutung ist und direkt oder indirekt betrifft. Ihre Betroffenheit gilt dabei als

- umso größer, je weitreichender die Folgen einer Entwicklung oder eines Ereignisses sind und

- je größer das Ausmaß eines Ereignisses. Das Interesse wächst mit

- der örtlichen Nähe eines Ereignisses und

- der Prominenz der Beteiligten.[3] Zunehmend wichtiger wurden

- die menschlichen und emotionalen Aspekte. (vgl. Kapitel 1.4 „Was Medien interessiert")

Wie wichtig Emotionen als Kriterium der Nachrichtenauswahl geworden sind, zeigen die Fernseh-Sondersendungen zu Unglücken und Tragödien, die immer zahlreicher werden. Das selbst so etwas ehern wir-

---

1 Petra Meyer, nach: Thomas Schröder, *„Wir müssen die Sprache der Medien beherrschen"*, in: Pressesprecher, 1/2006, S. 15.
2 Vera Linß, *Quelle der Nachricht: Öffentlichkeitsarbeit*, in: Menschen machen Medien, 9/2006, S. 22.
3 Nach: Siegfried Weischenberg, Nachrichtenschreiben – Journalistische Praxis zum Studium und Selbststudium, Opladen 1988, S. 18 ff.

kendes wie die Medienrelevanzkriterien Moden unterworfen ist, zeigte die Meldung in der Tagesschau, dass ein Kandidat des ersten „Dschun-
gelcamps" auf RTL, Daniel Kübelböck, mit einem Gurkenlaster
zusammenstieß. Jahre zuvor galt als undenkbar, dass überhaupt erwogen werden könnte, ein solches Ereignis in der Tagesschau zu erwähnen. Eine Studie im Auftrag der Journalistengewerkschaft „Netzwerk
Recherche" ergab denn auch, dass der Trend zur Boulevardisierung der
Nachrichtenthemen und zur Entpolitisierung der Fernsehnachrichten
zunimmt – „Human Touch" und „Angstthemen", Katastrophen und Kri-
minalität würden wichtiger als Innen- und Außenpolitik.[1]

Zugenommen hat auch der Bedarf an Bildern. Denn weniger Zeitungen
beschäftigen feste Fotografen und immer mehr Medien wollen immer
mehr Beiträge bebildern. Mitunter gibt schon das interessantere Foto-
motiv den Ausschlag bei der Auswahl einer Pressemeldung. Dass die
Abdruckwahrscheinlichkeit sogar um den Faktor acht steigt, wenn das
Foto der Pressemappe beiliegt – und nicht nur als Download auf Internetseiten oder Foto-DVDs verfügbar ist – will ein Presse-Fotolabor
ermittelt haben[2] (vgl. Kapitel 2.5 „Ergänzendes Material vorbereiten").

Dennoch gilt es, zuerst einen Text zu schreiben, der gute Chancen auf
Veröffentlichung hat, und vorab zu prüfen, welche Aspekte eines Themas das Publikum interessieren. Denn spätestens wenn in einem Ressort mehrere Pressemitteilungen von ähnlicher Medienrelevanz vorliegen, werden – meist aus Zeitmangel – die Texte bevorzugt, die ohne
große Änderung abgedruckt werden können. Nicht nur für die perso-
nell seit jeher schwach besetzten Redaktionen von Anzeigenzeitungen
werden Texte immer wichtiger, die nicht bearbeitet werden müssen.
Auch die Online-Redaktionen müssen oft mit wenigen Mitarbeitern
auskommen. Bei den ehemals recht gut ausgestatteten öffentlich-
rechtlichen Sendern wird ebenso Personal eingespart wie bei Lokal-
zeitungen: Arbeiteten bei den Zeitungen im Jahr 1993 noch 25.000
Redakteure und freie Journalisten, waren es im Jahr 2007 nur noch
17.000.[3] Obwohl in den öffentlich-rechtlichen Sendern – nach mehre-

---

1 hen (Autorenkürzel), *Studie: Boulevardisierung der Nachrichtensendungen nimmt zu*, in:
  epd medien, Nr. 38, 16. 5. 2007, S. 18 zur Studie „Veränderung der Nachrichtenfaktoren
  und Auswirkungen auf die journalistische Praxis in Deutschland, unter www.netzwerk.de.
2 O. A., *Mit Pressefotos achtmal höhere Abdruckchancen*, unter: www.prportal.de/?arti-
  cle=02-09-06-331464, 2.9.2006.
3 Heribert Prandl, „*Zwangsjacken*", in: epd medien Nr. 98 vom 12. 12. 2007, S. 30.

ren aufgedeckten Fällen verbotener Schleichwerbung – kostenlos angebotenes Sendematerial nicht mehr verwendet werden soll, sind auch diese auf Presseinformationen angewiesen; sei es von der Handelskammer, der Polizei, Parteien und Initiativen.

Die Anforderungen an professionell geschriebene Pressemitteilungen sind trotz der sinkenden Mitarbeiterzahl in Redaktionen eher noch gestiegen. Denn gleichzeitig konkurrieren immer mehr Pressemitteilungen von immer mehr Absendern, die immer besser ausgebildet sind, um den geschrumpften Platz für redaktionelle Berichterstattung. Mittlerweile gehört es zu den Basiskriterien, dass Pressemitteilungen journalistisch geschrieben sind. Schon das erfordert Übung. Ein Grund ist, dass vor allem zwei Arten zu schreiben ab der Grundschule eingeübt werden: das Schreiben von Schulaufsätzen und wissenschaftlichen Arbeiten. Deren inhaltlicher Aufbau (Einleitung – Hauptteil – Schluss) und als gut bewerteter Stil gelten jedoch nicht für journalistische Texte. Weder ist der grammatikalische Satzbau (Subjekt – Prädikat – Objekt) zwingend, noch gelten Schachtelsätze, Floskeln und Fremdwörter als gut (vgl. Kapitel 3.1 „Journalistisch schreiben" und 3.2 „Regeln der Schreibweisen kennen").

Dass Redakteure – je nach Befragung – zwischen 70 und 90 Prozent der Pressemitteilungen für „formal schlecht" halten und die Hälfte davon sofort in den Papierkorb wirft[1], hat aber mindestens eine weitere Ursache: Nicht wenige Presseverantwortliche und Mitarbeiter in PR-Agenturen müssen Presseinformationen auch gegen ihr ausdrückliches Votum schreiben und versenden; beispielsweise um gegenüber Sponsoren Aktivität nachzuweisen oder weil intern nicht eingesehen wird, dass es die Glaubwürdigkeit des Hauses ebenso gefährdet wie die Grundlage der Pressearbeit, wenn die Grenze zur Schleichwerbung negiert wird. Manche Vorgesetzte und Auftraggeber wollen schlicht etwas für ihr Image tun, andere halten es mit den Politikern, die zu glauben scheinen, dass ihre Arbeit mit einer Pressemitteilung beginnt und endet[2].

Manche Presseverantwortliche stöhnen über die Abenteuerlust und Experimentierfreude, die Vorgesetzte packt, nachdem PR-Agenturen

---

1 O. A., *Pressemitteilungen: Die meisten sind für den Papierkorb,* in: Pfeffers Newsletter Nr. 46, 48. Kalenderwoche 2005.

2 „In fact, some politicians seem to think that the work beginns and ends with the press release", in: Cathie Burton, Alun Drake, Hitting the Headlines in Europe, London/Sterling 2004, S. 45.

und -Berater ihnen die unendlichen Möglichkeiten der Pressearbeit vorstellten – beispielsweise die preiswerte grenzüberschreitende Pressearbeit, die sie, gegen einen kleinen Aufpreis, auch auf ihrem regionalen Portal präsentieren. Unzählige Dienstleister versprechen die zuverlässige Übermittlung von Texten und Bildern an die genau richtigen Journalisten, offenbaren in knappen Gratis-Checklisten die Geheimnisse der effizienten Pressearbeit oder versprechen die Grundlagen plus die Feinheiten der Public Relations für alle Branchen in nur einem Buch zu vermitteln. Die Zeiten sind also gut – für Dienstleister, die diejenigen locken, die schon immer ahnten, dass auch aus Stroh Gold gesponnen werden kann. Schlechter sind die Zeiten für die Überbringer der schlechten Nachricht, dass es auch im Medienzeitalter Machbarkeitsgrenzen gibt; es Arbeit, Geschick und Können erfordert, an diese Grenze zu kommen, mitunter viel Arbeit. Härter noch trifft es diejenigen, die das Gold spinnen sollen. Die werden nicht selten von Vorgesetzten und Kollegen als zwar ganz nett, aber fachlich leider unfähig beschimpft. Da ist es mehr als ein Schönheitsfehler, wenn sie auch von Buchautoren beschimpft werden – als zu faul, um ihre Hausaufgaben zu machen und sich über die Anforderungen ihrer Kernzielgruppe Redaktion zu informieren –, während diese munter bekannte Anfängerfehler noch verbreiten: „Herr" und „Frau" Mustermann beispielsweise zitieren, Fakten in Klammern setzen und für eine Überschrift 19 Worte verwenden.[1]

Unter den Bedingungen ist es schon fast erstaunlich, dass Pressemitteilungen im Vergleich zu anderen Mitteln der Pressearbeit am häufigsten von den Redaktionen aufgegriffen werden; zumindest deutlich häufiger als Anwenderberichte oder Interviewangebote[2]. Anscheinend erinnern sie letztlich seltener als vermutet an andere Textformen, wie:

- akademische Aufsätze oder Schulaufsätze,
- Behördenschreiben,
- Rundschreiben an Mitglieder oder Mitarbeiter,
- Kommentare oder ein der Öffentlichkeit Ins-Gewissen-Reden,

---

1 Vgl.: Wolfgang Zehrt, Die Pressemitteilung, Konstanz 2007.
2 O. A., Presseinformationen sind bevorzuge PR-Infoquelle von Journalisten, in: Pfeffers Newsletter Nr. 86 vom 24. 10. 2006.

- literarische Texte,

- „Scherzpakete" mit hohlen Phrasen,

- „Überraschungspakete", die am Ende mit dem Wichtigsten überraschen und die belohnen, die bis zum Ende durchgehalten haben oder

- Werbetexte.

Die Grenze zu Werbetexten einzuhalten ist allerdings wichtiger geworden. Dafür gilt: „Das Ziel des PR-Schreibens ist zu informieren, zu fördern und zu überzeugen; das Ziel des Schreibens für die Werbung ist zu informieren und zu verkaufen"[1] (vgl. Kapitel 1.5 „Rechtliche Aspekte"). Nur im Anzeigenteil darf demnach aufgefordert werden: Kommen Sie vorbei, fahren Sie Probe und kaufen Sie das Auto. In jedem Brief an Mitarbeiter und Mitglieder darf „herzlich eingeladen" werden. Aber im Pressetext steht lediglich, dass „die öffentliche Veranstaltung um 19 Uhr beginnt". Dass Interessierte willkommen sind, versteht sich bei öffentlichen Veranstaltungen von selbst.

Im Schreibstil sollten Pressemitteilungen, die an Lokalredaktionen oder Fachzeitschriften gesendet werden, auch nicht an den Politik- und Wirtschaftsteil der Zeitungen erinnern. Denn nur, wenn die einzige Chance für eine Veröffentlichung darin besteht, dass eine Nachrichtenagentur eine Information verbreitet, kann es sinnvoll sein, sich an die besonderen Regeln für Agenturmeldungen[2] zu halten. Sonst produziert das Pressen aller Antworten auf die fünf W-Fragen – was, wann, wer, wo, warum – in die ersten zwei Sätze lediglich schwer lesbare Texte. Diese werden interessanter und leichter lesbar wenn stattdessen mit dem Wichtigsten, einem pointierten Zitat, einer interessanten These oder knappen Zusammenfassung begonnen wird. Dies verdeutlicht dann meist auch die Medienrelevanz des Textes (vgl. Kapitel 3.4 „Anfänge finden").

---

1 „The purpose of news writing is to inform, interpret and entertain; the purpose of PR writing is to inform, promote and persuade and the purpose of copywriting is to inform and sell"; aus: Maria Braden, Getting the Message across. Writing for the Mass Media, Boston/New York 1997, S. 48.

2 Nachzulesen u. a. in: Siegfried Weischenberg, Nachrichten Schreiben, Wiesbaden 1997; Siegfried Weischenberg, Nachrichten Schreiben 2000 plus, Wiesbaden 2001; Siegfried Weischenberg, Nachrichten-Journalismus 2001; Dietz Schwisau/Josef Ohler, Die Nachricht in Presse, Funk und Fernsehen, München 2003.

„Ach was", meinen nicht wenige Kommunikationsagenturen und PR-Berater zu diesen Grundregeln, nachdem sie ihren Kunden per Rahmenvertrag eine Presseerklärung pro Monat „verkauft" haben: „Bei unserem großen Verteiler wird das eh gedruckt. Außerdem gibt es ja noch die Materndienste und das Internet. Die Belege für die Kunden kriegen wir schon zusammen!"

Denn nicht nur für Agenturen und Pressestellen, sondern auch für Berater und Forscher ist das Internet zu einem etablierten und nützlichen Instrument der Pressearbeit geworden. Vor zehn Jahren unkten sie, dass die Zeiten der klassischen Pressearbeit nahezu vorbei seien und sich Aufmerksamkeit „nur noch durch eine zunehmende Erlebnisorientierung der Pressearbeit erreichen" lasse[1]. „Routinearbeit, beispielsweise die Erstellung von Pressemitteilungen oder Mitarbeiterzeitschriften" verliere immer mehr an Bedeutung „gegenüber zeitlich befristeten, innovativen und häufig komplexen PR-Projekten". Der Grund sei offensichtlich: „Mit dem Pflichtprogramm" könne man sich „kaum noch positiv differenzieren, eine kommunikative Profilierung ist nur mehr mit neuen Ansätzen möglich"[2]. Mittlerweile ist nachgewiesen, dass die Ausrufer dieses Trends irrten und die Bedeutung der klassischen Pressearbeit nicht abnahm. Sie wurde lediglich ergänzt um Events und befristete PR-Projekte, und das Internet kam als permanentes PR-Projekt und künftige Routinearbeit hinzu. Und mit ihm öffentlich zugängliche Pressebereiche sowie die Berücksichtigung von Blogs, Wikis und Communities im Internet.

Die früheren Fehleinschätzungen von Forschern und Beratern führten aber nicht zur Vorsicht: Jetzt steht fest, dass als nächstes der Trend zur PR 2.0 nicht versäumt werden sollte, mit der SEO-PR als „search engine optimized public relations". Der Präsident der Agentur SEO-PR in den USA informierte bereits von seinem Entsetzen, als er am 9. 4. 2006 in der New York Times die Überschrift sah „This Boring Headline Is Written for Google". Die sei zwar ironisch, aber nun wirklich unge-

---

1 So im Kommunikations-Monitor, erstellt vom Düsseldorfer Institut für Kommunikation und Marketing. Nach: Henry J. Heibutzki, *Kein Kommentar!* in: ManagerSeminare, Oktober–Dezember 1997, S. 118 f.
2 Ansgar Zerfaß, *Techniken, Tools, Theorien. Management-Know-how für Public Relations,* in: Medien Journal – Zeitschrift für Kommunikationsberufe (Österreich), 3/1998, S. 6.

eignet für Suchmaschinen[1]. Und das, obwohl doch „eine neue Generation von Pionieren" Pressemitteilungen für Suchmaschinen wie Google News und Yahoo News wiederentdeckt habe.[2] Danach müssen nicht nur Internetseiten, sondern alle in Pressebereichen eingestellten Pressemitteilungen suchmaschinenoptimiert geschrieben werden.

Letztlich wird aber auch durch diesen oder einen anderen neuen Trend die Bedeutung professioneller und glaubwürdiger Pressearbeit weiter zu- statt abnehmen. Denn je größer das Informationsangebot auch durch das Internet ist, umso wichtiger sind Quellen, die zuverlässig informieren. Für Pressemitteilungen bedeutet dies: Sie müssen stets nicht nur glaubwürdig sein, sondern immer auch wahr. Letzteres ergibt sich zwar schon aus den Gesetzen. Aber „konsequente Wahrheit und Genauigkeit" gelten dennoch auch schon mal als Vorbedingung für Glaubwürdigkeit: „Ohne Glaubwürdigkeit sind Organisationen und ihre PR-Praktiker hilflos im Prozess der öffentlichen Meinungsbildung".[3] Das erfordert glaubwürdige Medien, die klar unterscheiden zwischen Public Relations, Werbung und redaktioneller Berichterstattung. Das ist hochaktuell, aber keineswegs neu: Schon den preußischen Regierungen, insbesondere Bismarck, soll bewusst gewesen sein, „dass die Glaubwürdigkeit der Presse für deren Wirkung von entscheidender Bedeutung war, denn Informationen, die im Regierungsblatt standen, wurden mit Misstrauen aufgenommen".[4] Neu ist vielleicht nur, dass es zunehmend die seriös arbeitenden PR-Berater, – Agenturen und Pressesprecher sind, die die Glaubwürdigkeit der Presse gegenüber Kunden und Vorgesetzten zu verteidigen haben.

---

1   Greg Jarboe, *The News Headline wasn't optimized,* http://newsforce.com/art-this_news_headlinie_want_optimized.html, 26. 10. 2007.

2   Greg Jarboe, *Celebrating the 100th Birthday of the Presse Release,* http://www.newesforce.com/art-celebrating_the_100th_birthday.html, 26. 10. 2007.

3   „Consistent truthfulness and accuracy are prerequisite to credibility. Without credibility, organizations and their public relations practitioners are helpless in the court of public opinion"; aus: E. W. Brody/Dan L. Lattimore, Public relations writing, New York/Westport/Connecticut/London 1990, S. 82.

4   O. A., *Friedrich Wilhelm IV. und die Entwicklung des preußischen Preßbüros,* in: Michael Kunczik (Hg.), Geschichte der Öffentlichkeitsarbeit in Deutschland, Köln/Weimar/Wien 1997, S. 84 f.

1.2 Pressearbeiter und ihre Texte

Wer einmal gelesen hat, dass ein Zoo zwei Pressemeldungen in der Woche herausgibt, „die in der Regel wortwörtlich übernommen werden"[1], hofft, dass ihm dies auch gelingt – und übersieht, dass Tiere grundsätzlich gut ankommen. Besonders wenn sie klein und knuddelig sind. So überschlugen sich von der Bild-Zeitung bis zu den Fernsehnachrichten die Medien mit ihren Berichten und Beiträgen über den im Berliner Zoo geborenen Eisbären Knut. Als halbstarker Jugendlicher war „Knuti" keine wöchentlichen Schlagzeilen mehr wert. Auch der Satz „Kinder und Tiere gehen immer" gilt nur eingeschränkt: Ein Kinderhospiz kann vielleicht regelmäßig mit großer Aufmerksamkeit rechnen. Aber das gilt deshalb noch nicht für die medizinische Versorgung bolivianischer Straßenkinder und die Kinder aus armen Familien in Deutschland.

Insgesamt werden die Vermutungen, wie und was bei der Pressearbeit funktioniert, wohl vor allem von Kollegen beeinflusst, die von ihren Erfolgen berichten, von den Erwartungen der Vorgesetzten und Kunden sowie den eigenen Hoffnungen. Die Folge können kleine und auch große Irrtümer sein. Dazu gehören:

• Die Redaktionen müssen nicht jede, aber doch die eine oder andere Pressemitteilung veröffentlichen. Daher erscheinen umso mehr Texte, je mehr Pressetexte man schreibt.

Richtig ist: Redaktionen entscheiden allein, ob sie einen Text veröffentlichen oder nicht. Die Häufigkeit der Zusendungen ist kein Auswahlkriterium. Wer zu häufig über Irrelevantes informiert, provoziert eher, dass seine Texte schneller aussortiert werden.

• Der Text muss so veröffentlicht werden, wie er zugesendet wird.

Richtig ist: Jeder Pressetext ist ein Informationsangebot an die Redaktion. Sie darf den Text und alle seine Teile kürzen, umschreiben und die Themenreihenfolge umstellen. Auch die den Informanten zugeschriebenen inhaltlichen Aussagen dürfen gestrichen werden. Werden sie veröffentlicht, dann dürfen sie allerdings weder entstellt noch verfälscht werden. Die Redaktionen dürfen auch ohne Rückfragen Fak-

---

1 Dies gilt für den Duisburger Zoo; zitiert nach: Kathrin Petersen, *Der Marsch der Pinguine,* in: pr-magazin, 2/1999, S. 42.

ten, Wertungen und weitere Stellungnahmen hinzufügen. Sie dürfen nur nicht den falschen Eindruck wecken, diese stammen von den Informanten.

- Je länger die Pressemitteilung ist, desto länger ist auch der veröffentlichte Text. Da Journalisten ohnehin kürzen, gewährleisten nur lange Texte, dass größere Artikel erscheinen.

Richtig ist: Der Umfang der Pressemitteilung hat keinen Einfluss auf die Länge des veröffentlichten Berichtes. Diese richtet sich nach der Relevanz der mitgeteilten Fakten. Aus Pressemitteilungen machen Journalisten in der Regel Meldungen oder kurze Berichte. Längere Berichte erscheinen vor allem aufgrund von Pressekonferenzen oder Recherchen der Journalisten.

- Wichtig für eine Pressemitteilung ist, dass das, was man unter allen Umständen in die Zeitung bringen will, vorne steht, denn hinten wird immer alles weggestrichen".[1]

Richtig ist: Pressemitteilungen sollten grundsätzlich mit dem Wichtigsten beginnen. Davon unabhängig kürzen Journalistinnen und Journalisten „die Pressemitteilungen nicht nur vom Schluss her, sondern auch mittendrin".[2]

- Das Schreiben von Pressemitteilungen kann man lernen, indem man Zeitungen liest und Nachrichten hört.

Richtig ist: Dort werden besonders häufig Meldungen von Nachrichtenagenturen verwendet. Diese folgen strengen Regeln, die einzuhalten für Pressemitteilungen nicht sinnvoll ist. Zudem kritisieren immer wieder auch Journalisten: „Dieser 08/15-Aufbau von Meldungen und Berichten in der deutschen Pressesprache ist kontraproduktiv. Da schläft der Leser doch ein, bevor er den Vorspann hinter sich hat."[3]

Eine Ursache vieler Irrtümer über Pressetexte ist: Die Fachleute für Pressearbeit entwickeln im Laufe der Zeit ein Gefühl dafür, worauf Redaktionen reagieren – und leiten daraus Regeln ab. Dass Pressear-

---

1 Manfred Rommel, „*Ohne Rücksicht fremde Gedanken stehlen"*, in: Initiative Tageszeitung (Hg.), Redaktion 1996 – Almanach für Journalisten, Bonn 1996, S. 78.
2 Cornelia Bachmann, Public Relations: Ghostwriting für Medien: eine linguistische Analyse der journalistischen Leistung bei der Adaption von Pressemitteilungen, Bern u. a. 1997, S. 217.
3 Franz-Josef Hanke; zitiert nach: Frank Patalong, *Blind Date,* in: Insight, Mai 1999, S. 45.

beiter mit ihrem Gefühl richtig liegen können, zeigen Untersuchungen. Diese ergaben, dass

- immer mehr Texte nur noch eine Quelle haben[1],

- Informationsstellen einen großen Einfluss auf die Berichterstattung und gute Chancen haben, mit ihren Anliegen an die Öffentlichkeit zu gelangen, ohne dass diese hinterfragt oder kritisiert würden"[2],

- „mehr als die Hälfte der Themen, welche die Medien weiterverbreiten ... aus Quellen der PR"[3] stammen und

- Pressemitteilungen von Behörden, Parteien und Verbänden nicht zwingend als PR angesehen werden[4].

Daraus sollte allerdings nicht abgeleitet werden, dass Journalisten künftig so auswählen wie während dieser Untersuchungen. Sie sind nicht moralisch verpflichtet, im Durchschnitt jede zweite Pressemitteilung abzudrucken – nur weil Wissenschaftler feststellten, dass sie dies in bestimmten Fällen taten. Schon weil in besonders vielen Studien die Pressetexte von politischen Institutionen, Organisationen und Verwaltungen untersucht werden, sind diese nicht auf alle Situationen übertragbar. Denn dies sind Stellen, deren Informationen für die Öffentlichkeit oft relevant sind: Ändert die Stadtverwaltung die Öffnungszeiten, dann ist dies für viele Menschen wichtig und die Veröffentlichung der Mitteilung fast garantiert. Das lässt sich nicht damit vergleichen, wenn ein mittelständisches Unternehmen ein Medika-

---

1 Eine Analyse des Lokalteils von sechs Regionalzeitungen ergab im Jahr 2005, daß „seit 1998 die Zahl der Texte, die nur noch auf eine Quelle verweisen, von 20 auf 30 Prozent gestiegen ist. Die Zahl der Beiträge mit zwei, drei oder sogar mehr Quellen, liegen mittlerweile unter 10 Prozent", Michael Haller nach: Bettina Erdmann/Helma Nehrlich: *Journalismus auf dem gesponserten Lotterbett?*, in: menschen machen medien, 2/2005, S. 18.

2 Dabei reduzieren Redaktionen positive Wertungen in 42 Prozent der untersuchten Beispiele; nach: Untersuchung der Verwertung der Pressemitteilungen der Städte Winterthur, Frauenfeld und Bern in den örtlichen Zeitungen; in: Cornelia Bachmann, Public Relations: Ghostwriting für Medien: eine linguistische Analyse der journalistischen Leistung bei der Adaption von Pressemitteilungen, Bern u. a. 1997, S. 219 und 225.

3 Beispielsweise gingen nach einer Untersuchung von Günter Bentele 67 Prozent der redaktionellen Beiträge zur Expo 2000 von PR aus; nach: o. A., *Geglückter Seitenwechsel*, in: menschen machen medien, 3/2005, S. 6.

4 Vera Linß, *Quelle der Nachricht: Öffentlichkeitsarbeit*, in: Menschen machen Medien, 9/2006, S. 22.

ment in geänderter Zusammensetzung auf den Markt bringt oder eine Partei ihre medienpolitischen Ziele bekannt gibt. Außerdem wird besonders häufig der Umgang mit Presseinformationen bei aktuellen Medien untersucht. Die für die Pressearbeit wichtigen Fachzeitschriften bleiben häufig unberücksichtigt.

Trotz Untersuchungen, Erfolgsgeschichten von Kollegen, Erwartungen von Kunden und Vorgesetzten sowie eigenen Hoffnungen gilt daher: Die erste Bedingung für eine Veröffentlichung ist, dass die Information das Publikum interessiert. Erfahrene Pressearbeiter versenden deshalb möglichst nur dann Pressemitteilungen, wenn sie Relevantes mitzuteilen haben und halten sich mit Eigenwerbung und -lob zurück. Wer sich dies leisten kann, hat es immerhin leichter als die Mitarbeiter in PR-Agenturen, die im Kundenauftrag und auf Anweisung von Vorgesetzten trotz magerer Faktenlage schreiben müssen. Aber er hat es dennoch schwerer als viele Journalisten. Denn diese können magere Anlässe ungenutzt verstreichen lassen, haben oft mehr Stoff als sie benötigen, müssen weder ihre Vorgesetzten noch interne Fachleute zitieren, weder Geschäftspartner noch Tochterfirmen, Sponsoren oder Produktnamen erwähnen. Und sie müssen mit diesen nicht auch künftig täglich zusammenarbeiten. „Diese Not, schreiben zu müssen, wenn man eigentlich nichts Aufregendes zu sagen hat, ist für viele Berufsschreiber auf der PR-Seite eine Qual", benannte der Sprachkritiker Wolf Schneider die Situation; da sei es „wohl unvermeidlich", dass Pressemitteilungen dann auch nicht sehr interessant sind und nur wenig verbreitet werden[1] (vgl. Kapitel 4.4 „Schreibblockaden lösen").

1.3 Journalisten und Pressemitteilungen

Sehen Journalisten den täglichen Briefen und E-Mails interessiert entgegen, oder finden sie es lästig, diese durchzusehen, um Brauchbares von Unbrauchbarem zu trennen? Die Antwort hängt davon ab, in welcher Redaktion und welchem Ressort die Journalisten arbeiten:

---

1 Wendelin Hübner, „*Die Qual zu schreiben*", Interview mit Wolf Schneider, in: pressesprecher 05/2007, S. 48 f.

1. Nachrichtenagenturen und Anzeigenblätter sollen „einen pragmatischen und optimistischen Umgang mit Pressemitteilungen" pflegen;

2. während Journalisten in Lokal- und Politikredaktionen von Zeitungen, „die häufig mit PR-Material konfrontiert werden", besonders skeptisch eingestellt sein sollen.[1]

3. Bei Publikumszeitschriften werden Pressemitteilungen, wenn sie gut und interessant sind, „registriert und als Anregungen aufgenommen, mehr aber nicht"[2]. Dort ähnelt die Auswahl von PR-Material nach Aussage des Chefredakteurs der Süddeutschen Zeitung schon mal einer Lotterie: „Es gibt Pressemitteilungen, die erreichen uns in der richtigen Sekunde, wenn wir gut gelaunt sind. Es gibt aber auch wunderschöne Pressemitteilungen, die erwischen uns an einem schlechten Tag. Die rutschen dann einfach durch."[3]

4. Am häufigsten nutzen Fachzeitschriften PR-Informationen: Immerhin 25 Prozent des angebotenen Materials wird berücksichtigt, ergab eine Befragung von Redakteuren der IT- und Industriepresse[4]. Je nach Branche und Spezialisierung der Zeitschrift dürfte die Nutzung von PR-Material manches Mal noch darüber liegen. Denn eine Fachzeitschrift für Baumaschinen wählt beispielsweise Informationen über technische Entwicklungen nach anderen Kriterien aus als eine wissenschaftliche Technikzeitschrift oder die Mitgliederzeitung eines Automobilclubs. Je spezialisierter eine Branche ist, umso eher werden in deren Fachzeitschriften auch Nuancen der Markt- und Produktentwicklung, Personalwechsel und Auszeichnungen aufgenommen. Für die Pressearbeit sind die Fachzeitschriften schon deshalb besonders wichtig, weil über 85 Prozent der über 14 Millionen professionellen Entscheider und Entscheidungsbeteiligten diese lesen und 3.750 Fachzeitschriften in 480 Verlagen erscheinen.[5]

1 Armin Scholl/Siegfried Weischenberg, Journalismus in der Gesellschaft – Theorie, Methodologie und Empirie, Opladen/Wiesbaden 1998, S. 142.

2 Ulla Hildebrandt, Chefredakteurin von Amica; zitiert nach: Julia Förch, *Amica und ihre Freunde*, in: pr-magazin, 1/1998, S. 43.

3 Ulf Poschardt, Chefredakteur des SZ-Magazins der Süddeutschen Zeitung; zitiert nach: Nina Grunsky, *Ein Kessel Buntes*, in: pr-magazin, 2/1999, S. 39.

4 nach: o. A., *Presseinformationen sind bevorzugte PR-Infoquelle von Journalisten,* in: PR-Journal-Newsletter Nr. 86 vom 24. 10. 2006.

5 Andreas Vogel, *Titelthema Fachpresse, Ein unterschätzter Bereich,* in: menschen machen medien 6–7/2007, S. 8–9.

Eine Ursache für die häufig festgestellte kritische Haltung der Journalisten gegenüber Pressemitteilungen kann neben schlechter Textqualität, mangelnder Relevanz und der Vermischung mit Werbung die umfangreiche Materiallage sein: Allein von der Nachrichtenagentur dpa erhalten Tageszeitungen täglich über 600 Meldungen – die an manchen Tagen auf über 500 DIN-A-4-Seiten anschwellen[1]. Hinzu kommt der Dienst des jeweiligen Bundeslandes, den die dpa-Landesbüros liefern. Dabei gehen allein in einem Landesbüro binnen zwei Wochen rund 200 Pressemitteilungen ein; „von Informationen der Polizei und Behörden bis hin zu Stellungnahmen von Politikern, Parteien und Verbänden"[2]. Die größeren Redaktionen haben häufig zusätzlich den Dienst einer zweiten großen Nachrichtenagentur abonniert[3] und fast alle erhalten regelmäßig Material von Spezialagenturen und Materndiensten sowie Berichte ihrer eigenen Korrespondenten und Journalisten. Zumindest in Tageszeitungsredaktionen wird daher nur selten händeringend auf den Eingang der Pressemitteilung gewartet. Am ehesten kann dies in der „nachrichtenarmen Zeit" während der Sommerferien und zwischen Weihnachten und Neujahr der Fall sein. Verschärft hat sich diese Situation nicht nur dadurch, dass immer mehr Häuser immer mehr Pressemitteilungen versenden und immer mehr Agenturen und andere Dienstleister ihnen dieses anbieten: In rund 15 Jahren stieg allein die Zahl der Meldungen, die die vier großen Nachrichtenagenturen übermitteln, um 50 Prozent – von 7.000 Meldungen pro Woche auf 10.500.[4]

Diese gehen üblicherweise allerdings nicht an Fachzeitschriften und Anzeigenzeitungen. Obwohl die Anzeigenzeitungen nach Themen sortierte Beiträge von Materndiensten erhalten, haben sie in der Summe weniger Material; wobei die Materndienste oft überregional orientiert sind und auch werbende Texte verbreiten.

Nimmt man alle Journalisten zusammen, dann sind sie weder „überzeugt von der Qualität der Pressemitteilungen, noch lehnen sie diese

---

1   Nach: Hermann Meyn, *Schleusen-Wärter*, in: journalist, 9/1999, S. 46.
2   Nach: Vera Linß, *Quelle der Nachricht: Öffentlichkeitsarbeit,* in: menschen machen medien, 9/2006, S. 22.
3   Die Deutsche Presseagentur (dpa) beliefert 98 Prozent aller Tageszeitungen, die Agentur associated press 66 Prozent und Reuters 41 Prozent. Nach: Medienbericht der Bundesregierung 1998 sowie dpa-Chefredakteur Wilm Herlyn, zitiert nach: Günter Frech, *Von der Verlegeragentur zur Agentur der Kaufleute?* in: menschen machen medien, 8.–9.1999, S. 11.
4   dan (Autorenkürzel), *Nachrichtenagenturen haben Angebot verdoppelt,* in: epd medien Nr. 80 vom 10. 10. 2007, S. 21–22.

als vollständig unbrauchbar ab"; finden sie eher „als Informations-quellen und als Anregung für die Berichterstattung" notwendig.[1] Andere Forscher ermittelten, dass über 60 Prozent der Journalisten meinen, jede zweite Pressemitteilung sei formal schlecht.[2] Schon vor 15 Jahren fand jeder zweite, es gäbe zu viele Pressemitteilungen.[3] Deren Zahl stieg auch durch die einfache Versendung per E-Mail und immer mehr Dienstleister, die immer mehr Pressemitteilungen an immer mehr Anschriften verteilen. Die Chancen auf Veröffentlichung sinken dadurch zumindest für schlecht aufbereitetes Material. Denn statt dieses zu verbessern und nachzurecherchieren, lernen Journalisten vor allem, „schnell und zielgerichtet zu selektieren", um sich nicht „in der Flut von Informationen" zu verlieren.[4]

Das Ziel dieser Selektion änderte sich allerdings: Bis vor wenigen Jahren war es die Aufgabe der Journalisten, die Information zu finden und mediengerecht umzusetzen, die für die jeweilige Zeitung, die Zeitschrift oder die Sendung und deren Publikum passt. Die Tendenz in den Medien ist heute, dass bi- oder trimedial gearbeitet werden soll, also Themen für mehrere Medien aufbereitet werden. Auch die festangestellten Redakteu-re schreiben dann nicht mehr ausschließlich den Beitrag für ihre Re-daktion und stellen ihn ins Redaktionssystem ein. Sie verfassen zusätz-lich die Kurzfassung für die Internetseiten des Hauses und stellen sie online. Manche Fernsehjournalistin recherchiert und produziert nicht mehr nur den Fernsehbeitrag und erzählt im Hörfunkstudio live von ihrem Bericht. Sie soll am liebsten auch den Beitrag für den Hörfunk pro-duzieren und die Meldung für die Internetseiten des Senders verfassen, womöglich auch noch einen Entwurf für die gedruckte Programmzei-tung schreiben. Statt sich auf die Inhalte, die Recherche und die Bei-tragsaufbereitung konzentrieren zu können, soll sie nun bedenken, wie welche Themen für möglichst viele Medien genutzt werden können. Parallel überlegen Verlage, wie sie die Online-Version ihrer Zeitung mit Filmbeiträgen anreichern.

1 Armin Scholl/Siegfried Weischenberg, Journalismus in der Gesellschaft – Theorie, Metho-dologie und Empirie, Opladen/Wiesbaden 1998, S. 138.
2 O. A., „Unwichtiges wird aufgeblasen, Wichtiges verschwiegen", in: pressesprecher 01/2006, S. 6.
3 Frank Hartmann, Studie „Journalismus in Deutschland": Gute Chancen für professionelle PR, in: Günther Schulze-Fürstenow/Bernd-Jürgen Martini (Hg.), Handbuch PR, Neuwied/Kriftel/Berlin 2. Auflage 1994, Ergänzungslieferung vom 8. 3. 1996, 2.430, S. 7.
4 Die Deutschlandkorrespondentin der chilenischen Zeitung El Mercurio, Marcia Rehbein; nach: Marcia Rehbein, Hauptsache Pressefreiheit, in: sage & schreibe, 1.–2./1999, S. 40.

Welche Informationen in größerem Umfang verbreitet werden, wird damit künftig zunehmend davon abhängen, ob diese für verschiedene Medien nutzbar sind und ob das Material entsprechend aufbereitet angeboten wird. Es wird den Presseabteilungen und PR-Agenturen am leichtesten gelingen, sich auf die Änderung in den Medien einzustellen, die bereits trimedial arbeiten – und zusätzlich zur Pressemitteilung druckfähige Fotos, Zitatmitschnitte und Filmsequenzen in Sendequalität zur Verfügung stellen. Zumindest dürfte die Empfänglichkeit dafür in den bi- und trimedial arbeitenden Redaktionen zunehmen.

1.4 Was Medien interessiert

„Was wirklich in die Medien kommt, ist oft ein großes Rätselraten. Im Regelfall kommt das, was man so gar nicht mitteilen wollte"[1]. Die reine Willkür wird vermutet, dass die Hobbys der Journalisten ausschlaggebend sind, ihre Lieblingsthemen oder der persönliche Kontakt zu ihnen. Andere beschweren sich, dass beispielsweise aus Berichten der Wohlfahrtsverbände und Armutsberichten der Kommunen „nur die vermeintlichen Sensationen herausgepickt" werden[2]. Berichtet werde immer erst, „wenn die Katastrophe da ist"[3]. Besonders weit verbreitet ist die Beschwerde, über Mitbewerber würde häufiger berichtet.

Ursache für viele Vermutungen und Vorwürfe sind die Auswahlkriterien der Journalisten. Die orientieren sich einerseits an den Nachrichtenfaktoren, also daran, was sie glauben, was ihr Publikum interessiert. Andererseits berücksichtigen sie die Nachrichtenlage. Die Gewichtung der Kriterien variiert dabei nicht nur von Redaktion zu Redaktion, sondern auch zwischen den Ressorts: Die Lokalredaktion

---

1 Der medienpolitische Sprecher der PDS Lothar Bisky, zitiert nach: o. A., „Nur noch Werbung und Marketing", in: menschen machen medien, 5/1998, S. 26.

2 Karsten H. Petersen vom Evangelischen Sozialpfarramt Frankfurt; zitiert nach: Maria Kniesburges, Der Riß – Armut im Wohlstandsland, in: Informationen aus dem Gemeinschaftswerk der Evangelischen Publizistik, Info 4/1998 vom Dezember 1998, S. 7.

3 Zum Umgang der Medien mit Menschenrechtsverletzungen; nach: Harald Gesterkamp/ Peter Lange, Zwischen Propaganda, Zensur und Kommunikation per Internet. Die vielschichtigen Abhängigkeiten von Medien und Menschenrechten, in: menschen machen medien, 5/1999, S. 17.

beachtet das Jubiläum der einzigen Metzgerei am Ort eher als die Wirtschaftsredaktion. Eine 1.000-Euro-Spende mag für die regionale Presse interessant sein, für die Fernsehnachrichten ist sie es nicht.

Dennoch haben Journalisten zur Frage „medienrelevant ja oder nein?" ein Standardbeispiel: „Hund beißt Mann" ist keine Nachricht, „Mann beißt Hund" ist eine Nachricht. Sie fassen schon mal plakativ zusammen und benennen als „klare Linie für die Berichterstattung vor Ort: ,Wir nehmen nur das ins Blatt, was den Leser interessiert'"[1]. Ein Journalist bei einer amerikanischen Nachrichtenagentur antwortete Besuchern dagegen, er könne die Auswahl nicht erklären, er könne sie allenfalls demonstrieren. Andere meinen, dass zur Erfahrung ein Gespür für die Nachricht kommen müsse.

Klar ist dennoch: Je häufiger etwas schon passiert ist, umso weniger interessiert es die Medien und ihr Publikum. Wer will schon alle paar Tage lesen, dass wieder passiert ist, was ständig passiert? Interessanter wäre, wenn dies ausbleibt oder zum 100sten Mal passiert. Konkret bedeutet dies:

• Der 34ste Betrieb, der Konkurs anmeldet, interessiert die Medien meist ebenso wenig wie das 127ste Projekt, das aufgrund von Sparbeschlüssen die Arbeit einstellen muss.

• Bei dem einzigen Museum in einer Region kann jede Sonderausstellung und jede größere Anschaffung eine Meldung wert sein. Gibt es zehn Museen, die regelmäßig etwas anschaffen, würde nicht berichtet.

• Gibt ein Kindergarten zum ersten Mal ein Buch heraus, so wird vielleicht groß berichtet. Machen dies mehrere Kindergärten in der Region, werden die Artikel mit jedem weiteren Buch kleiner. Bald wird nur noch gemeldet, wenn ein Buch mit einem Preis ausgezeichnet wurde oder in zehnter Auflage erscheint.

Bei der Entscheidung, ob ein Thema medienrelevant ist, berücksichtigen Journalisten neben der Frage „was ist neu" weitere **Nachrichtenfaktoren**: Informationen gelten als umso bedeutender, je weitreichender die Konsequenzen für das Publikum des Mediums sind. Nach den

---

1 Rainer Klein, Chef der Ludwigshafener Ausgabe des Mannheimer Morgen; zitiert nach: Josef Kaiser, *Global Player vor Ort*, in: pr-magazin, 2/1999, S. 25.

Regeln in journalistischen Lehrbüchern steigt das Interesse des Publikums mit der örtlichen Nähe eines Ereignisses, dem Bekanntheitsgrad einbezogener Personen, dem Neuigkeitswert sowie den menschlichen und emotionalen Aspekten eines Ereignisses.

Prüfen lässt sich die Medienrelevanz einer Information, indem deren Nachrichtenfaktoren eingeschätzt werden:

- Welche Informationen sind neu (Neuigkeit)?

- Wie viele Menschen betrifft die Information (Ausmaß)?

- Gehören sie zur Zielgruppe dieses Mediums und sind die Informationen für die Region bedeutend, in der das Medium verbreitet ist (örtliche Nähe)?

- Was sind die Folge und wie weitreichend sind die Konsequenzen (Bedeutung)?

- Sind bekannte Personen einbezogen (Prominenz)?

- Gibt es ungewöhnliche, menschliche oder emotionale Aspekte?

Steht das Thema fest, kann geprüft werden, welche Nachrichtenfaktoren es erfüllen kann: Wurde im Rahmen einer bundesweiten Studie auch die Kreisstadt B untersucht? Dann würde der Pressetext für deren Medien mit den Ergebnissen aus B beginnen, die konkreten Folgen für deren Bewohner beschrieben und danach die bundesweiten Ergebnisse benannt. Die **Bedeutung** der Studie kann außer von den Folgen für die Zielgruppe auch von deren Auftraggebern abhängen: Wäre dies das Bundesgesundheitsministerium oder der größte Arbeitgeber der Region, würde die Redaktion sicherlich veröffentlichen. Ob sie dies auch tut, wenn eine Studentin diese Studie für ihre Doktorarbeit durchführte, wird davon abhängen, wie hoch das Ausmaß und die Bedeutung für die Kreisstadt sind.

Schon vor Jahrzehnten wurde festgestellt, dass „neben der mediengerechten Gestaltung des PR-Materials ... die wirtschaftliche Bedeutung des jeweiligen Unternehmens für das Selektionsverhalten von Bedeutung"[1] war. Wie bedeutend dieses ist, kann dabei auch vom Standort

---

1   J. Hintermeier, Public Relations im journalistischen Entscheidungsprozeß dargestellt am Beispiel einer Wirtschaftsredaktion (Nürnberger Nachrichten), Düsseldorf 1982; nach: Michael Kunczik, Journalismus als Beruf, Köln/Wien 1988, S. 249.

abhängen: Verlegt der größte Arbeitgeber in der Kleinstadt den Sitz in eine Großstadt, sinkt die Medienrelevanz seiner Informationen rapide. Das gleiche gilt für Vereine. Deren gesellschaftliche Bedeutung ist umso größer, je ländlicher die Region ist. Auf dem Land gilt es als Leserservice, Mitgliederversammlungen in der Zeitung anzukündigen. Zeitungen in Großstädten veröffentlichen selbst brillant verfasste Ankündigung jedoch nur, wenn darin Nachrichtenfaktoren erfüllt sind – beispielsweise der Bürgermeister (Prominenz) dort seine erste öffentliche Rede hält (Bedeutung). Ähnliches gilt für Länder: „Je bedeutender und mächtiger ein Land, je näher es der Bundesrepublik in geographischer, politischer und kultureller Nähe ist, desto häufiger kommt es auch in den Nachrichten vor."[1] Das bedeutet: Je weniger Macht jemand hat, umso entscheidender ist es, dass seine Information die Nachrichtenfaktoren erfüllt.

Wie wichtig welche Nachrichtenfaktoren sind, ist außerdem themenabhängig. Bei den „harten Nachrichten" in den Ressorts Politik und Wirtschaft dominierte die „Bedeutung" als Auswahlkriterium. Das vermutete Publikumsinteresse an menschlichen und emotionalen Aspekten, Dramatischem und Kuriosem war traditionell eher für die „weichen Nachrichten" wichtig, die auf den Seiten „Aus aller Welt" und „Buntes" veröffentlicht wurden. Mittlerweile erscheint Dramatisches, Kurioses und Prominenz aber nicht nur bei Privatsendern in den Hauptnachrichten. Dies hat es auch auf die Titelseiten seriöser Zeitungen und in die Nachrichten öffentlich-rechtlicher Sender geschafft.[2] Weltweit soll sogar gelten, dass Journalisten vor allem an Berichten über Menschen interessiert sind – weshalb auch bei Pressemitteilungen zu sehr technischen Themen stets die Folgen für die Menschen in den Mittelpunkt gestellt werden sollten.[3] In Frankreich soll stets dargestellt werden, wie die Informationen das Leben des Publikums beeinflussen. Selbst wenn dies gelingt, dürfen die Nachrichtenfaktoren nicht lediglich vorgetäuscht werden. Denn dagegen

---

1 Nach: Harald Gesterkamp/Peter Lange, *Zwischen Propaganda, Zensur und Kommunikation per Internet. Die vielschichtigen Abhängigkeiten von Medien und Menschenrechten,* in: menschen machen medien, 5/1999, S. 17.

2 Vgl.: Jürgen Bertram: Das Ende der Fernsehkultur, Frankfurt 2006, und Andrea Kaiser, *Verwertungsketten – Die Relevanzkriterien der Nachrichten,* in: epd medien Nr. 45 vom 12. 6. 2004.

3 Cathie Burton, Alun Drake, Hitting the Headlines in Europe, London/Sterling 2004, S. 46.

protestieren Journalisten auch schon mal öffentlich[1] und ignorieren weniger wichtige Informanten anschließend umso eher.

Variieren kann die themenabhängige Einschätzung der Nachrichtenfaktoren dabei nicht nur innerhalb eines Ressorts, sondern auch unter den Journalisten: Damit eine christlich-konservative Lokalzeitung berichtet, muss die CDU/CSU vielleicht nur ihre erste öffentliche Veranstaltung im Jahr durchführen. Eine Schwulengruppe bräuchte dafür womöglich zusätzlich prominente Referenten, eine spektakuläre Aktion oder sehr viele Gäste. Anders als die Heimatredaktionen schätzen Auslandskorrespondenten manche Themen ein: „Man kann Regionalzeitungen mit Erfolg Geschichten anbieten, die einen Verbrauchergesichtspunkt haben, die regionale Wirtschaft betreffen oder größere politische Themen in Deutschland. Aber die Statusfrage des Kosovo, die außenpolitisch sehr spannend ist und in der EU-Agenda eine der schwierigsten Fragen überhaupt – die interessiert den Leser in Dortmund nur sehr begrenzt."[2] Ebenso schwer haben es in den tagesaktuellen Medien weltanschauliche und Glaubensthemen. Und zu den sozialen Problemen herrscht seit Jahren „allenthalben Ratlosigkeit, wie mit dem schwierigen Themenbereich journalistisch umzugehen sei".[3]

Im Grundsatz gilt dennoch, dass die Nachrichtenfaktoren erfüllt sein müssen und ein **Anlass** benötigt wird. Gut geeignete Anlässe sind Ereignisse, die nicht ständig stattfinden: ein Gesetz wird erlassen, die Produktion beginnt, eine Veranstaltungsreihe startet, Prominente kommen zu Besuch oder ein Preis wird verliehen. Als Anlass ebenso gut geeignet sind Jubiläen: der Betrieb besteht seit 100 Jahren, die 50ste Ausschusssitzung findet statt, seit 15 Jahren gibt es die Interessensgemeinschaft, der Verein hat 100 Mitglieder. Wird zu einem Jubiläum ein Ereignis inszeniert, ist dies ein besonders guter Anlass die Medien zu informieren.

---

1   Das Landeskriminalamt Sachsen erweckte in einer Pressemitteilung den Eindruck, eine Aktion gegen die internationale Kinderporno-Szene habe kürzlich stattgefunden. Tatsächlich lag diese ein Dreivierteljahr zurück. Dagegen protestiert die Landespressekonferenz Sachsen öffentlich; nach: o. A., *Irreführende Pressemitteilung*, in: journalist, 8/1999, S. 23.

2   Claudia Kristine Huber, Dokumentation – Black Box Brüssel. EU Journalismus zwischen Affirmation und Kontrolle, epd medien Nr. 96 vom 5. 12. 2007, S. 19.

3   Die Berliner Journalistin Vera Gaserow; zitiert nach: Maria Kniesburges, *Der Riß – Armut im Wohlstandsland*, in: Informationen aus dem Gemeinschaftswerk der Evangelischen Publizistik, Info 4/1998 vom Dezember 1998, S. 7.

Hat eine Pressemitteilungen einen medienrelevanten Anlass und sind ausreichend Nachrichtenfaktoren erfüllt, bleibt als entscheidendes Kriterium für eine Veröffentlichung die **Nachrichtenlage:** Wenn „die Jahrhundertflut an der Oder Nachrichtensendungen, TV-Berichte und die Presse füllt, ist es fast unmöglich, die Medien für Afghanistan zu interessieren"[1]. Stehen keine Jahrhundertereignisse auf der medialen Tagesordnung, beachten Redaktionen bei der Auswahl vorliegender Texte auch, worüber die anderen berichten. Orientierten sich die als seriös definierten Medien ehemals vorzugsweise an anderen seriösen Medien, so berücksichtigen viele mittlerweile auch Emotionales und Kurioses aus der Bild-Zeitung: Bringt diese regelmäßig Details aus TV-Boulevardsendungen auf den Titelseiten – wie dem Dschungelcamp oder Big Brother –, berichten zunehmend auch Jugendsender öffentlich-rechtlicher Sender täglich.

Aktualität ist dabei „ein wichtiges, aber auch subjektives Kriterium. So gibt es die Tagesaktualität, die zum Beispiel durch eine Urteilsverkündung vor Gericht gegeben ist. Maßgeblich sind aber häufig auch Themen, über die zur Zeit gesprochen wird. So zog zum Beispiel das ICE-Unglück in Eschede Berichterstattung über Sicherheitsprüfungen nach sich ... Die allgemeine Stimmung für ein Thema beeinflusst also auch die Auswahl von Themen in der Redaktion."[2]

Gegeneinander abwiegen müssen Journalisten dann die Nachrichten, die innerhalb eines Ressorts und einer Fachredaktion vorliegen: Wird groß über einen Kulturpreis berichtet, ist kaum Platz für Beiträge über andere lokale Kulturveranstaltungen. Dies hat aber keinen Einfluss auf den Kommentar zum Skandal in der Bundespolitik, der auf den Politikseiten steht. Wer medienrelevante Informationen hat, die der aktuellen Konkurrenz nicht gewachsen sind, kann prüfen, ob auf „bessere Zeiten" gewartet werden kann – notfalls auf die nachrichtenärmeren Zeiten, wie Sommerferien und Jahreswechsel. Erste Hinweise auf bundesweit Relevantes ermöglicht der Terminüberblick im Internet unter www.medienkalender.de, in dem auch eigene Termine eingetragen werden können. Wer zeitlich flexibel ist, kann außerdem

---

1 Wolfram Eberhardt, Sprecher des Deutschen Roten Kreuzes in Bonn; zitiert nach: Dora Klein, *Schlagzeilen bringen Spenden*, in: pr-magazin, 1/1998, S. 46.

2 Tatjana Kimmel, *Sex und Crime als Nachrichtenfaktoren – Erfahrungen aus dem redaktionellen Alltag*, in: Dokumentation der Tagung zur Darstellung sexualisierter Gewalt in der öffentlichen Berichterstattung „Tatort Medien", Mainz 1998, S. 37 f.

berücksichtigen, dass als günstigste Post- und E-Mail-Eingangstermine auch in Redaktionen Dienstag, Mittwoch und Donnerstag gelten.

Ein weiteres Auswahlkriterium ist die **Glaubwürdigkeit** derjenigen, die den Text herausgeben. Diese ist umso wichtiger, je spektakulärer die Information ist: Von unbekannten Einzelpersonen verschickte Pressemitteilungen werden von kaum einer Redaktion veröffentlicht. Wird derselbe Text im Namen einer Partei oder einer Bürgerinitiative versendet, ist die Veröffentlichung gleich wahrscheinlicher. Allerdings sollten Thema und Informanten zueinander passen: Protestiert der Betriebsrat einer Bank gegen die Arbeitsbedingungen im Gartenbau, wird der Text eher nicht veröffentlicht. Demonstrieren dagegen die Beschäftigten im Gartenbau gegen ihre Arbeitsbedingungen und die Bankangestellten solidarisieren sich mit ihnen, könnte der Text veröffentlicht werden.

Haben Journalisten – meist unter Zeitdruck – alle Kriterien geprüft und über die Veröffentlichung noch immer nicht entschieden, dann könnte ihre persönliche Disposition den Ausschlag geben, ihre berufliche oder private Situation, Laune, Hobbys oder Müdigkeit. Schließlich sind auch sie nur Menschen und können ebenso wenig wie Pressesprecher und PR-Berater alle Faktoren objektiv gegeneinander abwägen, ohne ihre Subjektivität mit einzubringen. Deshalb wird es immer wieder passieren, dass die Pressesprecherin, die gerade die Scheidung eingereicht hat, das neue Scheidungsgesetz für medienrelevanter hält, als der Journalist, der am nächsten Tag heiratet. Denn auch Journalisten können nicht „von eigenen Ängsten und Befürchtungen absehen", haben „blinde Flecken" und entscheiden „nicht ausschließlich nach streng rationalen Kriterien".[1] Aber in ihrem Spezialgebiet erkennen sie zugleich Medienrelevantes auch dann, wenn es nur versteckt angedeutet wurde.

Wer möglichst sicher gehen will, dass sein Text verbreitet wird, könnte nun auf das „Gießkannenprinzip" verfallen und alle nur denkbaren Nachrichtenfaktoren anlässlich eines Ereignisses zusammenfassen. So machte es eine Künstlerin zu ihrem 40. Geburtstag. Sie ließ prominente Gäste ihre Ausstellung eröffnen und verschenkte die Exponate

---

1   Gaby Schuylenburg, *Gibt es eine Diskussionskultur beim Thema „Risiko" in den Medien?* in: Petra Gurn/Olaf Mosbach-Schulz (Hg.), „Risikokommunikation in den Medien" – Workshopdokumentation der Universität Bremen vom März 1998, S. 89 und 91.

an eine gemeinnützige Organisation. Prompt berichteten die Medien. Die einen wegen des Geschenks, die anderen wegen der Prominenz, die dritten wegen des Gemeinwohls, die vierten wegen der Kombination der Faktoren. Wiederholbar war das Ergebnis jedoch nicht, da kaum Steigerungen möglich waren. Ungünstig ist es auch, im Text alle Aspekte eines Themas zu erwähnen, die Journalisten interessieren könnten: In ihrer Pressemitteilung anlässlich einer Arbeitsschutzaktion erwähnte eine Gewerkschaft auch die Themen Waldsterben, die Sicherheit der Arbeitsplätze und lobte die Unternehmen – anstatt die Erfolge ihrer Arbeit mit konkreten Zahlen in den Mittelpunkt zu stellen. Daraus wurde in den Medien eine Umweltschutzaktion, die vor allem Dank der Unternehmen erfolgreich war[1].

Was Medien interessiert

1. Welche Nachrichtenfaktoren sind erfüllt:
   - was ist neu,
   - interessiert oder betrifft das Thema die Zielgruppe des Mediums,
   - wie weitreichend ist das Ausmaß der Information,
   - ist Prominenz einbezogen,
   - gibt es menschliche oder emotionale Aspekte, Dramatisches oder Originelles?

2. Sind Thema und Nachrichtenfaktoren aufeinander abgestimmt?

3. Gibt es einen Anlass, beispielsweise ein Ereignis oder ein Jubiläum?

4. Wie ist die Nachrichtenlage:
   - liegen konkurrierende Nachrichten vor,
   - ist das Thema aktuell,
   - sind die Absender eine glaubwürdige Informationsquelle zum Thema?

---

1 Viola Falkenberg, Ist Arbeitsschutz ein Tabuthema der Medien? Untersucht anhand der Aktion „Tatort Betrieb" der IG Metall in Baden-Württemberg, Berlin 1993, unveröffentlichte Abschlußarbeit des Journalisten-Weiterbildungsstudiums an der FU Berlin.

1.5 Rechtliche Aspekte

Gesetze und Vorschriften müssen sowohl diejenigen beachten, die Pressemitteilungen herausgeben, als auch diejenigen, die sie weiter verarbeiten. So dürfen Journalisten nicht nur den Wahrheitsgehalt von Pressemitteilungen überprüfen. Sie sollen es nach dem Kodex des Deutschen Presserates sogar „mit der nach den Umständen gebotenen Sorgfaltspflicht", da die Glaubwürdigkeit der Presse als Informationsquelle „besondere Sorgfalt beim Umgang mit PR-Material" gebietet.[1] Enthalten Pressemitteilungen Werbung, Diffamierungen oder Beleidigungen, so müssen Journalisten mindestens diese Passagen streichen. Wahrscheinlicher ist, dass der gesamte Text nicht veröffentlicht wird. Denn dann vermuten sie, dass deren Verfasser es auch bei weiterer Angaben mit den Gesetzen und der Wahrheit nicht genau genug genommen haben könnten.

Im Redaktionsalltag verlassen sich die Journalisten meist darauf, dass glaubwürdige Angaben in Pressemitteilungen wahr sind. Stellt sich aber in nur einem Fall heraus, dass Angaben falsch sind, müssen die Absender damit rechnen, dass ihre Angaben künftig vor jeder Veröffentlichung geprüft werden. Das geschieht dann nicht nur aus Misstrauen: Die Journalisten haften dafür, wenn sie Texte veröffentlichen, die gegen Gesetze verstoßen. Dem Zivil- und Strafrecht unterliegen sie auch dann, wenn sie eine Mitteilung lediglich wörtlich und mit genauem Quellenhinweis übernehmen.

Die Redaktionen verlassen sich außerdem darauf, dass die Verfasser und Absender von Pressemitteilungen wissen und beachten, dass jeder Mensch das **Recht am eigenen Namen** und am eigenen Bild hat und alle Rechte an zugesendeten Texten und Bildern geklärt sind. Vor der Versendung an die Medien muss daher gesichert sein, dass alle in Pressemitteilungen zitierten und genannten Personen mit der Veröffentlichung einverstanden sind: Wer eine Fachkraft aus seinem Haus im Pressetext zitiert oder von der Freizeitgruppe ein Foto beilegt, muss deren Einwilligung zur Veröffentlichung in den Medien einholen. Soll das **Foto** der Freizeitgruppe an die Medien gesendet werden, reicht es nicht einmal aus, wenn die Gruppe sich für ein Foto in der Mitarbei-

---

1   Ziffer 2 und 17.2 des Kodex des deutschen Presserates in der Fassung vom 13. 9. 2006; nach: Deutscher Presserat, Publizistische Grundsätze (Pressekodex), Bonn 2006, S. 4 und S. 17.

terzeitung aufstellte. Wussten die Mitglieder damals nicht, dass dieses Bild auch an die Lokalzeitung gesendet werden soll, muss deren Zustimmung für diese Verbreitung gesondert eingeholt werden. Denn da jeder Mensch das Recht am eigenen Namen und am eigenen Bild hat, darf beides nur mit seiner ausdrücklichen Zustimmung veröffentlicht werden. Die Verantwortung der Versender geht soweit, dass auch eine Presseagentur „als Mitstörer verantwortlich" ist, wenn sie einer Zeitung ein Foto liefert, durch das Persönlichkeitsrechte verletzt werden.[1]

Das Gesetz gegen den unlauteren Wettbewerb muss bei Pressemitteilungen zu Unternehmen, Produkten und Dienstleistungen beachtet werden. Denn die können von Mitbewerbern und Gerichten als Wettbewerbshandlung angesehen werden, die den Absatz von Waren oder Dienstleistungen fördern soll. Da das Gesetz **irreführende Angaben** verbietet, darf eine Auszeichnung für ein bestimmtes Erzeugnis nicht „für das ganze Unternehmen generalisierend benutzt" werden und sich ein kleines Möbelgeschäft nicht „Möbelhaus" oder „Möbelmarkt" nennen.[2] Für Publikumsmedien ist dabei entscheidend, wie „durchschnittlich informierte und verständige Verbraucher"[3] Formulierungen verstehen, und nicht, wie Unternehmen oder ihre Berater diese interpretiert haben möchten. Und für durchschnittlich verständige Verbraucher ist ein „international tätiges Unternehmen" eben kein mittelständischer Betrieb, der dreimal im Jahr etwas über die Grenzen Europas liefert. Besondere Beschränkungen gelten für vergleichende Werbung. Wer in einer Pressemitteilung eigene Produkte mit denen von Mitbewerbern vergleichen möchte, sollte sich zuvor über die Auflagen im Gesetz informieren.[4] Erscheinen irreführende Angaben in den Medien, muss damit gerechnet werden, dass Mitbewerber nicht nur juristisch dagegen vorgehen, sondern auch Journalisten darüber informieren. Dagegen Klagen können außerdem Verbraucherschutzverbände, Industrie- und Handels- sowie Handwerkskammern. Aber

---

1 BGH NJW 2004, 762, nach: Artur Wandtke (Hg.), Public Relations und Medienrecht, Potsdam 2004, S. 26.

2 Vgl.: Dieter Pflaum/Wolfgang Pieper (Hg.), Lexikon der Public Relations, Berlin 1990, S. 132 f.

3 Matthias Pierson, Kommentierte Synopse zum Gesetz gegen den unlauteren Wettbewerb (UWG) vom 3. Juli 2004, in: JurPC Web-Dok. 249/2004, unter http://www.jurpc.de/aufsatz/20040249.htm am 8. 1. 2008.

4 Die Voraussetzungen für vergleichende Werbung stehen im § 6, Absatz 2.

nicht nur die Irreführung – ob durch Lügen oder das Wecken falscher Assoziationen – ist zu vermeiden, sondern auch die Grenze zur Werbung einzuhalten. Wo diese Grenze genau verläuft, ist nicht in jedem Fall leicht festzustellen. Aber es gibt Entscheidungskriterien für die Abgrenzung:

Werbung	Information
– Leistung wird reklamehaft angepriesen	– Informationsgehalt überwiegt
– überschwenglich lobende Darstellung	– sachliche Information
– einzelne Produkte werden ohne nachvollziehbaren Grund hervorgehoben,	– berichtet wird von Produktgattungen
– es besteht kein öffentliches Interesse	– das berechtigte öffentliche Interesse überwiegt
– es gibt keinen redaktionellen Anlass	– die journalistischen und künstlerischen Gründe überwiegen
– privat-wirtschaftliche Interessen werden verfolgt	– gemeinnützige Interessen liegen vor
– es geht ums Markenimage	– es geht ums Firmenimage
– Wünsche nach Waren oder Dienstleistungen sollen geweckt werden	– Vertrauen soll erzeugt werden
– für die Veröffentlichung wurde direkt oder indirekt bezahlt	– es gibt keine Gegenleistung

Werbliche Darstellungen im redaktionellen Teil in Beiträgen, an denen kein öffentliches Interesse besteht, sind verbotene **Schleichwerbung,** wenn journalistische Gründe diese nicht erfordern. Das Argument, diese sei seit langem üblich, lehnt nicht nur der Deutsche Presserat immer wieder ab. Auch im Rundfunkstaatsvertrag für alle öffentlich-rechtlichen Sender von 2004 steht wieder ausdrücklich: „Schleichwerbung und entsprechende Praktiken sind unzulässig". Entsprechend forderte die ARD Schadensersatz in Millionenhöhe wegen jahrelanger Schleichwerbung von einer Produktionsfirma von Vorabendserien.[1]

In den Richtlinien des deutschen Presserats ist festgelegt: „Redaktionelle Veröffentlichungen, die auf Unternehmen, ihre Erzeugnisse, Leistungen oder Veranstaltungen hinweisen, dürfen nicht die Grenze zur Schleichwerbung überschreiten. Eine Überschreitung liegt insbesondere nahe, wenn die Veröffentlichung über ein begründetes öffentliches Interesse oder das Informationsinteresse der Leser hinausgeht oder von dritter Seite bezahlt bzw. durch geldwerte Vorteile belohnt wird."[2] Überschritten sah der Presserat die Grenze zur Schleichwerbung beispielsweise bei einer Zeitung, die über Italien-Wochen eines Kaufhauses mit den Worten berichtete: „Die besten Love-Stories werden durch tolle Gewinne wie einen ‚Amore-Urlaub' in Rom oder ein exklusives Abendessen prämiert"[3]. Der Presserat fand ein einzelnes Produkt sei ohne nachvollziehbaren Grund hervorgehoben worden. Ein redaktioneller Anlass fehlte ihm auch, als ein Internist in einem Interview zum Thema Stress auf Klosterfrau Melissengeist hinwies.

Getarnte Werbung verbietet außerdem das Gesetz gegen den unlauteren Wettbewerb. Dazu gehört die Veröffentlichung von Texten mit überwiegend werbendem Charakter im redaktionellen Teil. Diejenigen, die Redaktionen solche Pressemitteilungen senden, sind dafür mitverantwortlich – ob Presseabteilung, PR-Berater oder Textagentur. Werbende Informationen dürfen, so sie sachlich zutreffend sind, also lediglich ergänzend in Pressemappen eingelegt werden.[4]

Wird für eine redaktionelle Veröffentlichung direkt oder indirekt bezahlt, kann dies ein verbotenes „**Koppelungsgeschäft**" sein. Als Organ der freiwilligen Selbstkontrolle der in Deutschland tätigen PR-Fachleute, rügte der Deutsche Rat für Public Relations wegen eines Koppelungsgeschäfts beispielsweise eine PR-Agentur, die einer Zeitung bezahlte Anzeigen in Aussicht stellte, wenn sie über eine Kampagne

---

1 rid (Autorenkürzel), *ARD verlangt von Bavaria 2,5 Millionen Euro Schadensersatz*, in: epd medien Nr. 1 vom 7. 1. 2006, S. 17–18.
2 Ziffer 7.2 des Kodex des deutschen Presserates in der Fassung vom 13. 9. 2006; nach: Deutscher Presserat, Publizistische Grundsätze (Pressekodex), Bonn 2006, S. 17.
3 rid (Autorenkürzel), *Presserat und Redaktionen bekräftigen Schleichwerbeverbot*, in: epd medien Nr. 75 vom 22. 9. 2007, S. 18–19.
4 Vgl. Viola Wienen, *Agenda: Was darf die PR*, in: www.pressesprecher.com/magazine/artikel/723.php am 31. 1. 2008.

für das Bundeswirtschaftsministerium berichte. Wegen Schleichwerbung im Fernsehen rügte der Rat außerdem die Bundesagentur für Arbeit und in einem anderen Fall auch gleich die vermittelnde PR-Agentur wegen ihrer „beraterischen Verantwortung".[1]

Unabhängig von den Abgrenzungskriterien zwischen Werbung und Information gelten Beiträge als durch das Informationsinteresse des Publikums gerechtfertigt über:

- kulturelle Veranstaltungen,

- Messen und Ausstellungen,

- gemeinnützige Einrichtungen, Vereine, Verbände und öffentlich-rechtliche Einrichtungen

- sowie Neuerscheinungen auf den Gebieten Mode, Buch, Musik und Technik.

Deshalb dürfen Journalisten zu einigen Themen Beiträge veröffentlichen – sofern für diese nicht bezahlt wurde – und zu ähnlich wirkenden nicht: Sie dürfen berichten, wenn ein neues Automodell, ein neues Buch oder ein neues PC-Programm auf den Markt kommt. Aber das gilt nicht für das neu zusammengesetzte Medikament, neue Finanzierungsmodelle oder das erweiterte Angebot einer Wellnessanlage. Denn bei diesen ständen die privat-wirtschaftlichen Interessen auch dann im Vordergrund, wenn sie nicht reklamehaft angepriesen werden.

Wegen des Interesses des Publikums an den Angeboten gemeinnütziger Einrichtungen ist für die redaktionelle Erwähnung außerdem wichtig, wer etwas tut:

- Das Konzert eines Kulturzentrum kann angekündigt werden, da es eine kulturelle Veranstaltung durch eine gemeinnützige Einrichtung ist. Ein Konzertveranstalter würde dagegen seine „Ware" verkaufen wollen, die Konzertkarten, und wäre darauf angewiesen, Anzeigen und Werbespots zu kaufen.

---

1 hen (Autorenkürzel), *Deutscher PR-Rat rügt Agentur Flaskamp*, in: epd medien Nr. 98 vom 12. 12. 2007, S. 9–10 sowie rid (Autorenkürzel), *PR-Rat rügt Schleichwerbung der Bundesagentur für Arbeit*, in: epd medien Nr. 15 vom 24. 2. 2007, S. 9–10.

- Macht der einzige Veranstalter am Ort dreimal im Jahr eine große Veranstaltung, dann kann das als „kulturelle Veranstaltung" gelten, über die das Publikum informiert werden möchte. Wollen dagegen zwei Veranstalter monatlich mit ihren Konzerten im redaktionellen Teil erwähnt werden, so handelt es sich um Werbung. Macht einer von ihnen ein großes Benefizkonzert, dann könnte dies im redaktionellen Teil angekündigt und davon berichtet werden.

- Will ein privater Pflegedienst seine Dienstleistung präsentieren, muss er eine Anzeige buchen. Bietet eine gemeinnützige Sozialstation die gleichen Dienste an, dann können diese auch im redaktionellen Teil vorgestellt werden.

- Stellt ein Getränkelieferant für eine Messe kostenlos Getränke zur Verfügung oder verlost ein Unternehmen Gutscheine, dann wird über diese Werbemaßnahmen nicht berichtet. Überreicht das Unternehmen dagegen eine Geldspende an eine gemeinnützige Initiative kann die Redaktion informieren.

- Angekündigt werden kann ein Tag der offenen Tür bei einem großen Industriebetrieb. Öffnet aber ein Lampengeschäft zwecks Besichtigung am Sonntag seine Türen, handelt es sich um eine Werbemaßnahme.

Juristisch gesehen sind Pressemitteilungen Sprachwerke. Für sie gilt damit das Urhebergesetz. Zu den Konsequenzen gehört, dass die Inhaber der Verbreitungsrechte allein darüber entscheiden, wer diese verbreiten darf: Wer die in seinen Pressebereich im Internet einstellt, muss es nicht hinnehmen, wenn Mitbewerber den Text leicht bearbeitet auf ihre Seiten übernehmen[1] (vgl. Pressespiegel in Kapitel 4.5 „Texte nachbereiten und nutzen"). Außerdem haben die Verfasser das Recht, dass ihr Text unter Nennung ihres Namens verbreitet wird. Da das im Moment nicht branchenüblich ist, ist es allerdings oft nur schwer durchsetzbar.

---

1 Vgl. Urteil des Landgerichts Hamburg vom 31. 1. 2007, veröffentlicht in MIR 03/2007, nach: http://www.medien-internet-und-recht.de/volltext.php?mir¬_dok_id=619, am 31. 8. 2007.

Rechtliche Aspekte

Unzulässig sind:

- die Veröffentlichung von Namen oder Zitaten ohne Zustimmung der Person

- das Verbreiten von Fotos ohne Zustimmung der Abgebildeten

- irreführende Selbstdarstellung

- Bezahlung für redaktionelle Beiträge, also getarnte Werbung

- Koppelungsgeschäfte

- Schleichwerbung

2 Vorbereitung

2.1 Pressearbeit planen

Viele Pressemitteilungen werden in letzter Minute geschrieben, weil jemandem einfällt, „ach, darüber könnten wir eigentlich auch die Medien informieren", weil „mal wieder etwas an die Presse gehen muss" oder die Kommunikationsagentur Kunden Belege liefern muss. Klare Ziele und Konzepte für die Pressearbeit sind selten. Pressearbeit, die je nach verfügbarer Zeit und interner Stimmung stattfindet, ist jedoch oft sprunghaft, unregelmäßig und unnötig teuer. Oft ist die Zeit zu kurz, um den Presseverteiler entsprechend des Themas zu sortieren und zu aktualisieren. Nicht immer wird geprüft, ob es langfristig sinnvoll ist, gerade zu diesem Zeitpunkt mit diesem Anlass nach außen zu gehen. Stattdessen erfolgen Vorarbeiten, Abstimmung und das Schreiben unter Zeitdruck. Den Texten merkt man dies häufig an: Floskeln füllen die Zeilen statt fundierter Daten, relevanter Themen und prägnanter Zitate. Manche finden die Planung von Pressemitteilungen schon deshalb überflüssig, weil sie sich zum Ziel gesetzt haben, möglichst oft positiv in den Medien erwähnt zu werden. Im besten Fall ist die Folge, dass Publikum und Medien wissen, dass sich diese Institution in jeder Hinsicht für erfolgreich hält. Häufiger ärgern sich deren Verfasser darüber, dass von Mitbewerbern, die seltener die Presse informieren, fast alles veröffentlicht wird, aber ihre Texte nur selten. Die Vermutung liegt nahe, dass die Konkurrenz bevorzugt wird und es von der Laune und den persönlichen Interessen der Journalisten abhängt, was veröffentlicht wird. In den meisten Fällen ist dies ein Irrtum. Meist übersteigt das Textangebot der Vielschreiber schlicht häufiger das journalistische Interesse. Festgelegte Ziele und Konzepte ermöglichen damit eher öffentliche Glaubwürdigkeit und ein klares inhaltliches Profil. Sind diese vorhanden, gibt es Entscheidungskriterien dafür,

- was in Pressemitteilungen genannt wird,
- zu welchen Themen und Anlässen die Medien informiert werden,
- unter welchen Aspekten Presseverteiler erstellt und gepflegt werden;
- für die Zeit- und Finanzplanung,
- die interne und externe Recherche von Zahlen und Fakten sowie
- interne Abstimmungs- und Meinungsbildungsprozesse.

Außerdem können die Mitarbeiter durch Anerkennung ihrer Fachkompetenz motiviert und in die Pressearbeit einbezogen sowie die Erreichung inhaltlicher Ziele geprüft werden. Pressearbeit wird dann seltener als Luxus in guten Zeiten intern diskreditiert oder als Feuerwehr für schlechte Zeiten, die ansonsten jeder machen kann, der sprechen und schreiben kann.

Dafür, wie häufig Journalisten informiert werden können, gilt als Faustregel: Zusätzlich zu Ankündigungen öffentlicher Veranstaltungen und mit der Redaktion abgesprochener Berichte reichen zweimal jährlich pro Themenschwerpunkt zumeist aus. Diese Zahl ist unabhängig davon, ob mittels einer Pressekonferenz oder einer Pressemitteilung informiert wird. Wem die Zahl zu niedrig scheint, der sollte bedenken:

1. Zur Pressearbeit gehört auch die Beantwortung von Journalistenfragen, die Vorbereitung von Interviews und das zusätzliche Informieren in Krisenzeiten.

2. Haben fast alle Unternehmen, Verbände und Vereine mehr als nur einen Themenschwerpunkt: Wer für die regionale Pressearbeit eines Wohlfahrtsverbandes zuständig ist, könnte zweimal pro Jahr die regionalen Tagesmedien über die Verbandspolitik informieren, zweimal über die Arbeit in den Senioreneinrichtungen und ebenso häufig über Freizeitangebote und die Vergabe eines Preises. Außerdem könnten die überregionalen Fachmedien informiert werden, beispielsweise die für Gesundheitspolitik, Medizin, Kranken- und Altenpflege, Jugend und Senioren. Die Voraussetzung ist – neben

ausreichend Zeit – auch dann, dass es für das jeweilige Publikum Interessantes mitzuteilen gibt.

Werden alle Themenaspekte und die Fachpresse berücksichtigt, so bedeuten zwei geplante Pressekontakte pro Jahr schon sehr viel Arbeit. Zu selten kann dies sein, wenn das Haus zu den für die Region bedeutenden Informanten zählt oder häufig über regional Relevantes zu informieren hat. Dies gilt für den größten Arbeitgeber der Region, Behörden und Ämter, staatliche Stellen und Universitäten – also für alle Organisationen, unter deren Dach mehrere Abteilungen mit für die Öffentlichkeit Wichtigem beschäftigt sind.

Dann würde die „Zweimal-pro-Jahr-plus-öffentliche-Veranstaltungen"-Regel pro Abteilung angewendet:

- Beim größten Arbeitgeber könnten dies Produktion, Verwaltung und Forschungsabteilung sein.

- Bei einer Universität wäre dies jeder Fachbereich plus die allgemeine Verwaltung und das Direktorium.

- Ein statistisches Landesamt würde höchstens zweimal im Jahr über sich selbst informieren, aber regelmäßig über Zahlen, die für die Öffentlichkeit interessant sind.

- Auch die Polizei berichtet in der Regel höchstens halbjährlich über sich – informiert aber ständig über die aktuelle Arbeit.

- Eine Partei könnte zweimal im Jahr über Organisatorisches wie Ein- und Austritte, Ortsvereinsstrukturen und Grundsatzprogramme informieren und regelmäßig über Gesetzesvorhaben und Anträge im Gemeinderat oder Parlament.

Sind die Themen festgelegt, über die informiert werden soll, beginnt die Zeitplanung. Denn die gleichmäßige Verteilung übers Jahr kann die Chancen auf Veröffentlichung erheblich erhöhen: Liegt ein halbes Jahr zwischen einer Jahresbilanz und einem Jubiläum, wird eher über beides ausführlicher berichtet, als wenn binnen drei Wochen über beides informiert wird. Auch chronische Hektik lässt sich eindämmen, da alle Vorarbeiten aufgelistet, die günstigste Reihenfolge und der Zeitaufwand abgeschätzt werden können. Vielleicht lässt sich sogar ein Teil der Arbeit intern delegieren oder extern abgeben, können Detailziele ermittelt oder Synergieeffekte genutzt werden.

Je intensiver die Zusammenarbeit mit den Redaktionen sein muss und je übersichtlicher die örtliche Medienlandschaft ist, umso eher kann ein Treffen für beide Seiten nützlich sein. Denn jede Redaktion hat etwas andere Anforderungen: Mal sind Texte im Word-Format leichter im Redaktionssystem zu bearbeiten, mal ist es günstiger, digitale Fotos von den Internetseiten zu laden. Wenn das Gespräch beiden Seiten Zeit und Arbeitskraft spart, erfahren Journalisten durchaus gerne, dass man mit ihnen gemeinsam an der Information der Öffentlichkeit arbeitet. Aber es stößt meist auf wenig Verständnis, wenn bei dieser Gelegenheit eine Kurzschulung zur Pressearbeit erwartet wird.

Checkliste · Vorarbeiten

1. Medienrelevante Themen der Bereiche ermitteln

2. Bis zu zwei Themen beziehungsweise Anlässe pro Themenaspekt auswählen

3. Schwerpunkte des Presseverteilers festlegen

4. Versendungstermine gleichmäßig übers Jahr verteilen

5. Presseverteiler aktualisieren beziehungsweise erstellen

6. Inhaltliche Tendenzen intern absprechen

7. Recherche der Fakten und Zitate

8. Text schreiben und gegenlesen lassen

9. Gegebenenfalls Überarbeitung des Textes und erneutes Gegenlesen

10. Text genehmigen lassen und versenden

2.2 Intern recherchieren

Um Texte mit Fakten und Zitaten schreiben zu können, müssen diese erst einmal vorliegen. Die Prinzipien der journalistischen Recherche helfen internen Pressesprechern und externen PR-Beraterinnen dabei nur bedingt weiter: Die Recherche von außen nach innen, also von den unabhängigen Experten zu den Hauptbeteiligten, ist oft ebenso wenig möglich wie bohrend zu fragen. Denn die Vorgesetzten sind oft nicht nur die Auftraggeber, sondern auch die Erst-Informanten. Gleichzeitig ist die vertrauensvolle Zusammenarbeit mit allen hausinternen Informanten die Basis der internen Recherche. Die aufzubauen und zu erhalten erfordert eher Diplomatie als bohrende Fragen. Nicht nur die offizielle Hierarchie muss beachtet werden, sondern auch die informellen Kommunikationsstrukturen. Gleichzeitig ist bei Konflikten Neutralität zu wahren und sind persönliche Interessen und Empfindlichkeiten zu berücksichtigen.

Es entspricht umso eher der Quadratur des Kreises, mit allen vertrauensvoll zusammenzuarbeiten und gleichzeitig gute Rechercheergebnisse zu erzielen, je größer das Haus ist und je weniger sich die Beteiligten über Sinn und Ziel der Pressearbeit einig sind. Um langfristig gut mit den Informanten arbeiten zu können, müssen diese immer wieder motiviert, informiert und aktiv beteiligt werden.

Ausgangspunkt für interne Recherchen kann eine systematische Auflistung aller sein, die als Informanten in Frage kommen. Im Organigramm kann notiert werden, wer zu welchen Themen informieren kann und darf und wo wessen fachliche Kompetenzen und Interessen liegen. Werden Entscheidungs- und Fachkompetenzen in Gesprächen benannt, zeigt dies Respekt vor dem Gegenüber und unterstützt beim Motivieren.

Anrufe kommen den Informanten im Zweifelsfall allerdings ungelegen: Sie stecken mitten in einer wichtigen Arbeit, sind gerade auf dem Weg in eine Besprechung, tüfteln an einem komplizierten Problem oder haben die ersten Minuten am Tag ein wenig Ruhe. Als erstes sollte daher stets gefragt werden, ob der Zeitpunkt des Anrufes passt. Vielleicht beantworten Informanten in einer halben Stunde die Fragen gerne und gründlich, möchten in dieser Minute aber nur in Ruhe eine Aufgabe beenden können. Damit Informanten Zeit haben, sich auf das Gespräch einzustellen und es inhaltlich vorzubereiten, sollte möglich oft frühzeitig mit der Recherche begonnen werden. Umso eher sind Informanten bereit, einmal alles stehen- und liegenzulassen, wenn Antworten keinen zeitlichen Aufschub dulden.

Das Gespräch beginnt dann nicht mit einer Frage: Vorab sollten die Informanten informiert werden. Im besten Fall nennt man ihnen einen Grund zu antworten. Denn die Frage, „was habe ich davon, dass ich antworte?", steht ohnehin im Raum – und lenkt die Informanten solange ab, bis sie darauf eine Antwort gefunden haben. Die schlichte Information, dass die Veröffentlichung dem Image der Organisation dient, reicht nicht. Denn sie bedeutet auch, dass die Interessen der Informanten dahinter zurückzustehen haben. Günstiger ist es, deren Vorteil zu erwähnen – ob leichtere Finanzierung ihres Projektes, ihre größere Bekanntheit bei der breiten Öffentlichkeit, die Nennung ihres Namens zusammen mit dem des Schirmherrn oder der größere Publikumsandrang auf einer Fachmesse.

Informiert werden sollte vorab auch über die Hintergründe des Gesprächs:

• Wo soll der Beitrag veröffentlicht werden?

An wie viele und welche Medien wird der Beitrag gesendet; welche davon veröffentlichen erfahrungsgemäß? Wird der Text im Pressebereich der Internetseite für jeden frei zugänglich sein oder parallel in der Mitarbeiterzeitung erscheinen? Das hilft überhöhte Erwartungen zu vermeiden und erleichtert die fachliche Vorbereitung des Gesprächs. Gehen interne Informanten davon aus, dass ihr fundiertes Fachwissen gefragt ist – träumten vielleicht schon von der ausführlichen Erwähnung in einem Fachartikel, die ihnen die Anerkennung ihrer Kollegen sichert –, dann sind sie enttäuscht, wenn sich im Laufe des Gespräches oder danach herausstellt, dass es nur um drei Sätze für die lokale Presse ging.

• Was ist das Thema des Beitrages? Was wird benötigt?

Eindeutig benannt werden sollte, was erfragt werden soll: Werden Zahlen benötigt, pointierte Zitate oder anschauliche Beispiele, eine fachliche Einschätzung oder Hintergrundinformationen?

Sind das Thema und die genauen Aspekte vorab bekannt, ermöglicht dies den Informanten, sich bereits vor dem Gespräch inhaltlich mit Kollegen oder Vorgesetzten abzustimmen – statt währenddessen durch die Überlegung abgelenkt zu werden, was die wohl wollen würden, dass er sagen soll.

• Wer wird außerdem befragt?

Wird auch an anderen Standorten, in anderen Abteilungen oder bei der Geschäftsleitung recherchiert, sollte dies bekannt sein. Denn es verärgert unnötig, wenn Informanten glauben, sie wären die einzigen Befragten, und erfahren dann zufällig durch Gespräche oder die Veröffentlichung, dass auch andernorts recherchiert wurde. Manche fühlen sich danach ausgenutzt und geben fortan nicht mehr Informationen als nötig.

- Wie lang wird der Text?

Wissen Informanten, dass es um eine kurze Terminankündigung geht, ist den meisten klar, dass sie keine Studien heraussuchen und gemeinsam durchzugehen brauchen. Geht es dagegen um eine Pressemitteilung oder Hintergrundmaterial für eine Pressekonferenz, können sie Fakten und Einschätzungen klären.

- Wann wird der Pressetext veröffentlicht?

Wissen Informanten, wann ein Text fertig sein muss, dann ist transparent, wie viel Zeit ihnen für die Vorbereitung bleibt und ob sie ihre Zeitplanung kurzfristig ändern müssen. Außerdem können sie dann auch über Einzelheiten informieren, die erst am Tag der Veröffentlichung verbreitet werden sollen.

- Wie und wo findet das Gespräch statt?

Ein erstes Gespräch sollte möglichst persönlich und am Arbeitsplatz der Informanten geführt werden. Das signalisiert Wertschätzung und dokumentiert, dass sie nicht als anonyme Datenbank angesehen werden, mit denen man nach Belieben zu verfahren gedenkt. Kurze Gespräche können anschließend auch telefonisch geführt werden, ohne dass Informanten sich schlecht behandelt fühlen. Bei längeren Gesprächen sollte angeboten werden, sich am Arbeitsplatz der Gesprächspartner zu treffen. Das ermöglicht es, auch die Arbeitsumgebung der Pressestelle oder der Agentur zwanglos kennenzulernen. Die Ortswahl sollte möglichst den Informanten überlassen werden, damit die den Ort aussuchen, an dem sie sich am wohlsten fühlen. Vielleicht wollen sie auf Unterlagen zurückgreifen und Kollegen kurz hinzuziehen können oder lieber ungestört und unbeobachtet reden. Deren Wahl hat vor allem deshalb Priorität, weil nur Informanten, die sich wohl fühlen, gerne Auskunft geben.

- Wie lange dauert das Gespräch?

Unnötigen Zeitstress und Enttäuschungen vermeidet, wer vorher klärt, wie viel Zeit beide Gesprächspartner einplanen. Glauben Informanten, es ginge um drei Fragen, die in zehn Minuten beantwortet sind, dann stört es deren Tagesplan, wenn das Gespräch eine Stunde dauert. Womöglich kann das Gespräch nicht in Ruhe zu Ende geführt werden, weil die Ablenkung zu groß wird durch die sich auftürmende Arbeit, störende Anrufe oder Kollegen, die schnell etwas klären wollen. Haben Informanten sich dagegen auf eine Stunde eingestellt und das Gespräch nähert sich schon nach zehn Minuten dem Ende, kann dies als mangelnde Wertschätzung aufgefasst werden. Da spätestens nach 90 Minuten die Konzentration nachlässt, sollten längere Gespräche vermieden werden.

- Was passiert vor der Veröffentlichung?

Bekommen Informanten den Text vor der Versendung und können sie Formulierungen dann noch ändern? Wird der Text der Geschäftsleitung oder Vorgesetzten zur Genehmigung vorgelegt? Manche Verfasser scheuen sich, Informanten die fertigen Text vorzulegen, weil diese das Beste und Interessanteste oft genug wieder streichen wollten. Wenn es dann nicht gelingt, die Informanten von den Formulierungen zu überzeugen – nicht etwa sie zu überreden oder mit Zeitdruck zu erpressen –, gilt es, an die langfristige gute Zusammenarbeit zu denken. In deren Sinne ist es manchmal effektiver, Änderungswünsche zu akzeptieren. Zumindest die direkten und indirekten Zitate müssen immer vorgelegt werden, weil jeder das Recht hat, selbst darüber zu bestimmen, mit welchen Worten er an die Öffentlichkeit tritt (vgl. Kapitel 1.5 „Rechtliche Apekte"). Die Vorteile sind: Fehler werden rechtzeitig korrigiert; Informanten informieren umfassender, weil sie weniger Angst vor Missverständnissen und Fehlinterpretationen haben und die Verfasser trifft nachweislich keine Schuld, wenn Redaktionen Texte ändern.

- Was passiert nach der Veröffentlichung?

Informanten könnten vorab oder am Ende des Gespräches erfahren, wenn sie automatisch Kopien oder Originale von Veröffentlichungen erhalten. Außerdem sollten sie darüber informiert werden, was sonst noch passieren soll: Auch wenn sie gerne in einer Fachzeitschrift zitiert werden, ist ihnen ein Aushang am „Schwarzen Brett" vor den Kollegen vielleicht eher peinlich. Wodurch deren Reputation steigt und was sie schmälert, können Informanten meist genauer einschätzen als diejenigen, die nicht in deren Abteilung arbeiten – egal, wie

„gut" die es meinen. Deshalb gilt es, bei der weiteren Verbreitung deren Wünsche zu berücksichtigen. Möglicherweise haben sie sogar noch gute Ideen für weitere Nutzungsmöglichkeiten.

Im Gespräch selbst ist es wichtig, den Informanten Zeit zum Antworten zu lassen. Die Antworten, die Zeit brauchen, sind oft besser als die schnellen Standardantworten. Zeit erfordern komplizierte Sachverhalte schon deshalb, weil die Befürchtung groß ist, sich missverständlich auszudrücken und falsch zitiert zu werden. Erst nachdem sie die fachlich korrekte Fassung formuliert haben, können viele Informanten auch zu komplexen Themen anschauliche Beispiele entwickeln oder diese prägnant zusammenfassen. Sofern zeitlich möglich, könnte bei sehr komplizierten Darlegungen gemeinsam erwogen werden, das Gespräch zu vertagen – damit die Fragenden sich noch einmal überlegen können, was sie genau wissen wollen. Die Informanten sollten die Fragen rechtzeitig vor dem nächsten Gespräch kennen, damit sie die Antworten vorbereiten können.

Am Ende des Gespräches kann man mehr tun, als dafür danken, dass Informanten sich die Zeit genommen haben. Sie können aktiv in die Presse- und Öffentlichkeitsarbeit einbezogen werden: Gemeinsam kann überlegt werden, ob das Thema auch als Beitrag für die Mitarbeiterzeitung geeignet ist oder als Aufsatz in einer Fachzeitschrift, wie andere Aspekte des Themas und weitere Themen in die PR-Arbeit eingebettet werden können. Nach Ideen und Vorschlägen kann gefragt oder vorgeschlagen werden, einen weiteren Text zu verbreiten, wenn eine neue Projektphase beginnt.

Veröffentlichungen sollten zuerst die Informanten erhalten. Der Motivation dient es, wenn sie zeitnah über alle offiziellen und positiven Reaktionen informiert werden – beispielsweise wenn Journalisten wegen näherer Informationen anriefen oder Kollegen aus anderen Niederlassungen sich zur Veröffentlichung äußerten. Werden Zeitungen und Reaktionen persönlich weitergeleitet, dient das nicht nur der Kontaktpflege: Selbst wenn man dabei nichts Neues zum Thema erfährt, wird zumindest registriert, dass man sich nicht nur meldet, wenn man Informationen benötigt.

Trotz allen Eingehens auf die Wünsche und Bedürfnisse der Informanten müssen Pressestellen und PR-Agenturen auch für ihre eigenen Interessen eintreten. Deshalb gilt es in Vorgesprächen, Gesprächen und der Nachbereitung, auch die Vorteile und Erfolge der eigenen Arbeit darzustellen, eigene Kompetenzen zu benennen und von Erfahrungen im Umgang mit der Presse zu berichten – damit niemand auf die Idee kommt, Fairness als Schwäche oder Kompetenzmangel auszulegen.

Motivieren und informieren beim Recherchieren

Motivieren:

- erste Gespräche persönlich führen, an dem Ort, an dem sich die Informanten wohl fühlen

- Fachkompetenz dezidiert anerkennen

- konkrete Vorteile der Mitarbeit nennen

- unnötigen Zeitstress vermeiden

- Zeit für gute Antworten lassen

- Informanten in die Planung der weiteren Arbeit einbeziehen

- veröffentlichte Texte und Reaktionen weiterleiten

- die eigene Kompetenz benennen

Informieren:

- was ist das Thema des Beitrages

- wo soll der Beitrag veröffentlicht werden

- was wird benötigt (Zitate, Fakten, Hintergrund)

- wie lang soll das Gespräch dauern

- wer wird außerdem befragt

- wie lang soll der Text werden

- wann soll er verschickt werden

- wie ist der Ablauf vor der Veröffentlichung

- was passiert danach

2.3 Presseverteiler aufbauen

Presseverteiler gelten als „grundlegende Säule der Pressearbeit"[1] – deren Aufbau und Pflege in Pressestellen und Agenturen als ungeliebteste, weil aufwendigste Tätigkeit. Es kann viele Arbeitsstunden erfordern, um die jeweils relevanten Medien zu ermitteln, deren Kontaktdaten und womöglich noch die Namen der genau richtigen Ansprechpartner.

Nach wie vor gibt es keinen Dienst, der die komplizierte Arbeit des Zusammensuchens der genau passenden Medienanschriften komplett übernehmen könnte. Aber immer mehr Dienstleister bieten nach Regionen und Themen sortierte Anschriften zum Kauf an – ob die Medienanschriften aus Mecklenburg-Vorpommern oder Stuttgart, solche für das Bauwesen, für Stadtmagazine oder die Yellow Press. Unter den Anbietern sind traditionelle Adressdienstleister ebenso wie Versender von Pressemitteilungen, beispielsweise der Originaltextservice von newsaktuell, einem Tochterunternehmen der Deutschen Presse-Agentur.[2] Immer mehr Versender haben entdeckt, dass für unkomplizierte Zugriffe auf themengenaue, aktuelle Adressdatenbanken gute Preise zu erzielen sind und sich die Auflagen für den Finanzmarkt zu Ad-hoc-Mitteilungen nach dem Transparenz-Umsetzungsgesetz gut nutzen lassen.

Ebenso kompliziert wie der Aufbau von Presseverteilern ist es allerdings, die Preise und Angebote der Anbieter zu vergleichen. Den ungefähren Nutzen deren Dienstleistung im Vorfeld abzuschätzen kann sich als unmöglich herausstellen. Denn dafür reicht es nicht, die Zahl der belieferten Adressen zu einem Thema zu kennen. Es müssen die für das eigene Thema genau richtigen Adressen sein. Wer die angebotenen Verteiler detailliert prüft, stellt oft fest, dass die dem eigenen Ziel bestenfalls nahe kommen: Denn wer Medien aus Industrie und Handwerk informieren möchte, dem nützt ein Verteiler mit diesem Namen dann wenig, wenn sein Thema nicht für Zeitschriften wie

---

1   Wilfried Lindner, Taschenbuch Pressearbeit, Heidelberg, 2. Auflage 2001, S. 33.
2   Weitere kommerzielle Versender von Pressemitteilungen sind unter anderem: www.cds-dialog.de, www.directnews.de, www.pressaktuell.de, www.pressetext.de, www.prnewswire.eu.com, www.pressline.com und www.presse.com. Insbesondere den Finanzmarkt bedienen beispielsweise neben newsaktuell ebenso BusinessWire, Hugin und die Deutsche Gesellschaft für AdHoc-Publizität (DGAP).

„Arbeit und Gesundheit", „Betriebsleiter Katalog", „das Fundament" und „rationell reinigen" passt.

Nicht nur aus Kostengründen meiden also Institutionen und Verbände die Nutzung solcher Verteiler. Um den Aufwand bei Aufbau und Pflege des Presseverteilers in Grenzen zu halten, erfolgen diese dann oft nach dem Zufallsprinzip. Effektiver wäre es, wenn Institutionen mit ähnlichen Themen beim Verteiler kooperieren würden – statt eifersüchtig über ihre Adressen und Kontakte zu wachen. Regionale Presseverteiler stellt manche Pressestelle von Landesregierung, Ortsamt oder Kammer mittlerweile sogar kostenlos im Internet zur Verfügung. Darüber hinaus könnten die Institutionen mit ähnlichen Themen gemeinsam einen Verteiler erstellen und pflegen oder ihre Dachorganisation damit beauftragen: Alle mittelständischen Betriebe in Kiel und Umgebung benötigen die aktuellen Medienadressen der Region und der örtlichen Wirtschaftspresse, einige zusätzlich die Kontaktdaten der bundesweiten Wirtschaftsmedien und Nachrichtenagenturen. Der einzelne Betrieb bräuchte zusätzlich die Daten der jeweiligen Fachmedien – ob für Agrarwirtschaft oder Zoobewirtschaftung –, die die Branchenverbände bereitstellen könnten. Ergänzt um eigene Kontakte und Detailinformationen bliebe der eigene Presseverteiler auch dann noch „ein organisch wachsender Informationspool", in dem „sich alle vergangenen und gegenwärtigen Themen des Hauses" spiegeln.[1]

Wer die Adressen selbst zusammenstellt, sollte besonders darauf achten, alle relevanten Redaktionen aufzunehmen – nicht nur diejenigen, die man selbst nutzt oder die einem sympathisch sind. Anderenfalls würden die Menschen mit Informationsentzug bestraft, die es wagen, sich an dem einen Tag, an dem die Pressemitteilung von den Medien verbreitet wird, durch andere Medien zu informieren. Nicht zu empfehlen ist es, die Redaktionen bald wieder aus dem Verteiler zu nehmen, die die Mitteilungen nicht verarbeiten. Denn der Tag könnte nahe sein, an dem Journalisten finden „jawohl, das haben wir bisher nie gebracht, und dieses Mal ist es ein etwas anderer Aspekt und dafür heute der richtige Zeitpunkt".

---

1 Anne Katharina Knieß, *Presseverteiler – Das Kapital der Pressestelle,* in: Ralf Laumer (Hg.), Bücher kommunizieren, Bremen 2005, S. 31.

Vor der Zusammenstellung der Daten sind zunächst die Schwerpunkte des Verteilers festzulegen. Für einen Konzern, der Rheuma-Medikamente herstellt und europaweit vertreibt, könnten dies sein:

1. die regionalen Medien des Hauptsitzes,

2. die regionalen Medien der Standorte,

3. die bundesweiten Tagesmedien,

4. die bundesweite Wirtschaftspresse,

5. europaweit die Medien für Ärzte und Apotheker,

6. europaweit die Medien von Patientenorganisationen zum Thema Rheuma,

7. weltweit die Fachmedien der pharmazeutischen Industrie.

Wer davon genau eine aktuelle Pressemitteilung erhält, hängt vom Thema ab: Die Ankündigung des Tages der offenen Tür am Hauptsitz in Wanne-Eickel erhalten die Tagesmedien, Wochen- und Monatspublikationen aus Wanne-Eickel und Umgebung. Das neue umweltschonende Herstellungsverfahren ist für die Medien am Produktionsstandort interessant, für die Fachmedien der pharmazeutischen Industrie und vielleicht für die Medien am Hauptsitz des Konzerns.

Eine Hilfsmöglichkeit beim Entwicklen eines passgenauen Presseverteiler ist eine Kreuztabelle, die alle Themen und Zielgruppen enthält. Bei neuen Themen oder Anlässen kann dann rasch entschieden werden, welche Medien bedient und ob weitere Schwerpunkte aufgenommen werden müssen: Vielleicht sind die presserelevanten Themen eines Münchner Frauentherapiezentrum in den kommenden zwei Jahren: ein Tag der offenen Tür, der Jahresbericht, ein neues Beratungskonzept, die Finanzsituation und eine Fachtagung zu sexualisierter Gewalt. Die Zielgruppen, die per Pressearbeit darüber informiert werden sollen, könnten sein: alle Menschen aus München und Umgebung, alle Frauen, Ärztinnen und Ärzte sowie die Fachleute für Psychotherapie. In der Tabelle wird eingetragen, welche Zielgruppe über welches Thema informiert werden soll: Da die Fachtagung sich an Ärzte und Therapeuten wendet, erhalten nur deren Medien die Ankündigung der Tagung. Die Ergebnisse der Tagung sind dagegen für alle interessant – und der gesamte Presseverteiler wird genutzt.

Zielgruppen / deren Medien				
	München und Umgebung	Ärzte	Therapeuten	Frauen bundesweit
Thema				
Tag der offenen Tür	x			
Jahresbericht	x			
neues Konzept	x	x	x	
Finanzsituation	x			
Fachtagung				
sex. Gewalt:				
– Ankündigung		x	x	
– Ergebnisse	x	x	x	x

Der Blick auf die Tabelle führt zu der Frage: Lohnt sich der Aufwand, den Schwerpunkt „bundesweite Medien für Frauen" in den Presseverteiler aufzunehmen? Um den Aufwand gering zu halten und den Anlass zu nutzen, könnte der Schwerpunkt „Frauen bundesweit" auf zehn Redaktionen der überregionalen Frauenpresse reduziert werden und die in München ansässigen bundesweiten Nachrichtenagenturen aufgenommen werden. Ergibt die Planung der Tagung, dass das neue Konzept nur für bestimmte Ärzte interessant ist, aber nicht für die bundesweite Medizinpresse, wird der Presseverteiler dem angepasst: Statt allen Ärzte-Medien werden die regionalen Ärzte-Medien aufgenommen sowie die Medien der praktischen Ärzte. Der Presseverteiler besteht nun aus

1. den Tagesmedien, Wochen- und Monatspublikationen aus München und Umgebung,

2. den regionalen Medien für Ärzte aller Fachrichtungen,

3. den bundesweiten Medien für praktische Ärzte,

4. den bundesweiten Fachmedien für Therapie sowie

5. zehn bundesweiten Frauenmedien und den Nachrichtenagenturen.

Bei der Anpassung der Tabelle kann die Relevanz der Themen für die Zielgruppen neu festgelegt werden: Da die regionalen Ärzte aufgenommen wurden, werden diese nun auch über den „Tag der offenen Tür" und den Jahresbericht informiert.

Zielgruppen / deren Medien

Thema	München und Umgebung	Ärzte reg.	prakt. Ärzte	Therapeuten	Frauen bundesweit + Agenturen
Tag der offenen Tür	x	x			
Jahresbericht	x	x			
neues Konzept	x	x		x	x
Finanzsituation	x	x			
Fachtagung					
sex. Gewalt:					
– Ankündigung		x	x	x	
– Ergebnisse	x	x	x	x	x

Als nächstes ist festzulegen, welche Redaktionen im Einzelnen berücksichtigt werden. Bei **aktuellen regionalen Themen** gehören alle Zeitungen sowie regionalen Hörfunksender in den Presseverteiler, ob privat oder öffentlich-rechtlich. Die Bild-Zeitung gehört ebenso dazu wie die Regionalausgabe der Tageszeitung, die Kirchenzeitung und kostenlos verteilte Anzeigenblätter. Denn obwohl letztere nicht den besten Ruf haben, werden sie viel gelesen: Einige lesen sie zusätzlich zur Tageszeitung, andere informieren sich ausschließlich darüber.

Die Adressen stehen gesammelt in überregionalen Nachschlagewerken. Viele davon berücksichtigen mittlerweile auch die Verbreitungswege über das Internet, haben die Anschriften der Internet-Medien aufgenommen oder Sonderbände dazu herausgegeben. Nach welchen Kriterien Themen und Branchen berücksichtigt werden, ist unterschiedlich: Während beispielsweise die Fachmedien für Architekten in allen Nachschlagewerken recht gut auffindbar sein dürften, gilt dies für neuere Branchen nicht unbedingt. Zu den bekannten Nachschlagewerken gehören

- der Stamm, der regelmäßig aktualisiert wird und in vielen öffentlichen Bibliotheken steht,

- der Zimpel als Loseblattsammlung und die

- Kroll-Taschenbücher, die alle zwei Jahre aktualisiert für achtzehn Themenbereiche – von Ernährung bis Motor-Presse – erscheinen;

- das Österreichische Pressehandbuch und der Journalisten-, Medien- und PR-Index in Österreich sowie

- Impressum und das Schweizer PR- & Medienverzeichnis in der Schweiz.[1]

- Einige Anschriften deutscher Fachzeitschriften stehen außerdem unter www.fachzeitschriften.com und www.fachzeitschriften-portal.de.

Schon alle **bundesweiten aktuellen Medien** anzuschreiben, werden sich viele zweimal überlegen; gibt es doch schon 400 Zeitungen in Deutschland[2], viele davon mit eigenen Online-Redaktionen. Die zwanzig größten Nachrichtenportale in Deutschland – die tagesaktuell aus Politik, Wirtschaft und Sport berichten – wurden bereits im ersten Halbjahr 2007 gut 1,8 Milliarden Mal besucht. Angeführt werden sie von Spiegel Online, Bild.de, Sport 1 und heise online[3]. Hinzu kommen die Besucher der großen Online-Redaktionen von Focus, Süddeutsche Zeitung, F.A.Z., Stern, Handelsblatt und Zeit sowie die von Unternehmen wie T-Online und AOL.

---

1 Bernd Hüttner, Verzeichnis der Alternativmedien 2006/7, Neu-Ulm 2006.
   Dr. Jens M. Kroll/Olaf Kroll, Pressetaschenbuch, Seefeld – alle zwei Jahre aktualisiert, teilweise recherchierbar unter www.pressguide.de; für die Frauen- sowie die Kinderpresse erscheinen Pressetaschenbücher beim Verlag Rommerskirchen in Remagen-Rolandseck.
   Willy Stamm (Hg.), Stamm, Leitfaden durch Presse und Werbung, Essen – über 17.000 Adressen deutscher Medien inklusive Bilderdienste, Funk und Fernsehen. Es gibt ihn für Deutschland, Österreich und die Schweiz, als Buch, CD-ROM und Adressdatenbank.
   Dieter Zimpel, Zeitungen, Zeitschriften, Funk und Fernsehen, München, Loseblattsammlung in fünf Ordnern und als CD-ROM, Zimpel bietet ebenfalls eine Adressdatenbank sowie einen Themenplan.
   O. A., Medienhandbuch, Hamburg oder Berg-Kempfenhausen – erscheint zum Teil regelmäßig aktualisiert beispielsweise für Baden-Württemberg, Berlin/Potsdam, Hessen, Hamburg, Düsseldorf, Köln, München, Niedersachsen/Bremen, Rhein/Main, Rhein/Ruhr, Wiesbaden.
   O. A., Impressum. Schweizerisches Medienhandbuch, in elektronischer Form unter www.persoenlich.com.
   O. A., Schweizer PR- & Medienverzeichnis, Zürich, 34. Ausgabe 2007.
   O. A., Journalisten-, Medien- & PR-Index, Wien 2006/1.
   Verband österreichischer Zeitungen (Hg.), Österreichisches Pressehandbuch 2008, Wien 2008.
2 Stand Deutschland 2003, nach: o. A., Daten zur Mediensituation in Deutschland 2003, in: Media Perspektiven Basisdaten von 2003, S. 41.
3 Information des Bundesverbandes Informationswirtschaft, Telekommunikation und Neue Medien, nach: hen (Autorenkürzel), *Nachrichtenportale im Internet werden vermehrt genutzt,* in: epd medien Nr. 59 vom 28. 7. 2007, S. 16–17.

Sind die Informationen relevant genug, kann es bei der Vielzahl der Medien mitunter günstiger sein, nur die Redaktionen zu informieren, die besonders viele Menschen erreichen, sowie diejenigen, die ihrerseits die Medien informieren. Dann bestünde der Verteiler aus den bundesweiten Nachrichtenagenturen, den Nachrichtenredaktionen der Fernsehsender und den überregionalen Tageszeitungen – also der Süddeutschen Zeitung, der F.A.Z., der tageszeitung, der Frankfurter Rundschau sowie der Zeitung Die Welt.

Wird lediglich eine Redaktion exklusiv informiert, steht meist die Hoffnung dahinter, dass andere Redaktionen das Thema aufgreifen. Diese erfüllt sich jedoch nur, wenn die Aussagen sehr relevant sind: Kündigt ein Bundesminister im kleinsten Blatt von Hintertupfingen seinen Rücktritt an, dann wissen dies binnen Stunden weltweit die Medien. Selbst mit revolutionären Ergebnissen eines Modellprojekts gelingt dies nur selten. Je weniger brisant die Informationen sind, desto umfangreicher muss also der Presseverteiler sein, um sie bekannt zu machen.

Wer darauf setzt, dass Interessierte sich die Informationen selbst im Internet suchen, für den bieten sich – neben weiteren Möglichkeiten, wie den eigenen Internetseiten, Netzwerken und Blogs – **Presseportale** für Pressemitteilungen als Plattform an. Einige werden von Kommunikationsagenturen betrieben, die mit einem zunächst kostenlosen Angebot potentielle Kunden auf sich aufmerksam machen wollen, um ihnen dann die Übernahme der Pressearbeit anzubieten. Zu den internationalen Portalen, die Pressemitteilungen gegen Bezahlung auch versenden, gehören businesswire und PR Newswire. Sie bieten digitale Pressemappen mit Film- und Tonausschnitten (smart news release) an und arbeiten in Deutschland eng mit news aktuell zusammen, einem Tochterunternehmen der dpa, das Pressemitteilungen ebenfalls gegen Bezahlung versendet und unter anderem auf presseportal.de bereitstellt.

Bei einigen Portalen kann man sehen, wie oft welche Meldung angeklickt wurde. Andere erhöhen die Attraktivität ihres Angebots dadurch, dass die Meldungen auch bei google.news und yahoo.news erscheinen oder indem, wie bei News-Ticker.org, aus Pressemitteilungen eine Internetzeitung erstellt wird. Zu den kostenpflichtigen Presseportalen gehören beispielsweise ne-na und allpr; zu den thematisch nicht-spezialisierten kostenlosen gehören unter anderem businessportal24, globalewirtschaft, go-with-us, openpr, perspektive-mittelstand, pressbox und pressnetwork aus Deutschland, news4press.com für die Schweiz und pressemeldungen.at für Österreich. Außerdem gibt es kommerzielle und nicht-kommerzielle, regionale sowie thematisch spezialisierte Portale, wie der kostenpflichtige Informationsdienst Wissenschaft idw-online.

In vielen Fällen müssen die Texte dort, nachdem man sich zunächst registriert und seine Zugangsdaten erhalten hat, eigenständig eingegeben werden. Da die Eingabemasken und formalen Kriterien unterschiedlich sind, kann die Eingabe bei der Nutzung mehrerer Portale einige Zeit in Anspruch nehmen. Übliche Vorgaben sind, dass keine Silbentrennung erfolgt, HTML-Befehle nur eingeschränkt verwendet werden, ein Kurzporträt des Hauses sowie die genauen Absenderangaben mit eingestellt werden. Manche Eingabemaske fordert zusätzlich einen Vorspann mit einem Höchstmaß an Zeichen. Das Einstellen von Bildmaterial und Setzen eines Links zur eigenen Internetseite ist häufig möglich.

Neue Presseportale, Newsletter, die eingestellt werden, Redaktionen, die zusammengelegt, und Sendungen, die gestrichen werden: Die ständigen Änderungen bei den Medien machen es schwer, ohne Adressverwaltungsprogramm auszukommen. Agenturen und kleine Pressestellen, die allein mit dem Adressbuch ihres E-Mail-Programms arbeiten müssen, erreichen schnell die Grenzen des Machbaren. Zumal auch noch jedes Jahr Hunderte Sonderhefte erscheinen, Zeitschriften neu auf den Markt kommen und wieder eingestellt werden.[1] Schon die Rubrik Fachpublikationen im Kroll-Taschenbuch „Geld, Versicherung und Soziales" umfasst rund 650 Titel – ohne die Anschriften von Illustrierten, Tages- und Wirtschaftszeitungen, Nachrichtendiensten, Funk und Fernsehen.

Zusätzlich selbst ermittelt werden muss – neben den Online-Medien – meist, welche Zeitungen spezielle Themenseiten haben und welche Fach-Redaktionen es bei den **Hörfunk- und Fernsehsendern** gibt. Für

---

1   164 neue Fachzeitschriften erschienen 2005 nach Angaben der Deutschen Fachpresse, 114 wurden eingestellt; nach: Andreas Vogel, *Titelthema Fachpresse, Ein unterschätzter Bereich,* in: menschen machen medien 6–7/2007, S. 8–9. Im Jahr 2001 wurden dagegen etwa 400 neue Zeitschriften herausgegeben und elektronisch eingestellt; nach: kel (Autorenkürzel), *Zeitschriftenverleger: Ernüchterung nach Werberückgängen,* in: epd medien Nr. 92 vom 21. 11. 2001, S. 18.

die zentralen Anschriften der rund 300 Hörfunk- und Fernsehsender gibt es noch Nachschlagewerke[1], aber selbst erkundet werden muss, welche Sendungen, Redaktionen und Landesfunkhäuser für welche Themen zuständig sind. Würde eine Pressemitteilung beispielsweise an den Norddeutschen Rundfunk in Hamburg gesendet, dann wird dieses eine Exemplar bestenfalls an eine Redaktion geleitet. Eine Stelle, die den Text kopiert und an alle in Frage kommenden Redaktionen verteilt, gibt es nicht (vgl. Kapitel 4.5 „Texte nachbereiten und nutzen"). Beim Herausfinden der zuständigen Redaktionen unterstützen bei einigen Fernsehsendern die Zuschauertelefone, deren Nummern in einigen Fernseh-Programmheften stehen. Bei anderen Funkhäusern hilft die Telefonzentrale weiter. Eine dritte Möglichkeit ist, die Programme anzusehen und zu hören und auf diesem Weg herauszufinden, wie die Sendungen heißen, zu denen die Themen passen. Dabei muss man sich nicht auf eine Sendung pro Funkhaus beschränken: Passt ein Thema zu drei Sendungen, kann jede dieser Sendungen den Text erhalten. Ein zementierter Dauerzustand müssen die oft undurchsichtigen Informationswege in den Sendeanstalten allerdings nicht sein: Radio Bremen – das für sich in Anspruch nimmt, mit seinem Neubau das modernste Funkhaus Europas zu haben – installierte ein „Topic Center", über das alle Redakteure auf alle Themen zugreifen können, die im Haus recherchiert werden. In anderen Sendeanstalten gibt es ähnliches.

Aber unabhängig von dieser Entwicklung werden die meisten Häuser auch künftig eine Adressverwaltung für ihren Verteiler benötigen – um den Arbeitsaufwand erträglich zu halten und ein Mindestmaß an Überblick wahren zu können. Die Mindestangaben pro Redaktion sind:

• Name der Redaktion,

• Ressort beziehungsweise Sendung,

• Anschrift,

• Telefonnummer,

• Faxnummer,

---

1   Außer im Stamm und Zimpel beispielsweise in: Wolfgang Posewang, Wörterbuch der Medien, Neuwied/Kriftel/Berlin 1996.

- E-Mail,

- Name des Ansprechpartners,

- Erscheinungsweise,

- gewünschte Zustellung (Post, Fax oder E-Mail),

- Sortierkriterium (wie: regionale Tagespresse oder bundesweite Fachpresse).

Diese Daten müssen laufend aktualisiert werden, damit man drei, vier Jahre später noch effizient damit arbeiten kann. **Verteilerpflege** bedeutet: bei jeder Nachfrage von Journalisten nachschauen, ob sie im Verteiler sind; prüfen, ob sie aufgenommen werden sollten, und bei jeder als unzustellbar zurückgekommenen E-Mail die Adresse aktualisieren. Verteilerpflege bedeutet aber auch zu prüfen, ob die Redaktionen und die einzelnen Journalisten noch zu den jeweiligen Themen arbeiten: Freie Journalisten, die vor Jahren über ein soziales Projekt berichtet haben, arbeiten jetzt vielleicht ausschließlich für Wirtschaftsredaktionen; wer früher Verbraucherthemen bearbeitete, ist womöglich bei der Kultur gelandet. Oder durch eine Programmreform im Sender wurden sozialpolitische Themen bei der Wirtschaftsredaktion angesiedelt, eine Verbrauchersendungen wieder eingeführt und die Online-Redaktion ausgebaut.

Über solche Änderungen informieren Redaktionen und Journalisten nicht von sich aus. Pressearbeitern bleibt daher nur, das Datum eines Kontaktes mit Journalisten oder einer Veröffentlichung zu vermerken. Ist der letzte Eintrag mehrere Jahre her, sollte zunächst versucht werden, über die Internetseiten der Redaktion den aktuellen Stand zu ermitteln. Ist dies nicht möglich, kann per E-Mail oder telefonisch nachgefragt werden, ob weiterhin Interesse an der Zusendung des Materials besteht und ob die Redaktion diese per E-Mail, Fax oder Post erhalten möchte. Wer dies lieber per Briefpost klären möchte, sollte einen Freiumschlag für die Antwort beilegen, um die Zahl der Reaktionen zu erhöhen.

Presseverteiler
1. Zielgruppen definieren
2. Themen finden
3. Schwerpunkte des Verteilers ermitteln
4. Kooperationsmöglichkeiten prüfen
5. Daten- und Sortierkriterien festlegen
6. Datenbank einrichten oder kaufen
7. Adressdaten recherchieren oder kaufen
8. Verteiler laufend aktualisieren
9. In regelmäßigen Abständen die Aktualität aller Daten prüfen

2.4 Äußere Form beachten

„In angelsächsischen Ländern beeindrucken Hochglanzmaterialien nicht besonders, in Frankreich ist auch die einfachste PR-Kampagne nicht komplett ohne ein schön produziertes Dossier, während die Länder der ehemaligen Sowjetunion viel Textmaterial bevorzugen"[1]. Für deutsche Medien zählt dagegen „nicht das Hochglanz-Papier mit Logo nach allen Erkenntnissen von Corporate Design oder das blumenreich formulierte Anschreiben", sondern die Form, mit der die Redaktion sofort weiterarbeiten kann.[2] Die bestand noch vor wenigen Jahren vorzugsweise aus weißem Geschäftspapier oder besserem Schreibmaschinenpapier mit Logo, auf dem die Journalisten redigieren konnten. Gewarnt wurde vor teuren Prägedrucken, farbigem Papier und solchen mit Wasserzeichen. Da vor allem Werbeagenturen damit arbeiteten, ging bei Journalisten sogleich die Warnlampe „Vorsicht Werbung" an. Dies gilt auch weiterhin, ist aber nicht mehr so relevant. Denn Pressemitteilungen werden zunehmend per **E-Mail** versendet und zum Download im Pressebereich des Internetauftritts (vgl. Kapitel 4.5 „Texte nachbereiten und nutzen") eingestellt.

---

1 Cathie Burton, Alun Drake, Hitting the Headlines in Europe, London/Sterling 2004, S. 47.
2 Wilfried Lindner, Taschenbuch Pressearbeit, Heidelberg, 2. Auflage 2001, S. 46.

Dies führte – neben neuen Möglichkeiten, wie dem kostensparenden und zeitnahen Massenversand – zu neuen Fragen und Problemen. Die beginnen bei der Überprüfbarkeit der Absenderanschrift, weshalb am Mail-Ende in der **Signatur** alle Angaben stehen sollten; inklusive Name, Postanschrift, Telefon, E-Mail-Anschrift und Internetadresse des Absenders. Bei grenzüberschreitender Pressearbeit erleichtern E-Mail- und Internetadresse die Kommunikation über Zeitzonen und schlechte Telefonverbindungen hinweg. Um den Telefonkontakt dennoch leicht zu ermöglichen, wird dann neben dem Land auch die internationale Vorwahl des Landes angegeben. Damit anhand der Absenderangabe schon vorab ersichtlich ist, dass der Absender seriös ist, ist es wichtig, diese von der beruflichen Mail-Adresse aus zu senden. Als nächstes ist zu beachten, in welchem Feld die Empfängeranschriften in **Rund-Mails** stehen. Wird eine E-Mail gleichzeitig an mehrere Empfänger gesendet, müssen die Anschriften ins Feld BCC (kurz für: Blind Carbon Copy, nicht sichtbare Kopie) kopiert werden. Würden sie im Feld CC (kurz für: Carbon Copy, also Kopie) stehen, erführen alle Empfänger, wer die E-Mail erhalten hat. Das ist schon aus Gründen des Datenschutzes zu vermeiden. Als Hauptempfänger empfiehlt es sich, eine eigene Mail-Adresse anzugeben. Damit kann gleichzeitig kontrolliert werden, ob die E-Mail korrekt ankommt oder durch Spamfilter gestoppt wurde. Das kann auch ohne Worte wie „Viagra" oder „Sex" im Betreff passieren, wenn diese in Spam-Mails gerade verstärkt benutzt werden.

Das erste inhaltliche Problem gibt es bei der Betreffzeile. Sie soll das Thema nennen und aussagekräftig sein. „Pressemitteilung Nr. 47 vom 30. 5. 2008" wäre für Journalisten als **Betreff** wenig informativ, bekämen sie doch an dem Tag mehrere Mitteilungen vom 30. Mai. „Neu: Mercedes erweitert C-Klasse" bietet deutlich mehr verwendbare Informationen – wobei das Wort „neu" gestrichen werden sollte, da der Kern von Pressemitteilungen stets neu sein soll. Alle weiteren Informationen stehen, sofern Journalisten dies nicht ausdrücklich anders möchten, im Textteil der E-Mail. Dies bedeutet, auf jedwede **Anhänge** zu verzichten. Journalisten nehmen lange Ladezeiten bei umfangreichen Anhängen ebenso ungern in Kauf, wie überlastete E-Mail-Speicher und hohes Virenrisiko. Um das gering zu halten, wurden viele Redaktionssysteme so programmiert, dass alle E-Mails mit Anhang blockiert werden. Auch wenn diese Sicherheitsmaßnahme manchem übertrieben scheint, dient es doch der Arbeitsökonomie, wenn Journalisten sich nicht laufend informieren müssen, welche Anhänge sicher sein sollen und welche es dann doch wieder nicht sind.

Das Format der E-Mails soll auf **Nur-Text** eingestellt sein, da viele Empfänger die HTML-Darstellung ausgeschaltet haben. Gehen dennoch E-Mails im HTML-Format ein, werden sie automatisch umgewandelt und sehen dann oft noch unschöner aus als die im Text-Format erstellten. Dies bedeutet, dass es für Pressemitteilungen in E-Mails keine Gestaltungsmöglichkeiten gibt. Wer daraufhin den Text aus einer Word-Datei in die E-Mail hinein kopiert, sieht darin – nach dem Versand – häufig unschöne Zeilenumbrüche und plötzliche Silbentrennungen innerhalb der Zeilen. Denn dabei werden die Umbrüche und Silbentrennungen aus Word übernommen und die Zeilen beim Versenden zusätzlich neu formatiert – dieses Mal nach den Kriterien des E-Mail-Programms. Um die Silbentrennung zu vermeiden, reicht es aus, die automatische Silbentrennung in Word auszuschalten und keine Trennungen per Hand einzufügen. Damit die schlichte Optik der Texte nicht durch unfreiwillige Zeilenumbrüche verschlechtert wird, kann bei vielen E-Mail-Programmen die Einstellung geändert werden: Unter „Extras, Optionen, Senden in der Nur-Text-Einstellung" den Wert 70 eingeben – und künftig darauf achten, dass die Zeilen inklusive Leerzeichen nicht mehr als 70 Anschläge umfassen.

Wird nur eine Kurzfassung der Pressemitteilung per E-Mail verschickt, kann an deren Ende auf die Langfassung hingewiesen und ein direkter Link zu dieser eingefügt werden. Ebenfalls im Anschluss an den Text der Pressemitteilung werden die Redaktionen über die Inhalte von Fotos, Grafiken und Audiomaterial informiert. Neben dem direkten Link, unter dem diese in Druckqualität „abgeholt" werden können, steht dort auch, welche Motive dort zu finden sind. Ein guter Service ist es, wenn die E-Mail mit dem Hinweis endet: „Falls Sie aus unserem Verteiler gestrichen werden möchten, informieren Sie uns kurz unter dieser E-Mail-Adresse".

Gänzlich überflüssig ist die gestaltete Pressemitteilung auf Papier aber trotz des E-Mail-Versands nicht geworden. Sie ist weiterhin erforderlich: zum Auslegen bei Pressekonferenzen, bei Messen und Kongressen, zum Einlegen in Pressemappen und zum Download im Pressebereich des Internetauftritts. In diesen Fällen gilt weiterhin:

- Von wem der Pressetext stammt, muss auf den ersten Blick erkennbar sein. Journalisten wollen nicht bei jedem Papier suchen, ob die Grafiker die Absenderangaben oben, unten oder längs an der Seite eingearbeitet haben. Logo und Angaben zu den **Absendern** sollten daher stets rechts oben auf der ersten Seite zu finden sein.

- Werden Bilder mitgeschickt oder als Download zur Verfügung gestellt, steht am Ende der Pressemitteilung die **Bildunterschrift**. Diese steht außerdem möglichst auch auf der Rückseite mitgesendeter Fotos, in der Datei-Information von Bildern auf CD und bei den Fotos, die im Pressebereich eingestellt sind. Handelt es sich dabei nicht um reine Passfotos, muss auch die Bildlegende mindestens die Fragen wo, wer und wann beantworten. Man sieht auf dem Bild nicht einfach Madonna, sondern „Popdiva Madonna auf der Berlinale". Denn die Lesenden möchten bestätigt haben, dass sie das Bild richtig deuten (zu Bildmaterial vgl. Kapitel 2.5 „Ergänzendes Material vorbereiten").

- Auf jedem Pressetext muss das **Datum** stehen. Liegt dem Pressetext ein Anschreiben bei, so steht auf beiden das aktuelle Datum. Denn wenn das Anschreiben schon beim Öffnen der Post im Papierkorb landet, weiß eine Woche später niemand mehr, wie alt der Text ist. Wird ein veralteter Text versehentlich veröffentlicht, ist dies ärgerlich für Redaktionen und Informanten. Entscheidend ist das Datum, an dem der Pressetext versendet wird – unabhängig davon, wann der geschrieben wurde. Manche meinen, es signalisiere mehr Aktualität, auf den Tag vorzudatieren, an dem der Text in der Redaktion ankommt. Aber auch Journalisten wissen, dass der Postweg in der Regel einen Tag dauert – und runzeln höchstens die Stirn angesichts dieser Augenwischerei.

- Das Papier wird nur **einseitig** beschrieben, weil man anderenfalls riskiert, dass der Text auf der Rückseite übersehen wird oder der Aufwand gescheut wird, die Rückseite zu kopieren.

- Journalisten sollen stets erfahren, wie sie am schnellsten ergänzende Informationen erhalten, wer wann für Interviews zur Verfügung steht und welches Material wo verfügbar ist, falls sie weitere Zitate oder andere Fakten benötigen. Eine mögliche Formulierung ist: „Wenn Sie weitere Informationen wünschen, wenden Sie sich bitte an: Name, Telefon, gegebenenfalls Telefonzeiten." Denn bei Nachfragen wollen Journalisten nicht erst die Telefonnummer heraussuchen müssen oder dreimal verbunden werden, um zu erfahren, dass die Zuständigen gerade in der Mittagspause oder schon zu Hause sind. Ist die **Kontaktperson** nur zwischen sieben und neun Uhr morgens oder abends zuverlässig erreichbar, so ist sie für Pressekontakte ungeeignet. Sie sollte zu den üblichen Geschäftszeiten erreichbar sein; aber vor allem dann, wenn die Journalisten arbeiten und in den Stunden nach dem Versand von Pressemitteilungen. Steht die Angabe der Kontaktperson nach der Zahl der Anschläge, so wissen Journalisten, dass diese Angabe nur für sie bestimmt ist. Wäre die Angabe zur Veröffentlichung bestimmt, stände sie im Text. Allerdings gibt es Journalisten, denen dies unbekannt ist oder die dies großzügig interpretieren und ohne Rücksprache die Kontaktperson mit der Telefonnummer veröffentlichen. Um dies zu vermeiden, kann die Anrede „Sehr geehrte Redaktion" davor geschrieben werden.

- Unter der Überschrift „Über das Unternehmen" steht zum Abschluss nun auch in Pressemitteilungen aus Deutschland immer häufiger ein **Kurzporträt** des Unternehmens. In englischen Pressemitteilungen überschrieben mit „About the company" nutzten dies zunächst vor allem börsennotierte Unternehmen, die per Gesetz zu bestimmten Informationen verpflichtet sind. Genannt werden kann darin beispielsweise: die Gesellschaftsform, wann das Unternehmen wo von wem gegründet wurde, zu welcher Branche es gehört, was hergestellt oder angeboten wird, welche Standorte es gibt, wie viele Mitarbeiter es gibt, die Markt- und Umsatzschwerpunkte und das Leitmotiv. Bei Vereinen und Verbänden wären das: deren Ziele, die Mitgliederzahl und Organisationsform, die Ursprünge und Arbeitsfelder.

- Wer viel liest, will Augen und Konzentration nicht unnötig durch schlecht lesbare Schrift belasten müssen. Die **Schrift** sollte deshalb immer gut lesbar sein. Geeignet sind beispielsweise Times New Roman und Arial in einer Größe zwischen 10 und 12 Punkt. Die Gestaltung von Pressemitteilungen soll an Texten in Zeitungen orientiert sein: Dort gibt es weder Unterstreichungen noch fett oder kursiv gesetzte Wörter. Zum Betonen einzelner Worte stehen bei Pressetexten daher keine optische Möglichkeiten zur Verfügung, sondern nur das geschickte Formulieren.

- Nach Absender und Datum folgt zunächst die Angabe der **Textart:** Ist es eine Terminankündigung, eine Pressemitteilung oder die Einladung zu einer Pressekonferenz (vgl. Kapitel 4 „Pressetexte"). Landen Terminankündigungen stets im Ressort „Tipps und Termine", müssen Texte mit dieser Angabe nicht erst inhaltlich geprüft werden. Wer Journalisten diese Arbeit nicht ersparen möchte, mindert seine Chancen auf Veröffentlichung. Denn je mehr Menschen den Text lesen müssen, um ihn einsortieren zu können, desto eher landet er im Papierkorb. Denn bei jedem Überfliegen zwecks Sortierung wird auch entschieden: Papierkorb ja oder nein? Selbst wenn der Text veröffentlicht würde, wenn er in der richtigen Abteilung und auf dem richtigen Stapel gelandet wäre, wächst mit jeder Prüfung die Gefahr, dass er dort nicht ankommt. Wer darauf hofft, dass dadurch mehr Journalisten von dem wichtigen Thema erfahren, wird meist enttäuscht: Zwar haben viele Journalisten dank täglichem Training ein gutes Kurzzeitgedächtnis, aber was sie dem Papierkorb anvertraut haben, vergessen sie schnell wieder.

- Pressetexte haben eine kurze **Zeilenbreite** zwischen 30 und maximal 50 Anschlägen. Dabei ist der rechte Rand besonders breit, da dort redigiert wird. Wer für Änderungen keinen Platz lässt, hält Journalisten nicht von Änderungen ab. Eher werfen sie den ganzen Text weg, wenn er durch Änderungen unlesbar geworden ist. Zwischen den Zeilen notieren Journalisten höchst selten Änderungen. Zu oft wurden bei der späteren Übernahme schon Redigierzeichen übersehen. Der Abstand zwischen den Zeilen ist daher ebenso breit wie in normalen Texten, also einzeilig. Statt dem optisch gefälligeren Blocksatz ist der linksbündige Flattersatz vorzuziehen. Die Zeilen beginnen dann links immer an der gleichen Stelle, enden rechts dagegen je nach Wortende oder Trennung. Denn da sich beim Blocksatz die Zahl der Zeilen je nach Schrift und Trennprogramm ändern kann, ist die Abschätzung der endgültigen Zeilenzahl im Druck beim linksbündigen Flattersatz genauer. Enthält nur eine Zeitung oder Zeitschrift den Text, kann dieser so viele Anschläge pro Zeile haben wie im gedruckten Medium. Da die Zahl der Zeilen sich durch den Umbruch dann nicht ändert, wissen Journalisten auf die Zeile genau, wie lang der Text wird, und müssen nicht in letzter Minute noch ein, zwei Zeilen streichen.

Unter dem Text sollte stehen, wie viele Zeilen mit wie vielen Anschlägen der Text umfasst. Dann kann leicht abgeschätzt werden, ob der Text gekürzt oder gestreckt ins Blatt passt. Gezählt werden dafür die Anschläge einer mittellangen Zeile, also deren Buchstaben, Zeichen und Leerzeichen. Schneller geht dies mit Computern, die unten auf dem Bildschirm die Anschläge pro Zeile angeben, wenn der Cursor am Ende der Zeile ist. Steht unter einem Text, dass dieser 30 Zeilen à 40 Anschläge umfasst, können Journalisten die Länge des gedruckten Textes schnell schätzen: Hat die Zeitungszeile 36 Anschläge, wird der Text rund 10 Prozent länger – also ungefähr 33 Zeilen benötigen. Schwieriger ist dies abzuschätzen, wenn die Gesamtzahl der Anschläge genannt ist. Wer weiß schon auf die Schnelle, welche **Zeilenzahl** mit 36 Anschlägen 1184 Gesamtanschläge ergeben? Dabei ist die Zahl auch noch unzuverlässiger als die Umrechnung der Anschläge pro Zeile, da Worttrennungen unberücksichtigt blieben. Auf der sicheren Seite ist, wer beides angibt: Die Zahl der Anschläge pro Zeile und die Zahl der Gesamtanschläge. Anders gezählt wird beispielsweise in Großbritannien: Dort wird die Zahl der Worte angegeben. Im Deutschen hat es jedoch „angesichts solcher Wörter wie ‚Pflegeversicherungsgesetz' keinen Sinn, Artikellängen nach der Wortzahl zu messen"[1] (zu internationalen Pressemitteilungen vgl. Kapitel 2.5 „Ergänzendes Material vorbereiten").

Abschließend kann die Redaktion darum gebeten werden, die Zeitungs- oder Zeitschriftenausgabe zuzusenden, in der der Text erscheint. Da nur wenige Häuser diese Bitte um ein **Belegexemplar** erfüllen, kann man sich nicht darauf verlassen, daraufhin alle Veröffentlichungen zu erhalten. Am ehesten entsprechen Fachzeitschriften der Bitte. Wer die Zeitung ohnehin erhält, sollte auf die Bitte verzichten. Denn je mehr Informanten darum bitten, desto weniger sind Redaktionen bereit, sie zu erfüllen. Wer beim Versand per Post einen Aufkleber mit seiner Anschrift beilegt, vereinfacht es der Redaktion, die Bitte zu erfüllen. Die sollte auf jeden Fall höflich formuliert sein: „Frei zur Veröffentlichung gegen Beleg" würde eher eine Bedingung diktieren, „Beleg mit Rechnung erbeten" wäre gar ein unzulässiger Bestechungsversuch (vgl. Kapitel 1.5 „Rechtliche Aspekte"). Üblich sind die Formulierungen „Bitte senden Sie uns ein Belegexemplar" und „Wir freuen uns über einen Beleg!".

---

1   Cordelia Becker, *Ideen statt Schreibe,* in: Der österreichische Journalist, 6/1996, S. 32.

Beispiel

Logo mit Anschrift
Datum der Versendung

Pressemitteilung

Überschrift

Pressetext mit Fakten und Zitaten, Pressetext mit Fakten und Zitaten, Pressetext
mit Fakten und Zitaten, Pressetext mit
Fakten und Zitaten.

4 Zeilen à 44 Anschläge

Bildunterschrift:
Vorstandssprecher Matthias Münster mit dem Modell AS 75 im
März auf der Cebit in Hannover.

Über das Unternehmen Gesellschaftsform, Standorte, Branche, wann
wo von wem gegründet, Produkte, Zahl der Mitarbeiter, Umsatz,
Alleinstellungsmerkmal, Motto ...

Sehr geehrte Redaktion,
im Pressebereich steht unter www/.../presse.de für Sie bereit:
das Foto des Vorstandssprechers Matthias Münster (13 x 18 cm, jpg),
der heute zwischen 14–16 Uhr auch für Telefoninterviews zur Verfügung steht.
Pressesprecherin Sabine Schulz erreichen Sie für Terminverein-
barungen und weitere Informationen unter der Telefonnummer
030 – 77 88 99 von 10–12 sowie 14–19 Uhr.

Ein **Begleitschreiben** – beziehungsweise höfliche Zeilen vorweg beim
E-Mail-Versand – benötigen vor allem die tagesaktuellen Medien nicht.
Für sie ist keine Anrede, kein „anbei senden wir Ihnen" oder „hiermit
bitten wir um Veröffentlichung" erforderlich. Viele Informanten finden, solch „nackte" Texte grenzten an grobe Unhöflichkeit, und manche Journalisten bei Fachmedien geben ihnen Recht. Wo bleiben die
Begrüßung, das Schreiben, warum man schreibt, die freundlichen
Grüße? Den tagesaktuell arbeitenden Journalisten sind diese oft eher
lästig. Wer möchte schon täglich zwanzig- bis fünfzigmal lesen: „Sehr
geehrte Redaktion, anbei senden wir Ihnen einen Pressetext mit der

Bitte um Veröffentlichung, da wir ... (Angaben, die ohnehin im Text stehen). Mit freundlichen Grüßen" – also in vielen Worten mitgeteilt bekommen, dass eine Pressemitteilung beiliegt? Schließlich wissen Redaktionen, dass die Pressemitteilung an die „sehr geehrte Redaktion" gesendet wurde, zur Veröffentlichung bestimmt ist und sich die Absender über die Berücksichtigung freuen würde. Obwohl also die meisten Sätze vor Pressetexten aus nichtssagenden Floskeln bestehen, müssen Journalisten – oder das Sekretariat – die zumindest überfliegen. Es könnte ja sein, dass diese wichtige Informationen enthalten, wie Hinweise auf andere Termine, Themen oder inhaltliche Ergänzungen. Ärgerlich, wenn der Aufwand fast immer unnötig ist.

Einige Informanten schaffen es nie ganz, ihre Höflichkeitserziehung zu missachten. Der äußerste Kompromiss, den sie übers Herz bringen, ist, vor oder nach dem Text „Mit der Bitte um Veröffentlichung" zu schreiben. Wer stattdessen schreibt „Anbei erhalten Sie unser Produkt ‚Pressemitteilung'"[1] zeigt, dass er aus dem Marketing kommt und in Pressemitteilungen weniger ein Informationsangebot sieht als vielmehr eine kostengünstige Möglichkeit zur Produktwerbung.

Verzichtet werden sollte auch auf die Formulierungen „Abdruck erbeten" – die eher einer Anordnung als einer Bitte ähnelt – und „Abdruck frei". Da es selbstverständlich ist, dass Redaktionen für die Veröffentlichung von Pressemitteilungen nicht bezahlen, ist es ungeschickt, zu suggerieren, das sei ein Entgegenkommen der Absender.

Ungern gesehen sind außerdem Vorschläge zum Zeitpunkt der Veröffentlichung. Abwehrend reagieren Journalisten auch auf höflich formulierte Anregungen. Es sollte daher darauf verzichtet werden zu schreiben: „Über eine Veröffentlichung dieses Textes in einer Ihrer nächsten Ausgaben (möglichst bis zum 13. Mai) würden wir uns sehr freuen". Deutlich günstiger wäre es, gute Gründe für den **Terminwunsch** zu nennen. Denn natürlich achten Journalisten darauf, Veranstaltungen anzukündigen, bevor sie stattfinden. Aber ob sie dies am Morgen oder eine Woche davor tun, das entscheiden sie anhand der redaktionellen Gepflogenheiten und der Materiallage. Würden sie sich nach den Wünschen der einzelnen Informanten richten, würde ihre eigentliche Aufgabe bald darunter leiden: die interessante und abwechslungsreiche Unterrichtung des Publikums. Journalisten

---

1 Aus: *E-Mails von Sat.1 und N24,* nach: epd medien Nr. 1 vom 8. 1. 2003, S. 35.

gehen mit Terminankündigungen daher pragmatisch um und meinen, dass einige Menschen eher langfristig planen, andere dagegen kurzfristig. Zu welchem Zeitpunkt eine Veranstaltung auch angekündigt wird, erreicht würden immer nur die einen oder die anderen. Um alle zu erreichen, sind Ankündigungen über die Presse ohnehin nicht das Mittel der Wahl. Dann müssten Plakate aufgehängt und täglich Anzeigen und Werbespots geschaltet werden.

Noch bessere Begründungen als für Terminwünsche sind für **Sperrfristen** erforderlich. Gute Gründe sind: Ereignisse, die noch nicht eingetreten sind, beispielsweise Reden, die noch nicht gehalten wurden, Messeneuheiten, die erst vorgestellt werden, kommende Beschlüsse und Ehrungen. Dann dient die frühzeitige Information der Arbeitsvereinfachung der Journalisten, die vorarbeiten und die Berichterstattung planen können. In anderen Fällen sehen Journalisten nur selten ein, warum sie vorliegende Informationen nicht veröffentlichen sollen. Schließlich liegt die Zeitplanung ohnehin weitgehend in der Hand der Informanten, da diese entscheiden, wann sie die Medien mit einer Pressemitteilung informieren. Für Nachrichtensperren durch Behörden hat der Deutsche Presserat sogar festgelegt: Ein abgestimmtes Verhalten zwischen Medien und Polizei gibt es nur dann, wenn Leben und Gesundheit von Opfern und anderen Beteiligten durch das Handeln von Journalisten geschützt oder gerettet werden können.[1]

Hinweise zum Wunschzeitpunkt einer Veröffentlichung sind in einigen anderen Ländern etwas üblicher als in Deutschland. Diese stehen dann gleich zu Beginn unter der Adresse:

Zur sofortigen Verwendung – For Immediate Release

Zur Veröffentlichung bei Empfang – For Release on Receipt

Zur freiwilligen Veröffentlichung – For Release at Will

Zur Veröffentlichung am 19. April oder später – For Release April 19 or Thereafter

Gesperrt bis Mittwoch, 19. April – Hold for Release, Wednesday, April 19 (zu internationalen Pressemitteilungen vgl. Kapitel 2.5 „Ergänzendes Material vorbereiten").

---

1 Richtlinie 11.4, nach: Deutscher Presserat, Publizistische Grundsätze (Pressekodex), Bonn 2006, S. 23.

E-Mail

- Aussagekräftiger Betreff
- Von beruflicher Mail-Adresse abgesendet
- Unlayouteter Text in der Mail mit Überschrift, aber ohne Silbentrennung und unfreiwilligen Zeilenumbruch
- Zahl der Zeilen und Anschläge (ohne Überschrift)
- Bildunterzeile mit Link zum Downloadbereich
- Hinweise zu weiteren Informationen
- Signatur mit Namen und E-Mail-Anschrift des Absenders sowie Link zur Internetseite des Hauses
- Keine Anhänge

Checkliste

Briefbogen

- Papier einseitig beschrieben
- Logo und Absenderangabe, mit E-Mail-Anschrift und Internetadresse, ggf. mit Land und internationaler Vorwahl
- Datum der Versendung
- Art des Textes
- Text in Maschinenschrift 10 bis 12 Punkt mit Überschrift
- Kurze Zeilen (30 Anschläge, maximal 50)
- Breiter rechter Rand bei linksbündigem Flattersatz
- Zahl der Zeilen und Anschläge (ohne Überschrift, mit Vorspann und Leerzeichen)
- Bildunterschrift
- Hinweise auf weiteres Material und Interviewmöglichkeiten
- Kurzporträt des Hauses
- Name, Telefon und Erreichbarkeit der Kontaktperson für weitere Information

2.5 Ergänzendes Material vorbereiten

Hintergrund- und Bildmaterial kann und sollte Pressemitteilungen immer dann beigelegt werden, wenn es für Journalisten Zusatznutzen bietet. Dies kann in einer gesonderten **Pressemappe** liegen oder im Internet als digitale Pressemappe eingestellt werden. Manchmal liegt dieser allerdings gleich alles bei: zu einem Konzert auf dem Betriebsgelände der Werdegang der Gruppe und ihrer Mitglieder, Besprechungen anderer Medien, weitere Auftrittstermine, Fotos, Mitschnitte und die Selbstdarstellung des Veranstalters. Bei einer Fachtagung entspräche dies, neben dem Programm, dem Werdegang aller Referenten, der Liste der Sponsoren, dem Plakat zur Tagung auf Papier und auf CD, allen Reden im Wortlaut, einem Bericht über die Veranstalter und Werbematerialien des Veranstaltungsortes. Mit solchen Sammlungen delegieren Informanten ihre Arbeit aber lediglich an die Journalisten. In den Redaktionen kommt prompt die Botschaft an: „Weil wir nicht wissen, was Sie interessiert, suchen Sie es sich doch bitte zusammen, und schreiben den Text dann selbst". Tun Journalisten dies tatsächlich, maulen viele Informanten, dass „natürlich wieder nur das Uninteressanteste" veröffentlicht wurde. Sie übersehen dabei, dass die meisten Werdegänge, Reden und Listen bestenfalls das Ausgangsmaterial für Pressetexte sind und die meisten Prospekte, Plakate und Fotos von Waren und Häusern Werbematerialien sind. Obwohl es erlaubt ist, werbende Informationen ergänzend in Pressemappen einzulegen (vgl. Kapitel 1.5 „Rechtliche Aspekte"), sollte **Hintergrundmaterial** vor allem die Informationen bieten, die es ermöglichen, Fakten im Pressetext einzuordnen und zu überprüfen, und so die Recherche erleichtern. Zusätzlich kann auf weitere Aspekte hingewiesen und können Themenanregungen gegeben werden. Dabei gilt allerdings: „Weniger ist mehr". Denn viel Material entlockt Journalisten vorzugsweise leises Stöhnen, weil sie noch mehr Material sichten sollen.

Zum Hintergrundmaterial in Pressemappen kann gehören:

- das Konzept eines Projektes oder einer Ausstellung,

- Geschäftsberichte,

- Studien oder deren Kurzfassung,

- Themenbroschüren,

- Überblick über den Aufbau und die Geschichte des Hauses,

- Kurzdarstellung von Entwicklungen,

- Jahresterminpläne,

- Texte von Reden,

- eine Themenliste, zu denen Fachleute im Haus für Gespräche mit Journalisten zur Verfügung stehen, mit Namen, Telefonnummer und E-Mail-Adresse,

- ausführliche Medienberichte über das Unternehmen, die Organisation oder das Projekt,

- hochwertiges, druckfähiges Bildmaterial in 300dpi.

Gute **Fotos** werden gerne genutzt – sofern sie nicht werbend sind, wie bei Produktaufnahmen, bei denen die Namen der Sponsoren zu lesen sind. Manche Redaktionen verwenden grundsätzlich keine Fotos mit Logo oder Firmenname, einige wenige schätzen dagegen die klare Zuordnung zu Unternehmen. Günstig ist es daher, Fotos mit und ohne Firmenname und Logo anzubieten.

Da Bildinformationen vom Gehirn leichter verarbeitet werden, hinterlassen gute Fotos einen nachhaltigen emotionalen Eindruck. Gute Aufnahmequalität ist ein Muss, ein aussagekräftiges und interessantes Motiv von Vorteil. Als eher uninteressant gelten Standardmotive, wie Menschen am Redepult und gestellte Gruppenbilder. Die Betriebssportgruppe sollte daher eher beim Training oder im Wettkampf abgebildet sein als aufgestellt in zwei Reihen. Vom Vorstandsvorsitzenden könnten neben Bildern am Konferenztisch auch solche angeboten werden, die ihn beim Essen in der Kantine oder mit einem Meister in der Produktionshalle zeigen (zur Einwilligung Abgebildeter vgl. Kapitel 1.5 „Rechtliche Aspekte"). Besonders wichtig ist Bildmaterial, wenn über Innovationen informiert wird. Da Redaktionen dafür nur selten Bilder zur Verfügung stehen, nutzen sie mitgeliefertes Material besonders häufig. Zu beachten ist, dass Industrie- und Werbefotografen Bilder nach anderen Kriterien erstellen, für Pressefotos daher Pressefotografen vorgezogen werden sollten.

Deren Honorar übernehmen Redaktionen nur in Ausnahmefällen und nach vorheriger Ansprache. Steht kein ausdrücklicher Honorarhinweis in der Bildunterzeile, gehen Redaktionen davon aus, dass alle Urheber- und Nutzungsrechte geklärt und der Abdruck frei ist. Günstiger ist es, neben der Bildunterzeile und dem Fotografennamen „Abdruck frei" zu schreiben und Redaktionen unaufgefordert nie Fotos mit Zahlungsaufforderung zuzusenden.

Viele Redaktionen bevorzugen es mittlerweile, Fotos zusätzlich oder ausschließlich als Datei zu erhalten. Das kann den Aufwand in Pressestellen und Agenturen dann reduzieren, wenn mit den Pressetexten die genaue Internetadresse gesendet wird, unter der die Bilddateien in verschiedenen Dateiformaten (vor allem BMP, JPEG, GIF, TIF oder PDF) heruntergeladen und als Vorschau in kleinem Format angesehen werden können. Als Papierabzug sollten Fotos randlos, hochglänzend und im Format 13 x 18 cm sein. Wer mit einigen Redaktionen regelmäßig zusammenarbeitet, kann gezielt fragen, ob sie Abzüge bevorzugen oder in welchem Format sie Bilddateien benötigen.

Liegen zusätzlich ein **Interviewmitschnitt** oder die Zitate aus der Pressemitteilungen im **Originalton** (O-Ton) in Sendequalität für Hörfunk- oder Fernsehredaktionen vor, sollte darauf hingewiesen werden. Um sich und den Redaktionen unnötige Arbeit zu ersparen, kann die Abschrift des Originaltons in voller Länge der Pressemitteilung beigefügt werden. Auch dessen Dauer sollte angegeben sein. Die Redaktionen können dann direkt prüfen, ob sie den O-Ton ganz oder in Ausschnitten einsetzen können. Ist dieser einmal produziert, erfordert es mittlerweile keine Standleitung zu einem Hörfunkstudio mehr, damit er sicher in Redaktionen ankommt: Er kann auf Anforderung als E-Mail-Anhang versendet oder im Pressebereich im Internet zum Abruf bereitgestellt werden. Soll ausgeschlossen werden, dass O-Töne für komödiantische Zusammenschnitte genutzt werden, sind allerdings Nutzungsbedingungen festzulegen und leicht auffindbar dazu zu stellen.

Liegen zusätzlich Filmausschnitte in Sendequalität vor, wird angegeben, was darin zu sehen und zu hören ist. Soll bereits die Pressemitteilung fernsehfreundlich sein, werden die visuellen Elemente des Themas benannt sowie Namen und Fachkompetenz möglicher Interviewpartner.

Wer möchte, dass Journalisten eine Veranstaltung nicht nur ankündigen, sondern auch darüber berichten, sollte vor allem die aktuell arbeitenden gesondert dazu **einladen.** Denn in zahlreichen Zeitungen und Funkhäusern landen die zur Veröffentlichung bestimmten Ankündigungen und die zu besetzenden Termine auf unterschiedlichen Schreibtischen. Dort gehen die Journalisten davon aus, dass sie über alle wichtigen Termine direkt informiert werden. In ihrer Zeitung schauen sie nur selten nach interessanten Veranstaltungen.

Wird eine **internationale** Pressemitteilung in englischer Sprache herausgegeben, sollte diese in einfachem Englisch verfasst sein, keinen Slang und keine Synonyme enthalten. Nur dann sind die Inhalte für Muttersprachler ebenso unmissverständlich wie für Nicht-Muttersprachler. Es reicht allerdings nicht aus, sich den Text im Internet automatisch übersetzen zu lassen. Wie groß die Gefahr von Missverständnissen dadurch tatsächlich wäre, zeigt ein Versuch bei Babelfish[1]: Aus dem Satz „Ich bin müde und erschöpft, muss aber eine Pressemitteilung schreiben" wird bei einer Übersetzung ins Englische und zurück „Ich bin müde und erschöpft, muss eine Presseaussage jedoch schreiben". Aus der Pressemitteilung wurde also eine Aussage, die eingefordert wird. Die Übersetzung ins Französische und zurück ergibt: „Ich werde ermüdet und erschöpfe, müssen Sie allerdings den Pressebericht schreiben". Da die Übersetzung aus dem Deutschen ins Spanische bei Babelfish nicht direkt möglich ist, müsste der Satz dort zunächst ins Englische und dann ins Spanische und zurück übersetzt werden. Dann lautet der: „I a.m. ermüdet und erschöpft, müssen zu jedoch zum Pressekommuniquã© schreiben".

Es sollten also erfahrene Übersetzer betraut werden, die spätestens über die Botschaften ermittelt werden können. Allerdings sollte zusätzlich mindestens ein Journalist oder PR-Berater des Landes den Text prüfen; idealerweise anschließend ein zweiter ausgebildeter Übersetzer. Denn Journalisten des Landes kennen die Gepflogenheiten für Pressetexte und wissen, dass beispielsweise in deutschen und russischen Medien auf „Herr" und „Frau" verzichtet wird, aber nicht in Großbritannien. PR-Berater vor Ort wissen, dass sich französische Medien auf dort börsennotierte Unternehmen konzentrieren, „Meldungen über normale Geschäftsergebnisse mit Gleichgültigkeit und große Gewinne gar mit Argwohn zur Kenntnis genommen werden", Wirtschaftsjournalisten kaum Markennamen nennen und bei Infor-

---

1   http://babelfish.altavista.com am 22. 1. 2008.

mationen über Produkte und Serviceleistungen der Nutzen für das Publikum im Mittelpunkt stehen muss.[1] Für international erfolgreiche Pressemitteilungen gilt es also zahlreiche Unterschiede zu beachten: in der Medienstruktur und dem journalistischen Selbstverständnis, bei thematischen Schwerpunkten, Schreibstilen und Publikumswünschen.

Soll eine Presseerklärung nicht nur in englischer Sprache im Internet verfügbar, sondern auch aktiv versendet werden, wären auch formale Unterschiede zu beachten. Bei einer Pressemitteilung in die USA würde für die **äußere Form** gelten[2]:

-   Sie steht auf US-Papiergröße (21,6 x 27,9 cm, also 8,5 x 11 inches), die vom deutschen DIN-A-4-Format (21 x 29,7 cm) abweicht; bei gleichmäßigen Seitenrändern (2,5 bis 3,8 cm, also 1 bis 1,5 inches),

-   die Absenderangaben stehen oben links und die Ansprechpartner gleich zu Beginn,

-   das Datum zur Veröffentlichung steht oben rechts in amerikanischer Schreibweise (Monat, Tag, Jahr),

-   die Überschrift steht linksbündig oder mittig in Versalien,

-   eine zweite Seite wird am Seitenende durch das Wort „more" in Anführungszeichen oder zwischen Querstrichen angekündigt,

-   die zweite Seite beginnt mit den ersten Worten der Überschrift in Anführungszeichen und der Seitenangabe („Super Bowl 2008", Page 2 of 2),

-   beendet wird die Pressemitteilung nach den obligatorischen Informationen „about the company" mit dem Wort „end" oder der Zahl „30" in Anführungszeichen oder durch mehrere Rautensymbole (###).

Wie wichtig es wäre, dass nicht nur die Formalien bekannt sind, zeigte eine Studie im Sommer 2004: Schon da war jeder vierte der 255 teilnehmenden PR-Professionals aus dem Mittelstand für die weltweite Kommunikation des Unternehmens zuständig. Mit Konzepten für die

---

1 Jean-Pierre Beaudoin, *Brückenschlag in Old Europe*, in: pressesprecher 6/2005, S. 36–38.
2 Nach: Tom Buschardt/Nicole Kidd/Stefany Krath, Die Pressemitteilung, Starnberg 2000, S. 229 f.

internationale Kommunikation sei es aber „nicht weit her"; was ein Grund sei, warum die immer wichtiger werdende internationale Kommunikation nicht funktioniere.[1]

Ergänzendes Material

- Fotos und Infografiken mit Bildunterschriften, Fotografenname und den Hinweis zum „Abdruck frei"

- Link zur Downloadmöglichkeit von ergänzendem Material

- Originaltöne in Sendequalität mit Angabe von Inhalt und Dauer

- Pressemappe mit Hintergrundmaterial

- Übersetzungen nur durch erfahrene Übersetzer

- Auslandsversendung: Prüfung durch Journalisten oder PR-Berater vor Ort oder spezialisierte PR-Berater

Checkliste

---

1   Thomas Lüdeke/Holger Sievert, *Kommunikation im Mittelstand – Mehr als polnische Imagebroschüren,* zur Studie vom Sommer 2004, unter: http://www.pr-guide.de am 22. 1. 2008.

3 Schreiben

3.1 Journalistisch schreiben

Viele Journalisten schreiben Texte schneller, flüssiger und pointierter, als es thematischen Insidern gelingt. Das kann für Verfasser von Pressetexten zwar ärgerlich sein, ist aber erklärbar. Denn je mehr man über ein Thema weiß und je stärker man inhaltlich engagiert ist, um so schwerer wird es, Wesentliches von Nebensächlichem zu unterscheiden. Man sieht den sprichwörtlichen „Wald vor lauter Bäumen" nicht. Journalisten, die sich privat für etwas engagieren, geht es oft ebenso. Es ist schlicht schwer, Formulierungen und Sätze zu finden, die kristallklar sind und allen Menschen beim ersten Lesen genau das vermitteln, was man ausdrücken möchte. Schon mündlich ist es nicht einfach, Kompliziertes auf den Punkt zu bringen. Beim Schreiben fehlen zusätzlich Hilfsmittel wie Betonungen und Pausen, Gestik und Mimik, Wiederholungen und nachgeschobene Erläuterungen. Stimmt ein geschriebener Satz auf Anhieb, dann ist das daher ein Glücksfall. Ansonsten gilt: Schreiben ist harte Arbeit. Am Eingang einer Journalistenschule steht folglich der Satz „Qualität kommt von Qual". Der gefällt dem Leiter der Schule, „weil er sagt – im Unterschied zum typischen Deutschunterricht: Einer von beiden muss sich immer plagen, entweder der Schreiber oder der Leser".[1]

Bei Pressetexten beginnt das Quälerische oft schon bei der Frage „welcher Schreibstil soll es sein?". Soll der am Stil des Spiegels orientiert sein oder des Feuilletons der Lokalzeitung, am Stil von Nachrichtenagenturen oder von Boulevardzeitungen? Tatsächlich sollte keiner dieser speziellen journalistischen Stile gewählt werden. Denn Pressemit-

---

1 Paul-Josef Raue, *Interview mit Wolf Schneider*, in: Initiative Tageszeitung (Hg.), Redaktion 1995 – Almanach für Journalisten, Bonn 1994, S. 116.

teilungen richten sich an die gesamte Presse und sind kein Beitrag für ein Medium. Zudem hat jedes Zeitungsressort seine besonderen Gefährdungen: „Die Wirtschaft durch schiefe Bilder. Das Lokale durch abgestandene Wendungen: ‚Der Landrat ließ es sich nicht nehmen ...‘ Der Sport durch Vergleiche aus der Sprache des Krieges: bomben, einkesseln etc. Die Politik durch die Sprache des Sports und des Krieges: Durchmarsch, Einmarsch, auf den Punkt getroffen etc. Das Feuilleton durch ‚in etwa‘-Wortgeklingel".[1] Diesen Gefährdungen gilt es schon deshalb zu widerstehen, weil diese Mediensprache selbst die Journalisten ärgert: „Jeden Tag dieselbe fade Sauce, gnadenlos"[2].

Stattdessen schätzen sie und das Publikum Artikel, „die inhaltlich vollständig, verständlich geschrieben, gut aufgebaut und kurz gehalten sind"[3]. Daran hat sich nichts geändert. Die Haltung, „die Leser verstehen das schon und wenn nicht, dann sollen sie's eben zweimal lesen", gilt weiterhin als „erstens weltfremd und zweitens schamlos. Weltfremd, denn zweimal liest man nur Liebesbriefe oder Drohbriefe eines Rechtsanwaltes; schamlos, denn es drückt ... Gleichgültigkeit und Hochmut gegenüber den Lesern aus"[4].

Für Pressetexte gelten als oberste Qualitätskriterien:

1. Verstehen die Leser den Text auf Anhieb, und

2. ist der interessant beziehungsweise weckt er Interesse?

Verständlich zu schreiben ist schon deshalb schwer, weil es „kein für alle Leser einheitliches Verständlichkeitsoptimum gibt. Derselbe Text kann bei Lesern mit unterschiedlichen Vorkenntnissen, Fähigkeiten, Interessen und Bedürfnissen zu verschiedenen Verarbeitungseffekten führen".[5] Es kommt also darauf an, welche Personen man sich beim

---

1 Helmut Herles, *Sprachkritik im Glashaus*, in: Initiative Tageszeitung (Hg.), Redaktion 1997 – Almanach für Journalisten, Bonn 1997, S. 157.
2 Klaus Natorp in der Frankfurter Allgemeine Zeitung; zitiert nach: Hans Werner Stürzer, *Sprache im Entsafter*, in: journalist, 4/1999, S. 14.
3 So das Ergebnis einer Leserbefragung; nach: Günter Rager, *Qualität in der Zeitung – Ergebnisse erster Untersuchungen*, in: Initiative Tageszeitung (Hg.), Redaktion 1994 – Almanach für Journalisten, Bonn 1993, S. 165.
4 Wolf Schneider, *Wer liest denn schon noch die Tageszeitung*, Rede in Hannover am 3. 9. 1995, http://www.teefax.de/Philosophie/Texte/Tageszeitung.htm vom 22. 3. 2006.
5 Die Heidelberger Psychologin Ursula Christmann; zitiert nach: Astrid Schwamberger, *Gliedern, gestalten, stimulieren*, in: journalist, sage & schreibe Werkstatt, 7/1999, S. 13.

Schreiben vorstellt, die den Text verstehen und interessant finden sollen: Sind dies die Auftraggeber, die Informanten oder das – in journalistischen Kreisen sprichwörtliche „Lieschen Müller aus der Lüneburger Heide" (vgl. Kapitel 4.4 „Schreibblockaden lösen"). Beim Formulieren sollte man sich möglichst genau auf die Zielgruppe des Mediums einstellen: auf die breite Öffentlichkeit bei Zeitungen und Sendungen, auf Fachpublikum bei Fachzeitschriften. Das Niveau der Verständlichkeit sollte im Zweifelsfall eher niedriger als höher angesetzt werden. Denn die Leser und Zuschauer haben oft genug nur wenig Zeit, sind abgelenkt oder müde.

Das berücksichtigen die zu wenig, die in ihren Texten öffentlich zeigen, dass sie das Vokabular des Fachgebietes beherrschen. Die Journalisten klagen dann darüber, dass Pressemitteilungen ein Einfallstor sind für gestelzte Fachsprache, Bürokratendeutsch und verharmlosende Passivsprache. Wer so einfach wie möglich formuliert, folgt damit einem Appell des verstorbenen Journalisten und „Tagesthemen"-Moderators Hanns Joachim Friedrichs. Er befand, dass Publikum habe „im allgemeinen ein feines Gespür für die Mühe, die sich einer macht, um einen komplizierten Zusammenhang so aufzubröseln, dass er begriffen werden kann, ohne an Substanz verloren zu haben"[1].

Das Gespür für gute Texte wurzelt bei vielen Menschen wiederum auf mehr oder weniger vagen Erinnerungen aus dem Deutschunterricht. Da wurden Wiederholungen rot unterstrichen, Wechsel im Ausdruck angemahnt, fehlende Einleitungen und Zusammenfassungen bemängelt. Wer viel schrieb, aber wenig mitteilte, bekam vielleicht dennoch gute Noten. Journalisten und ihr Publikum schätzen es jedoch weit mehr, wenn in 15 Zeilen alles Wichtige prägnant und anschaulich formuliert ist. Ohnehin veröffentlichen die einen und lesen die anderen kurze Meldungen weit häufiger als lange Berichte.

Abkürzungen

Grundsätzlich werden Abkürzungen in Pressemitteilungen vermieden. Denn die Leser stutzen bei nicht geläufigen Abkürzungen und

---

1 Hanns Joachim Friedrichs, Vom „Handwerk" der Sprache, in: Gesellschaft für deutsche Sprache (Hg.), Wörter und Unwörter, Niedernhausen/Ts. 1993, S. 22.

suchen am Textanfang nach der Auflösung. Bis die gefunden ist, wurde meist schon wieder vergessen, was bis dahin gelesen wurde. Unbekannte Abkürzungen zwingen also dazu, den Lesefluss zu unterbrechen, und lenken von wichtigen Informationen ab. Da es keine klare Trennlinie gibt, welche Abkürzungen als allgemein bekannt vorausgesetzt werden können und welche nicht, gilt die Regel, dass Abkürzungen immer erklärt werden müssen.

Wird in einem Text dasselbe lange Wort häufiger verwendet, kann bei dessen ersten Nennung ausnahmsweise die Abkürzung in Klammern dahinter geschrieben und im weiteren Text die Abkürzung verwendet werden. Erscheint dieses Wort aber nur ein- oder zweimal im Text, sollte auf die Einführung der Abkürzung auch dann verzichtet werden, wenn die PR- oder die Marketing-Abteilung möchte, dass diese als Markenzeichen bekannter wird. Dafür sind Pressetexte der falsche Weg. Denn da würde sich das Publikum die Abkürzung lediglich kurz merken, weil es davon ausgeht, dass die im Text wieder auftaucht. Geschieht dies nicht, wurde dessen Aufmerksamkeit nur unnötig vom Inhalt abgelenkt.

Aufgeblähtes

Blähsätze und -formulierungen drücken mit vielen Worten wenig aus: „Die Veranstaltung wird von der Sozialstation durchgeführt" heißt knapper „Veranstalter ist die Sozialstation" oder – noch verständlicher mit einem Verb statt einem Substantiv – „die Sozialstation veranstaltet". Besucht ein Ortsamtsleiter die Phoenix AG, dann sollte daraus nicht werden: „Der Ortsamtsleiter stattet der Phoenix AG einen Besuch ab". Es bleibt vielmehr dabei, dass „der Ortsamtsleiter die Phoenix AG besucht". Wann immer Inhalte kürzer ausgedrückt werden können, sollte diese Möglichkeit in Pressetexten also genutzt werden.

Dies gilt für die Länge von Sätzen ebenso wie von Worten. Deshalb sollten Texte auch darauf geprüft werden, ob Silben gestrichen werden können: aus Rückantwort wird Antwort, aus dem telefonischen Anruf ein Anruf. Können keine Silben gestrichen werden, sind vielleicht kürzere Worte möglich: Aus „neuen audiovisuellen Kommunikationsmitteln" werden „neue Medien" und aus einer „Zusammenkunft" ein „Treffen". Geprüft werden kann, welche Verneinungen ersetzbar sind: Ist das Wetter „nicht eben regnerisch", dann ist es vielleicht schlicht

„trocken"; waren Erfahrungen „nicht unangenehm", waren die womöglich „angenehm"? Natürlich lässt sich „ich bin Kummer gewöhnt" auch ausführlicher beschreiben: Die addierten Enttäuschungen in zwischenmenschlichen und anderen Bereichen haben bei mir zu einer entsprechenden Gewöhnung geführt mit der Folge, dass auch Erfahrungen wie diese keine nennenswerte Störung meiner Befindlichkeit verursachen.[1]

Stammt ein ähnlicher Satz von einem Experten und wird für einen Pressetext übersetzt, behaupten anschließend manche: Das trifft nun aber wirklich nicht den Kern, ist sachlich falsch und Wesentliches ging verloren. Es folgen meist lange, komplizierte Argumentationen sowie Erläuterungen fachlicher Grundlagen; locker unterlegt mit offenen Zweifeln an der Kompetenz der Verfasser. Sind die Argumente nicht nachvollziehbar, lassen sich die Verfasser aber besser nicht beirren: Meist ist den Experten die verständliche Fassung lediglich zu banal und zu wenig wissenschaftlich. Womöglich steht das Ergebnis jahrelanger Arbeit plötzlich nackt da – in nur einem einfachen, kurzen Satz. Verständlich, dass Experten dies als Abwertung ihrer Arbeit und Kompetenz empfinden. Den Verfassern von Pressetexten bleibt dann nur, mit der Verständlichkeitsschwelle der Zielgruppe zu argumentieren – und die fachliche Kompetenz der Experten im Gespräch ausdrücklich anzuerkennen (vgl. Kapitel 2.2 „Intern recherchieren" sowie 4.5 „Texte nachbereiten und nutzen").

Verständlich formuliert, wer seinen Schreibstil behutsam dem Stil der gesprochenen Sprache annähert, also die Merkmale übernimmt, die Sprache verständlich machen. Annähern bedeutet nicht, Kindersprache zu imitieren – wie die Bild-Zeitung in der Überschrift „Tot-Fahrer Ali". Es bedeutet, statt von einem „Fahrzeughalter" vom „Fahrer" zu schreiben, der in einer „Kurve" statt einem „Kurvenbereich" von einer „nassen Straße" abkam, statt von einer „regennassen Fahrbahn".

Bilder

Wenn etwas besonders schwierig zu beschreiben ist, kann es hilfreich sein, es mit etwas weniger Kompliziertem zu vergleichen, mit einem

---

1 Beispiel aus: Dagmar Gaßdorf, Das Zeug zum Schreiben – Eine Sprachschule für Praktiker, Frankfurt am Main, 1996.

„Bild" zu beschreiben oder Abstraktes mit einem konkreten Beispiel zu veranschaulichen. Ein sprachlich richtiges Bild ist daran zu erkennen, dass man es sich vorstellen kann, ohne über dessen unfreiwillige Komik zu lächeln. Dass jemand den „Wolf im Schafspelz" gibt, ist leicht vorstellbar. Hat der zusätzlich eine „schmutzige Weste" wirkt er verkleidet. Soll schwarzen Schafen das Handwerk gelegt werden, wäre dies schon deshalb schwierig, „weil Schafe meist kein Handwerk ausüben".[1] Bei einer wankenden Währungsschlange hat es dagegen einen eigenen „anatomischen Reiz, sich bei einem Wesen, das nicht von einem Fuß zum anderen treten muss, ein Wanken vorzustellen".[2]

Unfreiwillige Komik lässt sich entdecken, wenn man versucht, das Bild zu skizzieren. Gemalt werden kann die „Konjunktur, die bei der Höhenwanderung leichte Ermüdung zeigt". Schwer malbar ist dagegen „Fußpilz, den man nicht auf die leichte Schulter nehmen darf" oder wenn jemand „bis zur Neige in den sauren Kelch beißt". Eher komisch wirkt es auch, wenn Glätte, Unwetter oder „ganze Stapel von Staus" den Menschen „drohen" und Arbeitsplätze „verlorengehen". Da können zum Ausgleich noch so viele Gewinne und Sonnenscheintage „winken".

Leseransprache

Da Pressetexte für die Leser interessant und verständlich sein sollen, liegt es nahe, sie direkt anzusprechen oder indirekt einzubeziehen. Aber schon bei dem rhetorischen Einstieg „gibt es Schöneres, als Blumen auf der Fensterbank wachsen zu sehen?", gehen einige in Abwehrhaltung und beantworten die Frage innerlich mit „klar gibt es Schöneres: schwimmen gehen und Urlaub machen". Heißt es im nächsten Satz „Menschen wollen mehr Grün in ihrem Umfeld", denkt der eine „also ich hab' genug davon" und der nächste spottet „was ich will, weiß ich schon noch selbst". Die Formulierungen wären also dann kontraproduktiv wenn es im Text beispielsweise nicht um den „Glücksfaktor Blumen auf Fensterbänken" geht.

---

1 Wolf Schneider, zitiert nach: Hans Werner Stürzer, *Durchgeknalltes aus der „Zeit"*, in: journalist, 4/1999, S. 18.
2 Dagmar Gaßdorf, Das Zeug zum Schreiben – Eine Sprachschule für Praktiker, Frankfurt am Main, 1996, S. 53.

Indirekte Appelle und direkte Ansprache sind den Journalisten vorbehalten. In Pressetexten steht daher weder „Sie sind herzlich eingeladen" noch „Sie können sich anmelden unter". Dort wird informiert, wann die „öffentliche Veranstaltung" beginnt und knapp mitgeteilt „Anmeldung unter". Gleich zwei Fehler enthielte die Formulierung „sicher haben Sie sich schon gewundert": Die Lesenden werden persönlich angesprochen und ihnen vorgeschrieben, worüber sie sich gewundert haben sollten. Weil es aber das gute Recht des Publikums ist, ein Thema wichtig oder unwichtig zu finden, einzelne Aspekte langweilig oder spannend, sollte schon der Anschein von Bevormundung vermieden werden.

Satzbau

Der klassische deutsche Satz hat die Reihenfolge Subjekt – Prädikat – Objekt. Schon in Lesefibeln der Grundschule hieß es entsprechend „Peter fährt ein Auto". Aber der allererste Satz hieß „Tut, tut fährt ein Auto". Die Autoren wollten die Kinder wohl nicht als erstes langweilen – mit einem grammatikalisch korrekten „ein Auto fährt tut, tut". Wer das Publikum nicht langweilen will, kann vorzugsweise kurze Sätze daher immer mal wieder mit dem Objekt beginnen. Denn der Satz „der Vorsitzende des Vereins X fordert mehr Zuschüsse für den Abenteuerspielplatz" (Subjekt – Prädikat – Objekt) strömt mehr Langeweile aus als die Formulierung „mehr Zuschüsse für den Abenteuerspielplatz fordert ..." (Objekt – Prädikat – Subjekt). Da die Forderung recht alltäglich ist, könnte der Satz auch mit dem Besonderen beginnen: „Für den Abenteuerspielplatz mehr Zuschüsse fordert der Vorsitzende des Vereins X".

Beachtet werden muss bei solchen Satzumstellungen, dass die inhaltliche Aussage erhalten bleibt: Wenn es heißt „das Feuer entdeckte eine Fußstreife", könnte das die spöttische Frage auslösen, ob das Feuer sich denn auch ordentlich über seine Entdeckung gefreut hat. Nicht besser ist es, wenn Polizisten von Trickdieben festgenommen werden: „Eine Gruppe von Trickdieben konnte die Polizei festnehmen"[1].

Vor allem bei langen Sätzen sollte das Subjekt am Anfang stehen, um zur Orientierung beizutragen. Umgeschrieben werden müsste folglich

---

1 Beide Beispiele aus: Gerhard Illgner, *Neusprech in Babylon,* in: journalist, 4/1999, S. 21.

ein typisch journalistischer Satz: Größere Anstrengungen zur Gewährleistung einer hohen inneren Sicherheit (sind nötig? Nein:) hat der amerikanische Präsident verlangt. Denn die Leser sollen nicht durch komplizierte Satzkonstruktionen und Verschachtelungen vom Inhalt abgelenkt werden. Es sollte ihnen so einfach wie möglich gemacht werden, den Inhalt zu erfassen. Richtig wäre daher: Der amerikanische Präsident verlangte ...

In journalistischen Texten sollte jeder Satz nur eine Idee enthalten, die Sätze entsprechend schlicht sein. Das bedeutet nicht, im Telegrammstil zu schreiben. Es bedeutet, komplexe Sätze sparsam einzusetzen. Als ein Grund, warum aus Sätzen so oft „Schachtelmonster" werden, gilt, „dass man beim Schreiben dazu neigt, in einem einzigen Satz mehrere Gedanken unterzubringen."[1] Weitere Gründe sind: Kompliziertes Formulieren wurde in Schule und Universität lange geübt und dann für gut befunden. Einfachen, verständlichen, kurzen Sätzen haftet seitdem der Ruf des Kindlichen an. Dennoch sind genau solche Sätze guter journalistischer Stil. Daher gibt es zu dem Satz „die Welt ist untergegangen" keine Alternative – „weder ‚Beim Weltuntergang kamen alle 5,7 Milliarden Menschen ums Leben' noch ‚Er werde auch den Weltuntergang aussitzen, unterstrich der Bundeskanzler'"[2].

Substantive und Verben

Je mehr Substantive in einem Text stehen und je länger diese sind, um so schwerer ist der zu verstehen. Lange Substantive müssen deshalb in Pressetexten getrennt werden. So werden „Wirtschaftlichkeitsüberlegungen" zu „Überlegungen zur Wirtschaftlichkeit"; „die Unternehmenszielsetzungen" gekürzt zu „Unternehmenszielen" und dann in „Ziele des Unternehmens" geteilt.

Verben sind verständlicher als Substantive. Aus „technischer Realisierbarkeit" wird deshalb „was technisch machbar ist". Statt jemandem „Informationen zukommen zu lassen", wird er schlicht „informiert". Interessierte können sich „anmelden" statt „eine Anmeldung übersen-

1 Walter Hoffmann/Werner Schlummer, Erfolgreich beschreiben – Praxis des Technischen Redakteurs, München 1990, S. 79.
2 Wolf Schneider, *Wer liest denn schon noch die Tageszeitung,* Rede in Hannover am 3. 9. 1995, http://www.teefax.de/Philosophie/Texte/tageszeitung.htm vom 22. 3. 2006.

den". Verständlicher als passiv formulierte Verben sind die aktiv eingesetzten: „Die Architektin, die das Haus baute" ist daher besser als „das Haus, das von der Architektin gebaut wurde". „Allerdings ist das Passiv als Leideform angebracht, wenn tatsächlich über einen Leidevorgang berichtet wird"[1] – beispielsweise „der Mann vom Affen gebissen wurde".

Da in Pressetexten häufig Zitate stehen, werden oft Synonyme für das Verb „sagen" gesucht. Auch für dieses viel genutzte Wort gilt jedoch: „Für den gleichen Begriff sollen ohne Not nicht unterschiedliche Wörter verwendet werden."[2] Statt dem im Schulunterricht geforderten „Wechsel im Ausdruck" kann in Pressetexten auch fünfmal „sagen" oder „mitteilen" stehen, statt dass erst etwas eingeräumt oder festgestellt und dann erklärt oder bekanntgegeben wird. Um die Bedeutung des Gesagten nicht zu ändern, sollte dies auch nicht „behauptet" oder „gerufen" werden. Denn das eine klingt nach „wilder Behauptung", das andere nach Trotz. Als naiv würde gar die Professorin hingestellt, die „sich freut", weil nun mehr Vorlesungen möglich sind, und der Politiker, der „versuchte, eine Erklärung abzugeben".

Zahlen

Zahlen bis zwölf werden in journalistischen Texten stets dann ausgeschrieben, wenn es sich nicht um Zahlenangaben handelt, wie bei Preisen, Datumsangaben, Bankverbindungen, Haus- und Telefonnummern. Geschrieben wird also „am 12. Juni" und 12 Euro, aber „die Zwölfjährigen".

Bei Von-bis-Angaben die sowohl Zahlen unter zwölf als auch ab dreizehn enthalten gilt es, diese Regel lesefreundlich anzuwenden. Verwirrend zu lesen wäre: „zehn bis 20 Neun- bis 15jährige können teilnehmen". Klarer ist „10 bis 20 Neun- bis Fünfzehnjährige". Zahlenreihen werden möglichst vermieden. Statt „Der Gewinn stieg um drei Prozent in 2006 und um vier Prozent in 2007" könnte es heißen: „Der Gewinn stieg in den vergangenen beiden Jahren um durchschnittlich 3,5 Prozent".

---

1 Karl-Ernst Jipp, Wie schreibe ich eine Nachricht, Stuttgart 1990, S. 48.
2 Jürg Häusermann, Journalistisches Texten: sprachliche Grundlagen für professionelles Informieren, Aarau/Frankfurt am Main 1993, S. 99.

Journalistisch schreiben

Ja	Nein
keine Abkürzungen unnötig einführen	unbekannte Abkürzungen verwenden
Bilder malbar	unfreiwillige Komik in Bildern
Satzbau unterschiedlich	Telegrammstil
Sätze kurz	lange Schachtelsätze
Silben/Worte/Sätze ohne Aussage streichen	Publikum direkt oder indirekt ansprechen
Verben	viele Substantive
verständlich für die Zielgruppe	Expertenjargon
Worte kurz	lange Worte
Zahlen bis zwölf ausschreiben	unnötige Zahlenreihen

Exkurs: Frauen und Männer in der Sprache

„Lovely Rita" wurde die ehemalige Bundestagspräsidentin Dr. Rita Süssmuth genannt, „Der General und das Mädchen" über die international anerkannte 44-jährige Politikerin Petra Kelly und Gerd Bastian getitelt. Hillary Clinton wurde in der Zeitschrift Spiegel mit den Worten beschrieben „hüftabwärts schon immer etwas zur Fülle neigend ... überschwere Beine, ausladendes Hinterteil, Mondgesicht". Kein Klischee scheint zu platt, keine Plattitüde zu abgegriffen, kein Kosewort zu niedlich, als dass es in den Medien nicht noch für Frauen verwendet werden kann. Da in einigen Pressekodizes Sexismus ausdrücklich geächtet wird, muss spätestens in der internationalen Pressearbeit besonders darauf geachtet werden, Stereotypen aufgrund des Geschlechts zu vermeiden.[1] Wer dies in seinen Texten möchte, stößt

---

1 Vgl. Martin Hirst, *MEAA Code of Ethics for Journalists. An historical and theoretical overview*, in: Media International Australia, No. 83 von 2/1997, S. 72 und Society of Professional Journalists Sigma Delta Chi, *Code of Ethics*, www.cincinnati_ spj.org/ethics.html vom 21. 10. 1999, S. 2.

allerdings an Grenzen: Grobe Abwertungen von Frauen lassen sich noch leicht vermeiden. Schwieriger ist es, Frauen und Männer konsequent gleichrangig zu beschreiben. Aber das ist kein Freibrief dafür, immer noch von Frauen „in der Blüte ihrer Jahre" oder von „Teilnehmern aus aller Herren Länder" zu schreiben. Denn das lässt sich kürzer, korrekter und prägnanter formulieren: „Weltweit", „aus der ganzen Welt" oder „aus vielen Ländern" könnten die Teilnehmenden schließlich angereist sein und die Frauen 30, 60 oder 90 Jahre alt sein.

Lange entkräftet ist das Argument, Frauen seien doch selbstverständlich immer mitgemeint: „Ein Akt des Meinens ist, sofern er auf Personen zielt, ganz offenbar dann misslungen, wenn diese Personen sich trotz aller guten Absichten der/des Meinenden nicht gemeint fühlen und dafür handfeste Gründe ... angeben können"[1], stellte die Linguistin Luise F. Pusch fest. Dass Frauen keineswegs „immer mitgemeint" sind, zeigt die Überschrift „Die Mongolen haben eine oder mehrere Frauen". Nur wenige erwarten daraufhin einen Beitrag über mongolische Frauen, die mit mehreren Frauen verheiratet sind. Die meisten glauben, dass Frauen in dieser Überschrift eben nicht gemeint sind. Und „weil so viele Sätze Männersätze sind", wirkt das „noch nicht einmal seltsam".[2]

Um geschlechtsneutral zu formulieren, muss berücksichtigt werden, welche Assoziation bei den meisten Menschen ausgelöst wird: Beschränkt die Aussage sich auf das männliche Geschlecht oder umfasst sie Männer und Frauen? Bei „jeder, der ein Auto besitzt", denkt die Mehrheit vermutlich an Männer. Bei dem Ausdruck „alle, die ein Auto besitzen", assoziieren einige sowohl Männer als auch Frauen. Manchmal kann also der Plural weiter helfen – oder eine Umschreibung: „Menschen, die wählen gehen", „diejenigen, die Rente beziehen" und „100 Beschäftigte, die arbeitslos wurden", das könnten auch Frauen sein. „Wähler", „Rentner" und „Arbeitslose" sind tendenziell Männer. Die Formulierung „der eine oder andere" kann durch „der eine oder die andere" unaufdringlich um das weibliche Geschlecht ergänzt werden.

Manchmal ist es einfacher, von Personen zu abstrahieren: „Das Bundesverfassungsgericht" kann ebenso urteilen wie „die Richter des Bundes-

---

1 Luise F. Pusch, Das Deutsche als Männersprache, Frankfurt am Main 1984, S. 30.
2 Zitat und Beispiel aus: Peter Linden, Wie Texte wirken, Bonn 1998; zitiert nach: Peter Linden, *Kamera im Kopf,* in: sage & schreibe, März/April 1999, S. 34.

verfassungsgerichtes", der „ärztliche Rat" kann besser sein als der „Rat des Arztes". Würden Mitarbeiter zu Beschäftigten und Lehrer zu Lehrkräften würde der Anteil von Frauen in diesen Gruppen transparenter. Indem Studentenvertretungen gegenüber Journalisten stets von „Studierenden" sprachen, wurde deutlicher, dass dies mehrheitlich Studentinnen sind. Andere schlossen sich diesem Trend zu neuen Wortschöpfungen an und schrieben von „den Teilnehmenden" statt „den Teilnehmern". So wurden aus männlichen Krankenschwestern statt „Krankenbrüder" lieber „Krankenpfleger" und aus männlichen Stewardessen Flugbegleiter. Denn Sprache braucht „nicht hinter der gesellschaftlichen Realität herzuhinken", sondern kann „ihr auch ein Stück voraus sein"[1].

Wer Pressetexte schreibt und mit Journalisten redet, kann also die Mediensprache zum Besseren ändern: Ob die Pressestelle eines Ärzteverbandes konsequent über „Praxispersonal" statt „Arzthelferinnen" informiert, eine Behördenpressestelle von „Ratsmitgliedern" statt „Ratsherren" spricht, ein Berufsverband „PR-Experten" statt „Fachmänner" zitiert oder PR-Agenturen die „Rednerliste" durch die „Redeliste" ersetzen. Statt von „Brüderlichkeit" kann von „Mitmenschlichkeit" geschrieben werden und statt den „Arzt oder Apotheker" zu fragen, kann man sich auch in der Arztpraxis oder Apotheke informieren.

Vom Geschlecht sollte allerdings dann nicht abstrahiert werden, wenn dies die Realität verschleiern würde. Wurde ein Mensch „erschlagen", dann kann dies durch einen umgestürzten Baum passiert sein. „Mann erschlug Frau" macht dagegen deutlich, dass es ein handelndes Subjekt gibt, das für diesen Tod verantwortlich ist.

Dass es bis heute nicht dasselbe ist, wenn zwei das gleiche tun, wird besonders deutlich durch unterschiedliche Verben, mit denen Handlungen von Männern und Frauen beschrieben werden. Während Männer häufiger „feststellen", „Forderungen aufstellen" und „ihren Standpunkt klarmachen", „finden, meinen und behaupten" Frauen oft angeblich nur. Während weibliches Schweigen als Unsicherheit interpretiert wird, gilt männliches Schweigen als Zeichen innerer Stärke und Überlegenheit[2]. Auch bei den Verben muss also darauf geachtet

---

1 Senta Trömel-Plötz, Vatersprache Mutterland, München 1993, S. 137.
2 Vgl.: Senta Trömel-Plötz, Weiblicher Stil – männlicher Stil, in: Senta Trömel-Plötz (Hg.), Gewalt durch Sprache – Die Vergewaltigung von Frauen in Gesprächen, Frankfurt am Main 1984, insbesondere S. 358 und 384.

werden, Frauen nicht abzuwerten, ihre Handlungen lächerlich zu machen und Klischees zu transportieren. Denn eine Professorin, die lediglich „Behauptungen aufstellt", statt „Thesen zu vertreten und ein Resümee zu ziehen", hat offensichtlich wenig Ahnung und scheint als „Quotenfrau" zu ihrem Job gekommen zu sein. Wie stark Verben werten, wird spätestens dann deutlich, wenn diese ausnahmsweise für Männer verwendet werden: Um SED-Chef Walter Ulbricht durch die Wahl der Verben systematisch abzuwerten, war es in den 1960er Jahren einigen bundesdeutschen Redaktionen untersagt, ihn etwas „erklären" oder gar „feststellen" zu lassen. Er durfte grundsätzlich nur „behaupten".[1]

Gewertet werden kann auch mit so unscheinbaren Worte wie „bloß", „lediglich" oder „nur": Außer drei Männern kamen nur Frauen zur Versammlung. Das bedeutet, dass die Anwesenheit der drei Männer relevant war, da das andere ja „nur" Frauen waren. Weniger bewertend ist die Verwendung des Wortes „ausschließlich": Abgesehen von drei Männern kamen ausschließlich Frauen.

Eine Möglichkeit, den eigenen Text auf versehentliche Abwertungen hin zu prüfen, ist, alle erwähnten Männer durch Frauen und alle Frauen durch Männer zu ersetzen. Aus dem „Mechaniker, der in seiner Freizeit Fußball spielt, begleitet von seiner berufstätigen Ehefrau, der Hausfrau und Mutter einer siebenjährigen Tochter" wird dadurch die „Tischlerin, die in ihrer Freizeit Tischtennis spielt, begleitet von ihrem berufstätigen Ehemann, dem Hausmann und Vater einer siebenjärigen Tochter". Wer dann doch lieber den Beruf des Ehemannes nennen und die Beschreibung des Ehe- und Elternstatus streichen möchte, müsste diese Änderungen im Ursprungstext auch der Frau zugestehen. Denn eine „Aussage, die bei einer Übertragung auf Männer komisch, bizarr oder beleidigend wirken würde, ist frauenfeindlich"[2].

---

1 So die Vorgabe für die Nachrichtenredakteure des Berliner Senders RIAS; vgl.: Hermann Meyn, *Korpsgeist der Insel*, in: journalist, 7/1998, S. 36.
2 Sigrid Löffler, in: Die Zeit vom 4. 12. 1981, S. 57; zitiert nach: Luise F. Pusch, Das Deutsche als Männersprache, Frankfurt am Main 1984, S. 148.

Geschlechtsneutral formulieren

Ja	Nein
Männer und Frauen austauschen, um Abwertungen aufzuspüren	Frauen mitmeinen
Berufliche Position und Kompetenzen von Frauen klar benennen	Koseworte, Beschreibungen des Äußeren, berufliche Kompetenz durch Benennung des Familienstandes ersetzen
Einsatz von Verben entsprechend der Kompetenz	Einsatz von Verben nach Geschlecht
Plural verwenden: Alle, die ein Auto besitzen	Jeder, der ein Auto besitzt
Vom Geschlecht abstrahieren: ärztlicher Rat	Rat des Arztes
Handelnde Personen benennen: Mann erschlug Frau	Frau wurde erschlagen

3.2   Schreibweisen kennen

Pressetexte sollen so formuliert sein, dass sie ohne Änderung veröffentlicht werden können. Sie werden damit so geschrieben, als hätten ihn die Journalisten selbst verfasst. Auch wenn nicht alle Journalisten und Redaktionen die gleichen Schreibweisen haben, gibt es doch einige Regeln und Übereinkünfte der Branche, an die sich die meisten halten.

• Im Kodex des deutschen Presserates steht ausdrücklich, dass Pressemitteilungen als solche gekennzeichnet sein müssen, „wenn sie ohne Bearbeitung durch die Redaktion veröffentlicht werden"[1]. In Pressemitteilungen sollen daher Namen und berufliche Position der Informanten sowie die mitteilende Organisation dezidiert genannt werden. Im Text steht also beispielsweise „nach Informatio-

---

1   Richtlinie 1.3 des Kodex des deutschen Presserates in der Fassung vom 13. 9. 2006; nach: Deutscher Presserat, Publizistische Grundsätze (Pressekodex), Bonn 2006, S. 9.

nen des Bundesverbandes der Chemischen Industrie", also die **Informationsquelle**. Da weder das Logo auf dem Briefpapier noch die Angaben in der E-Mail-Signatur mit abgedruckt werden, würde anderenfalls nicht klar, von wem die Informationen stammen. In der Praxis „vergessen" PR-Fachkräfte und Pressestellen die Angabe im Text häufig. Sie überlassen es den Redaktionen, diese einzufügen, die wiederum die fehlende Quelle im Text oft übersieht. Unabhängig von dahinter stehenden Absichten wissen allerdings sowohl die Redaktionen als auch das Publikum Informationstransparenz zu schätzen.

- **Internationale** Zeitschriften, die beispielsweise in englischer Sprache erscheinen, erhalten den Pressetext auch dann in englisch, wenn sie ihren Hauptsitz in Deutschland haben. Zu ergänzen sind die Absenderangaben bei internationalem Versand: Neben der Angabe des Landes muss auch die internationale Telefonvorwahl des Landes aufgenommen werden, beispielsweise ++49 für Deutschland, ++41 für die Schweiz und ++43 für Österreich oder „00" statt „++" (vgl. Kapitel 4.5 „Texte nachbereiten und nutzen").

- In journalistischen Texten gibt es keinen Text, der in **Klammern** steht. Als zulässig gelten diese nur in zwei Fällen: Bei der Einführung von Abkürzungen und bei manchen Zeitungen für die Angabe des Lebensalters.

- Die **Kosten** von Veranstaltungen und Broschüren können am Textende angegeben werden. Denn kaum jemand macht sich auf den Weg zu einer Veranstaltung, um dort zu erfahren, dass der Eintritt zu teuer ist. Um es dem Publikum so einfach wie möglich zu machen, sollte der Preis auch dann genannt werden, wenn eine Telefonnummer für weitere Informationen angegeben wird. Unnötig kompliziert ist es, wenn Interessierte erst anrufen müssen, um zu erfahren, dass der Eintritt frei ist, 5 oder 50 Euro kostet: Während der Telefonzeiten mussten die Interessierten womöglich arbeiten und als sie endlich Zeit hatten anzurufen, war die Telefonzeit vorbei.

Für Redaktionen gelten allerdings gleichzeitig die „Richtlinien für redaktionelle Hinweise in Zeitungen und Zeitschriften", wonach geschäftliche Hinweise und Wirtschaftswerbung im redaktionellen Teil zu unterlassen sind. Die meisten Redaktionen halten sich an diese gemeinsame Empfehlung von Verleger- und Journalistenverbänden. Danach gibt es ausführliche Preisangaben weder für Veranstaltungen und Reisen noch für Modeberichte, Versteigerungen und Schallplatten. Anders ist dies bei Neuerscheinungen auf den Gebieten Mode, Buch, Musik und Technik und Gemeinnützigem (vgl. Kapitel 1.5 „Rechtliche Aspekte"). Bei der Schreibweise der Preise orientieren sich Journalisten an der gesprochenen Sprache und nennen die Zahl vor der Währung: Der Eintritt kostet also 5 Euro statt Euro 5,–.

- In journalistischen Texten in Deutschland gibt es – anders als in Großbritannien – kein Herr oder Frau. Von allen Informanten wird hier daher bei der ersten Nennung der volle **Name** genannt. Anschließend kann der Vorname weggelassen und geschrieben werden „so Meyer weiter". Stand bei der ersten Nennung „Marcus Meyer, Vorsitzender des Verbandes aus dem Iran", kann auch formuliert werden „so der Vorsitzende" oder „so der Iraner".

- Haben die im Text erwähnten oder zitierten Menschen besondere **Positionen,** Funktionen oder Qualifikationen, sollten diese benannt werden. Denn es macht einen großen Unterschied, ob Sabine Schmidt einen Vortrag hält oder ob Professor Sabine Schmidt als Fachärztin für Neurologie am Universitätskrankenhaus tätig ist und einen Vortrag über ein neurologisches Thema hält. Manch hochkarätige Veranstaltung fand schon vor peinlich wenig Publikum statt, weil in der Presseankündigung die Qualifikation fehlte. Erfahren die Menschen im Text nicht, ob bei der Veranstaltung mit Dr. Helmut Kohl der ehemalige Bundeskanzler über die deutsch-französischen Beziehungen redet, der gleichnamige Journalist oder ein Hobbyhistoriker aus der Region, bleiben sie im Zweifel zu Hause. Sie gehen dann davon aus, dass es wohl geschrieben stände, wenn die Besetzung prominent ist.

- Veranstaltungsorte werden in den Medien eindeutig bezeichnet, also mit **Straße und Hausnummer.** Alle anderen Angaben – wie im Spritzenhaus oder im Siemens-Hochhaus – machen es neu Hinzugezogenen und Nicht-Insidern unmöglich teilzunehmen. Da die Medien fast ausschließlich öffentliche Veranstaltungen ankündigen, sollte allen Interessierten die Teilnahme ermöglicht werden. Jeder, der einen Stadtplan lesen kann, kann zur Veranstaltung kommen, wenn die Postanschrift angegeben ist. Aber das Siemens-Hochhaus findet nur, wer herausfindet, wo die Firma Gebäude hat – und muss dann raten, welches davon ein Hochhaus ist. Das Spritzenhaus finden nur diejenigen, die wissen, dass dies zur Freiwilligen Feuerwehr gehört und nicht etwa zum freien Drogentreff.

- Fettschrift, kursiv oder Unterstreichungen gibt es in Tageszeitungen und Fachzeitschriften nicht. Soll etwas besonders betont werden, müssen **optische Betonungen** durch sprachliche ersetzt werden. Das einzige Layoutelement, das in längeren Pressemitteilungen eingesetzt werden kann, sind Zwischenüberschriften (vgl. Kapitel 2.4 „Äußere Form beachten").

- Vollständig deplatziert sind in Pressetexten Sonderzeichen wie eingetragene **Warenzeichen** hinter Produktnamen oder das Zeichen für Copyright. Am Ende der Pressemitteilung können diese zwar im Firmenporträt stehen, erinnern im Pressetext selbst aber eher an versuchte Schleichwerbung (vgl. Kapitel 1.5 „Rechtliche Aspekte"). Dies gilt obwohl einige kostenlose Veranstaltungskalender und Anzeigenzeitungen Sonderzeichen im redaktionellen Teil übernehmen.

- Bei Terminen wird stets der **Wochentag** mit angegeben. Es heißt also: am Dienstag, dem 3. Oktober. Die Jahreszahl sollte dagegen weggelassen werden, da in den Medien niemand einen Termin erwartet, der in zwölf Monaten stattfindet. Um Lesenden das Nachrechnen zu ersparen, wird der Monat ausgeschrieben. Denn nicht alle übersetzen 3. 8. automatisch in 3. August. Müssen die Lesenden erst überlegen, um welchen Wochentag oder Monat es geht, wird ihre Konzentration vom Thema des Textes gelenkt. Ein Teil der Lesenden geht dann direkt zum nächsten Artikel über – und die Chance, sie für den Inhalt zu interessieren, ist vertan.

- In journalistischen Texten wird die **Zeit vor dem Ort** genannt. Es heißt also: „Die Veranstaltung findet am Mittwoch, dem 3. Juni, in Kleinkleckersdorf statt". Unüblich ist die umgekehrte Reihenfolge: „Die Veranstaltung findet in Kleinkleckersdorf statt, am Mittwoch, dem 3. Juni". Denn es wird davon ausgegangen, dass die meisten Menschen zuerst überlegen, ob sie an dem Tag Zeit haben, und erst anschließend prüfen, ob und wie sie zur Veranstaltung kommen.

Checkliste

Regeln der Schreibweise

1. Informationsquelle im Text

2. Vorname, Nachname und Position bzw. Qualifikation der Zitierten

3. Klammern nur bei Einführung von Abkürzungen

4. Keine optischen Hervorhebungen oder Sonderzeichen

5. Zeitangabe vor Ortsangabe

6. Wochentag angeben, Monat ausschreiben, Jahr weglassen

7. Veranstaltungsorte mit Straße und Hausnummer

8. Kosten angeben, Währung nach der Zahl

3.3 Aufbau festlegen

„Die wesentlichen Argumente sollen in Punkten zusammengefasst werden", heißt es nicht nur im Marketing[1]. Das führte dazu, dass nun auch manche Pressemitteilung nach der Überschrift mit drei bis vier Punkten beginnt. Im Internet-Pressebereich von Daimler ersetzen diese gar die Überschrift. Dort heißt es werbend:

- Akustisches Logo verstärkt neuen Markenauftritt.

- Ab November in allen internationalen Hör- und Werbespots im Einsatz.

- Individueller Klang mit hoher Wiedererkennbarkeit.[2]

In Pressemitteilungen für Printmedien sollten solche Punkte jedoch maximal vor der Überschrift zur schnellen Orientierung der Journalisten stehen. Insgesamt unterscheidet sich deren Aufbau von den meisten anderen Texten: Schulaufsätze haben eine Einleitung, einen Hauptteil und einen Schluss. Im wissenschaftlichen Bericht wird erst der Stand des Wissens referiert. Um Interessantes zu erfahren,

---

1 Avoid long, trugid articles, however: try setting out your argument in bullet point style; in: Cathie Burton, Alun Drake, Hitting the Headlines in Europe, London/Sterling 2004, S. 48.

2 Unter: http://media.daimler.com/dcmedia/home/d am 26. 10. 2007.

müssen sich die Lesenden gedulden. Um sie nicht zu sehr zu strapazieren, gibt es im besten Fall einen Spannungsbogen oder wenigstens einen logischen Aufbau. Und was macht das Publikum? Es liest in Aufsätzen als erstes die Zusammenfassung, entscheidet dann, ob es sich lohnt, den ganzen Text zu lesen – und amüsiert sich bei Witzen, die nur das Allernotwendigste mitteilen und direkt auf die Pointe zusteuern.

Pressetexte sollen dagegen mit dem Höhepunkt beginnen, mit der zentralen Aussage, dem Ergebnis und mit der „Tür ins Haus" fallen: Als allererstes wird die Neuigkeit auf den Punkt gebracht, weil das Publikum sich beim Zeitunglesen schnell informieren will – und zu Krimis oder Sudokus greift, wenn es Rätsel lösen will. Das Publikum ist daran gewöhnt, in den Medien das Wichtigste sofort zu erfahren und es nicht suchen zu müssen. Wer es erreichen will, muss sich auch beim Textaufbau an dessen Gewohnheiten orientieren. Vertraut ist das Publikum damit, dass nach der zentralen Aussage die Quellenangabe steht. Es folgen Informationen, die die zentrale Aussage erläutern, sowie interessante Details und Aspekte, die nach abnehmender Wichtigkeit für das Publikum sortiert sind.

Dabei hat jede Pressemitteilung nur ein einziges Thema: Wird ein Halbjahresprogramm mit 20 Veranstaltungen vorgestellt, so ist das Halbjahresprogramm das eine Thema. Beim Jahresgeschäftsbericht ist dieser das eine Thema – unabhängig davon, ob neben Bilanz und Prognose auch die Aktivitäten im Ausland dargestellt werden. Wird jedoch eine Veranstaltung zum Thema A angekündigt und mit einer Stellungnahme zum Thema B verbunden, dann sind dies zwei Themen. Für die Entlassungspläne und das Kultursponsoring eines Unternehmens müssten folglich zwei Pressemitteilungen verfasst werden (vgl. Kapitel 2.1 „Pressearbeit planen").

Das Thema sollte festgelegt werden, bevor mit dem Schreiben begonnen wird: Wird ein Neubau mit einer Ausstellung eröffnet, dann muss klar sein, ob der Neubau das Hauptthema ist oder die Ausstellung. Wurde über den Neubau bereits berichtet, wäre die Ausstellung das Thema und der Neubau ein Detail. Wurde über den Neubau noch nicht berichtet, dann ist dieser das Hauptthema und die Ausstellung ein Detail. Entscheidend ist also, was dem Publikum bereits bekannt ist. „So wird nach einer Explosion in einem Chemiewerk zunächst der Sachverhalt gemeldet: Was? Wo? Wann? Wer? In der nächsten Fassung gibt es nähere Informationen zum Was? Schließlich folgen Informationen zur Explosionsursache: Dann steht also das Warum? an erster Stelle. Frühere Informationen werden nachrangig behandelt".[1]

Um das Hauptthema zu finden, hilft manchmal ein kleiner Umweg: ein Gespräch mit Externen. Kollegen und Freunde sind meist schon grob informiert und sprechen „dieselbe" Sprache, weshalb ihnen Informationslücken selten auffallen. Das Thema soll jedoch Menschen nahegebracht werden, die wenig Vorwissen haben. Im Gespräch fangen die meisten Menschen automatisch mit dem Wichtigsten für die Zielgruppe an. Nur wenige beginnen eine Geschichte mit: „Gestern nachmittag um 15 Uhr ging ich von der Einkaufsstraße ins Kaufhaus." Sie fangen vielmehr mit der Hauptinformation an, dass ihnen „das Portemonnaie geklaut wurde, mit 300 Euro darin, und zwar an der Kasse des Kaufhauses", und liefern Fakten und Details an passender Stelle nach.

Oft reicht ein kurzes Gespräch, um einen Text mit dem Wichtigsten beginnen zu können. Bei komplexen Themen können als Zwischenschritt alle Aspekte des Themas notiert werden, bevor der Informationskern und maximal drei Aspekte ausgewählt werden. Werden zwei bis drei Themenaspekte ausgeführt, kann sich das Publikum damit auseinanderzusetzen. Werden dagegen alle Aspekte aufgenommen, wird es sich wahrscheinlich an keinen davon erinnern – oder über keinen wirklich informiert sein. Daher gilt es zu entscheiden, welche Aspekte am besten zum Hauptthema und zum Informationskern passen und für das Publikum interessant sein könnten. Wenn dann noch festgelegt ist, welcher Aspekt der wichtigste ist, welcher der zweit- und welcher der drittwichtigste, dann ist der „rote Faden" des Textes festgelegt:

---

1 Siegfried Weischenberg, Nachrichtenschreiben – Journalistische Praxis zum Studium und Selbststudium, Opladen 1988, S. 62.

„Roter Faden"

1. Hauptthema, zentrale Aussage oder These

2. Quellenangabe

3. Informationen, die die zentrale Aussage erläutern

4. Eventuell inhaltlicher Überblick über die folgenden Aspekte

5. Wichtigster Aspekt mit den dazugehörigen Informationen und Zitaten

6. Zweitwichtigster Aspekt

7. Drittwichtigster Aspekt

8. Sofern nicht im Text eingebaut: Fakten, wie Anschrift und Öffnungszeiten

Liegen alle relevanten Fakten und Zitate für diese Punkte vor, wird erst geprüft, ob diese alle wichtigen Fragen beantworten – also wer, was, wann, wo und warum. Dann ist zu überlegen, was das Publikum noch interessieren könnte. Sind die Notizen entsprechend ergänzt, können die wichtigsten Fakten, die treffendsten Formulierungen und prägnantesten Zitate markiert und nach abnehmender Wichtigkeit für das Publikum sortiert werden.

Ist dies abgeschlossen, können die Notizen ausformuliert und dabei zwischen Fakten, direkten und indirekten Zitaten abgewechselt werden (vgl. Kapitel 3.5 „Richtig zitieren"). Überleitungen zwischen den einzelnen Absätzen und Aspekten erleichtern den Lesefluss. Am Textende können die Sachinformationen komprimiert gegeben werden, die im Text fehlen – wie Anschrift, Ansprechpartner, Öffnungszeiten, Kosten oder Beginn der Veranstaltung. Und dann gilt es, den Text einfach zu beenden. Es wird nicht hinzugefügt, was man schon immer mal zum Thema loswerden wollte, im Text nicht recht unterbringen konnte oder das Wichtigste noch einmal zusammengefasst. So unvermittelt, wie zu Beginn „mit der Tür ins Haus" gefallen wurde, wird diese am Schluss geschlossen.

Aufbau erarbeiten

1. Hauptthema festlegen

2. Alle Aspekte des Themas notieren

3. Informationskern festlegen

4. Maximal drei Aspekte auswählen, die zum Hauptthema und Informationskern passen und das Publikum interessieren

5. Rangfolge der Aspekte festlegen

6. Zu jedem Aspekt: Fakten und Zitate recherchieren und notieren

7. Prüfen, ob alle wichtigen Fragen beantwortet sind (wer, was, wann, wo, warum, Quelle)

8. Überlegen und ergänzen, was das Publikum außerdem interessieren könnte

9. Die wichtigsten Fakten und prägnantesten Zitate markieren

10. Sortieren nach abnehmender Wichtigkeit für die Öffentlichkeit

11. Text schreiben

12. Überleitung zwischen den Aspekten und Absätzen beachten

13. Aufhören, wenn der Text alle Informationen enthält, die zum Verständnis nötig sind

3.4 Anfänge finden

Stehen Thema und Aufbau des Textes fest, beginnt für viele die quälende Suche nach dem ersten Satz. Die Anforderungen an einen guten Anfang sind hoch: Er soll sowohl bei Journalisten als auch dem Publikum Interesse wecken, er soll „möglichst klar, möglichst kurz, möglichst eingängig ... aber zugleich auch möglichst schlicht"[1] sein. Denn das Publikum möchte nicht erst auf etwas eingestimmt werden, von dem es nicht weiß, ob es dafür Zeit aufbringen will.

---

1 Rudolf Gerhardt, Lesebuch für Schreiber – Vom journalistischen Umgang mit der Sprache. Ein Ratgeber in Beispielen, Frankfurt am Main 1996, S. 114.

Gleich der erste Satz soll überzeugen und das Wichtigste mitteilen. Kein Wunder, dass auch Journalisten „die höllischen Qualen des leeren Blattes, die verzweifelte Suche nach dem ersten Wort"[1] kennen. Denn solche Anforderungen wecken den Eindruck, der erste Satz würde über alles entscheiden: über die Veröffentlichung ebenso wie darüber, ob der Text vom Publikum gelesen wird. Die dahinterstehende Drohung löst fast zwangsläufig Schreib- und Denkblockaden aus (vgl. Kapitel 4.4 „Schreibprobleme lösen"). Dabei werfen Journalisten gute Pressetexte mit medienrelevanten Informationen nicht wegen eines misslungenen ersten Satzes gleich weg. Auch die meisten Leser sind bereit, einem Text zwei Sätze Zeit zu geben, bevor sie entscheiden, ob sie weiterlesen.

Aus dem Stand einen guten Anfang zu formulieren ist schon deshalb schwer, weil man sich oft erst warmschreiben muss – so wie sich witzige Schlagfertigkeit erst entfaltet, wenn man sich warmreden konnte. Wem kein guter Anfang einfällt, der kann ebensogut erst alle anderen Teile schreiben und den ersten Satz anschließend formulieren. Um den treffendsten und interessantesten zu finden, hilft es manchmal, verschiedene Anfänge zu probieren, beispielsweise typische Nachrichtenanfänge:

1. Im summarischen Vorspann werden die wichtigsten W-Fragen in komprimierter Form im ersten Satz beantwortet (Die Verwertungsgesellschaft Wort forderte am Samstag in Wiesbaden die Bundesjustizministerin auf ...). Der summarische Vorspann wird vor allem von Nachrichtenagenturen verwendet. Nur für sie gilt die Regel, dass möglichst alle W-Fragen im ersten Absatz beantwortet werden müssen. Für Pressetexte gilt: „Sie können nicht alle W-Fragen im ersten Absatz beantworten, wollen Sie die Lesenden nicht einschläfern. Ihr Job ist es, zu entscheiden, welche W-Fragen so wichtig sind, dass sie im ersten Absatz beantwortet werden müssen, und welche später gebracht werden können".[2]

2. Im modifizierten Vorspann wird zuerst die wichtigste W-Frage beantwortet, wodurch die Nachricht in knapper Form auf den Punkt gebracht wird:

---

1 Karl-Ernst Jipp, Wie schreibe ich eine Nachricht, Stuttgart 1990, S. 49.
2 Nach: Maria Braden, Getting the message across. Writing for the Mass Media, Boston/New York 1997, S. 88.

- Wer-Einstieg (Der finnische Mobiltelefon-Hersteller Nokia)
- Was-Einstieg (Einen Eintrag ins Guiness-Buch der Rekorde soll)
- Wann-Einstieg (Drei Tage lang trafen sie sich zum Mittagessen: Die führenden Vertreter von)
- Wo-Einstieg (Im Restaurant des Flughafens Köln-Bonn verlor ein)
- Wie-Einstieg (Durch Augenzwinkern hat eine gelähmte Japanerin ein 200 Seiten starkes Buch geschrieben.) Eine Form des Wie-Einstiegs ist der Anfang mit dem Wort „mit" (Mit Nachdruck setzte sich die Bundeskanzlerin ...).
- Warum-Einstieg (Aus Furcht vor einem Bombenanschlag sprengte die Polizei in Meppingen einen Staubsauger in die Luft.)
- Anonymer Wer-Vorspann (Seine Hochzeitsnacht verbrachte ein jungvermähltes Paar in Griechenland im Schnee.)
- Er- bzw. Sie-Anfang (Er brummt wie ein „Scooter" auf der Kirmes, bietet Platz für zwei Erwachsene samt Einkaufstüten, läuft 120 Kilometer Spitze und im dichten Stadtverkehr mindestens 60 Kilometer weit. Dann muss er zum Aufladen an die Steckdose, der Elektro-Personenwagen ...)
- Bei-Einstieg (Bei einem Unfall, bei neuen Unruhen, bei einer Explosion)

3. Schlagzeilen-Einstieg (Hund biss Betrunkenen ins Gesicht: Als ein 30-Jähriger ...)

4. Der szenische Einstieg (Bedächtig hob er das Glas und führte es zur Tischkante.)

5. Der vergleichende Einstieg (beispielsweise historisch: Vor 200 Jahren gingen die ersten freien Bürger durch die neu errichteten Stadttore. Heute traut sich kein Bürger mehr, den baufälligen Steinen zu nahe zu kommen ... oder Größenvergleich: Wie David und Goliath standen sie sich vor dem Arbeitsgericht gegenüber – die Auszubildende im ersten Lehrjahr und der Chef des Konzerns.)

6. Liedzeile/Gedichtzeile/bekanntes Zitat oder Redewendung

7. Eigenes Zitat („Ich hab's vermasselt", stellte der Vorsitzende fest.)

Je nach Thema und Anlass gibt es gute und schlechte erste Sätze. Heißt es „Die 32. Literarische Woche beginnt am Freitag, 25. Januar, um 18 Uhr mit der Ausstellungseröffnung ‚Familienporträts – Ansichten der spanischen Familie im 21. Jahrhundert' im Wall-Saal der Zentralbibliothek", dann kommt die zentrale Information zu spät: „Mit der Ausstellung ‚Familienporträts' wird die 32. Literarische Woche eröffnet."

Nicht nur für Agenturnachrichten gilt: „Ein aufgebauschter oder marktschreierischer Einstieg verfehlt seine Wirkung – vor allem, wenn in den Zeitungsspalten lauter Marktschreier um die Wette brüllen. Als 1975 in Vietnam die Waffen endlich schwiegen, hieß es bei einer Agentur im Lead: ‚Nach elf Jahren blutigen Ringens ist der Vietnam-Krieg zu Ende'. Leiser schrieb eine andere, nämlich: ‚Der Krieg in Vietnam ist zu Ende'. Es ergab sich, dass diese schlichte Fassung bei den Zeitungen mehr Abnehmer fand."[1]

Besondere Umsicht ist bei Anfängen mit Lied- und Gedichtzeilen, Redewendungen und bekannten Zitaten gefordert. Zwar werden diese wegen ihrer guten Anwendbarkeit, ihrer stilistischen Wirkung und Fähigkeit zur Veranschaulichung geschätzt. Aber es wird auch vor ihrem floskelhaften Einsatz gewarnt. Dabei gibt es gleichzeitig „keine Hinweise von Sprach- und Stillehrern, was genau das Floskelhafte einer Redewendung oder eines Sprichwortes ausmacht."[2] Wer Floskeln vermeiden will, sollte zumindest auf allzu Bekanntes verzichten – wie: Eine Schwalbe macht noch keinen Sommer.

Als Anfang besser geeignet als bekannte Formulierungen und Sätze aus Zitatenlexika sind für Pressemitteilungen solche, die tatsächlich zum Thema gesagt wurden. Sofern diese anschaulich, lebendig und konkret sind. Gibt es solche Sätze nicht, dann können sich die Verfasser überlegen, was Sprecher des Hauses „Schönes" sagen könnten. „Schön" sind dabei Sätze, die die Position des Hauses einprägsam auf den Punkt bringen, unschön Alles-und-nichts-Aussagen, bürokratische Formulierungen, inhaltsarmes und Faktenaussagen. „‚Wir haben den Sturm heil überstanden', fasste der Geschäftsführer den Jahresbericht zusammen" ist daher besser als „Mit dem diesjährigen Ergebnis ist es

---

1 Gerhardt, Rudolf, Lesebuch für Schreiber – Vom journalistischen Umgang mit der Sprache. Ein Ratgeber in Beispielen, Frankfurt am Main 1996, S. 114.
2 Karola Ahlke/Jutta Hinkel, Oft werden *Phrasen daraus*, in: sage & schreibe, März/April 1999, S. 33.

uns gelungen, die schwierige Situation des vergangenen Jahres hinter uns zu lassen" (vgl. Kapitel 3.5 „Richtig zitieren"). Wenn es trotz eines guten wörtlichen Zitats nicht gelingt, den ersten Satz damit zu beginnen, passen Thema und Zitat meist doch nicht so gut zusammen, wie es schien. Spätestens dann sollte mit anderen über das Thema gesprochen werden, um herauszubekommen, was das Wichtigste und Interessanteste ist.

Ist das größte Problem, dass der erste Satz nicht klar, verständlich und kurz formuliert werden kann, könnte eine Übung zur Lösung führen: Versetzen Sie sich in Ihre Kindheit zurück und stellen Sie sich vor, dass Sie schon in erstaunlicher Schnelligkeit schreiben können. Sie können Buchstaben aneinanderreihen und Texte abschreiben. Aber Sie haben noch nie einen eigenen Text geschrieben. Ein Erwachsener, den Sie mögen, hat Ihnen von dem Thema des Pressetextes erzählt. Er hat es so erzählt, dass Sie als Kind verstanden haben, worum es geht. Und er hat Sie gebeten, das in zwei bis drei Sätzen aufzuschreiben. Nun machen Sie es sich in Ihrer Lieblingsecke so richtig gemütlich und setzen Ihren Lieblingsteddy neben sich. Sie haben Spaß an diesem seltsamen Spiel und kritzeln schnell die zwei, drei Sätze aufs Papier.

Die Sätze scheinen auf den ersten Blick vielleicht banal. Oft sind sie jedoch sehr prägnant und beispielhaft – und können leicht überarbeitet als Anfangssatz verwendet werden. Die Übung funktioniert, indem die gelernten Kriterien für korrektes Schreiben umgangen werden. Da Kinder diese nicht kennen, sind sie frei von Hemmungen und Barrieren, die in Schule und Ausbildung aufgebaut wurden.

Gelingt es noch immer nicht, einen akzeptablen Anfang zu finden, sollte geprüft werden, ob die Grundbedingungen für Pressetexte wirklich erfüllt sind: Gibt es ein einziges Thema und einen medienrelevanten Anlass, ist dieser für die Zielgruppe interessant oder wichtig, gibt es eine klare inhaltliche Position des Hauses? Es entspräche der Quadratur des Kreises, einen überzeugenden Anfang zu finden, wenn die Ergebnisse einer Studie diffus sind, man werben statt informieren soll, ein Konzept unschlüssig oder die inhaltliche Position des Hauses schwammig ist.

Checkliste

Der Anfang

Nachrichtenanfänge:

1. Summarischer Vorspann

2. Modifizierter Vorspann: beantwortet die wichtigste W-Frage als erstes

3. Szenischer Einstieg

4. Vergleichender Einstieg

5. Prägnantes Zitat

Bei Problemen:

1. Andere Textteile verfassen, um sich warm zu schreiben

2. Verschiedene Anfänge formulieren

3. Das Gespräch suchen

4. Einen Kinderanfang schreiben

5. Prüfen, ob die Grundbedingungen für Pressetexte erfüllt sind

3.5   Richtig zitieren

Zitate sind ein Stilmittel, mit dem die Inhalte von Pressetexten interessanter und abwechslungsreicher präsentiert werden; sofern nicht langatmige Sätze mit einem nichtssagenden Zitat garniert wurden. Obwohl Langweiliges als Zitat nicht kurzweilig wird, sind Zitate in längeren Pressetexten oft unentbehrlich. Denn neu mitgeteilte Fakten sollten auch bewertet und eingeordnet werden. Um diese Bewertung nicht den Journalisten unterzuschieben, bleiben als authentisches und lebendiges Element nur direkte und indirekte Zitate. In Pressemitteilungen wird daher zwischen Faktenaussagen, wörtlicher und indirekte Rede abgewechselt. Zitiert wird dabei alles, was nicht eindeutig zu beweisen ist: Beweisbar ist, welches Thema ein Kongress hat, wo und wann dieser ist. Dass dieser interessant und wichtig ist, wäre dagegen eine Behauptung – und muss in direkter oder indirekter Rede wiedergegeben werden.

Da Pressetexte so formuliert sein müssen, dass sie ohne Änderung veröffentlicht werden können, darf darin nicht stehen: „Besonders erfolgreich setzte sich die Firma für das gemeinnützige Projekt ‚Sanddorn' ein". Würde dieser Satz ungeändert abgedruckt, hieße dies, dass die Redaktion der Ansicht ist, dass sich die Firma erfolgreich für das Projekt einsetzte. Aber solche Einschätzungen mögen Redaktionen ohne Prüfung eher nicht vornehmen. Steht im Text dagegen: „Als besonders erfolgreich bezeichnete die Firma ihren Einsatz für das gemeinnützige Projekt", veröffentlichen Journalisten leichteren Herzens – denn nun bewertet die Firma den Einsatz, nicht die Redaktion.

Steht die Wertung anstatt in indirekter Rede in einem prägnanten, wörtlichen Zitat, wird das Ganze vielleicht auch noch fürs Publikum interessant. Denn dass eine Firma ihren Einsatz als erfolgreich einstuft, ist langweilige Alltäglichkeit. Auch wenn sich mal wieder jemand „über etwas freut" oder „auf etwas stolz" ist, interessiert das kaum jemanden. Zu oft wird in Pressetexten behauptet, sich zu freuen. Sagt der Geschäftsführer, dass ihm dieses Projekt „besonders am Herzen lag", so ist das nicht besser. Denn das Publikum interessiert sich kaum für solch vage Umschreibung und glaubt sie meist auch nicht. Es will wissen: Was genau hat ihm am Herzen gelegen und warum? Wieso ist er gerade darauf stolz? Woran macht er den Erfolg fest? Wenn der Geschäftsführer diese Fragen in seinem Zitat beantwortet und das Publikum daraufhin denkt, „das lag dem aber am Herzen", dann ist das Ziel erreicht.

Um zwischen Fakten, direkter und indirekter Rede abwechseln zu können, können Zitate ermittelt werden, indem:

- schriftliche Materialien ausgewertet werden, wie Redemanuskripte und Fachaufsätze der zu Zitierenden,

- deren Stellungnahmen oder Debattenbeiträge notiert werden, beispielsweise bei Besprechungen oder Präsentationen,

- mit den zu Zitierenden über das Thema geredet oder

- Vorschläge für Zitate entwickelt werden.

Fakten stehen dann in Zitaten, wenn es sich um Tatsachenaussagen handelt, die nicht nachprüfbar sind – wie bei Augenzeugenberichten, Behauptungen und Forschungsergebnissen, die angefochten werden oder falsch sein könnten. Auch außergewöhnliche Formulierungen können ein Anlass sein, eine Faktenaussage zu zitieren. Das ist auch berechtigt, wenn es um Erfahrungen, Absichten oder Prognosen geht. „Nackte Zahlen aus dem Finanzplan will man nicht aus dem Mund des Finanzverwalters hören, wohl aber seinen Kommentar: ‚So können wir nicht mehr weiter wirtschaften'".[1]

Wörtlich zitiert werden in erster Linie: Schlüsselaussagen, persönliche Meinungen, Folgerungen, Argumente und Begründungen. Da die Verfasser alle direkten und indirekten Zitate durch die Zitierten autorisieren lassen müssen, dürfen denen Formulierungen vorgeschlagen werden. Da längst nicht alle Menschen druckreife Zitate liefern können, ist es für PR-Berater und Presseverantwortliche oft sogar unumgänglich, anschauliche Zitate zu entwickeln. Dabei fallen auch ihnen zunächst einmal Floskeln ein – wie „Hans im Glück", „Glück im Unglück", „Wir hatten kaum eine Chance, aber wir nutzten sie", „Wir haben die Ernte eingefahren, und siehe, das Jahr war gut". Solche Fertigbauteile der Sprache wabern oft ins Bewusstsein, wenn man aus dem Nichts heraus Formulierungen zu einem Thema sucht.

Leichter zu finden sind gute Zitate, wenn man sich die Menschen in konkreten Situationen vorstellt: Wie könnte die Geschäftsführerin auf der nächsten Betriebsversammlung formulieren, wie bei einem Tag der offenen Tür, was würde der Auszubildende in seinem Freundeskreis sagen? Hilft dies nicht weiter, tut dies am ehesten das Gespräch – möglichst mit denen, die zitiert werden sollen. Sind die nicht verfügbar, kann es ausreichen, mit anderen über das Thema zu sprechen, um schlüssige Formulierungen entwickeln zu können. Dabei ist genau darauf zu achten, was wie gesagt wird. Denn im lockeren Gespräch formulieren die meisten Menschen anschaulicher und schlagfertiger als beim Schreiben.

Wer aus gesprochenen Worten Vorschläge für direkte Zitate entwickeln muss, kann im ersten Schritt Wiederholungen, umgangssprachliche Formulierungen, Fehler im Satzbau und Füllworte streichen. Aus einem „Äh, also ich muss schon sagen, wir haben die Situation gar nicht so richtig, äh das Problem, es äh wir haben es wohl unterschätzt. Ja, das ist sicher äh – zu sagen" wird „Wir haben das Problem unter-

---

1 Jürg Häusermann, Journalistisches Texten: sprachliche Grundlagen für professionelles Informieren, Aarau/Frankfurt am Main 1993, S. 119.

schätzt". Würde der Satz Silbe für Silbe wiedergegeben, wäre der Sprecher der Lächerlichkeit preisgegeben. Im zweiten Schritt könnte, der so entschieden wirkenden Kurzfassung wieder etwas mehr zögerliche Langatmigkeit gegeben werden: „Wir haben die Situation wohl nicht richtig eingeschätzt und das Problem unterschätzt".

Das direkte Zitat soll die Einschätzung und Meinung der Zitierten wiedergeben. Wenn die allerdings so formulieren, dass der Sinn ihrer Aussage in einem einzelnen Zitat verzerrt würde, ist es in deren Interesse, Formulierungen treffender zu gestalten.[1] Sagte der Vorgesetzte Schmidt im ersten Ärger auf einer internen Besprechung: „Da geht einem doch das Messer in der Hose auf. Das mache ich nicht mit" – dann will er damit vermutlich nicht wörtlich zitiert werden. Gemeint hatte er, dass er das Vorgehen unmöglich findet, empört ist, aufgebracht, wütend oder erbost ist. Im Pressetext könnte stehen: „Jetzt ist Schluss", kündigte der Vorgesetzte Schmidt an. Ab sofort werde er …

Die **indirekte** Rede ist – außer als stilistische Abwechslung zur direkten Rede – besonders geeignet, um längere Aussagen prägnant zusammenzufassen, beispielsweise Schachtelsätze voller Fachausdrücke. Außerdem sollte die inhaltliche Aussage bei konfusen wörtlichen Zitaten indirekt zitiert werden.

Welche Person zitiert wird, hängt davon ab, wer fachlich am glaubwürdigsten ist: Die Leitung äußert sich zu Grundsatzfragen, die Geschäftsführung beispielsweise zu den Finanzen, aber die Fachleute zu den Fachthemen. Wer genau zu welchen Aspekten zitiert wird, kann auch davon abhängen, an wen die Pressemitteilung versendet wird. Denn Wirtschaftsjournalisten sind eher an strategischen Geschäftsentwicklungen interessiert, zu denen die Geschäftsführung zitiert wird, Fachredakteure eher an neuen Produkten, technischen Entwicklungen, Forschungsergebnissen und Herstellungsverfahren, also den Einschätzungen von Abteilungsleitungen oder Fachleuten. Wer die Pressemitteilung schreibt und gleichzeitig die glaubwürdigste Person zum Thema ist, kann sich ausdenken, was er Prägnantes zum

---

[1] Der Ehrenkodex der österreichischen Presse spricht sich allerdings gegen das sinngemäße direkte Zitieren durch Journalisten aus: „Durch Anführungszeichen gekennzeichnete Zitate müssen soweit wie möglich den Wortlaut wiedergeben. Eine lediglich sinngemäße Wiedergabe darf nicht unter Anführungszeichen gesetzt werden"; aus: Grundsätze für die publizistische Arbeit. Ehrenkodex für die österreichische Presse, zitiert nach: Verband österreichischer Zeitungen (Hg.), Pressehandbuch 1999, Wien 1999, S. 810.

Thema sagen könnte. Denn es ist auch erlaubt, sich selbst zu zitieren und in Zitaten zu loben. Vermieden werden sollten allerdings auch dann eher werbend als sachlich-informierend wirkende Bewertungen, wie optimal, ausgezeichnet, sehr gut.

Gegenlesen und sich genehmigen lassen sollte man Zitate auch dann immer, wenn man sicher ist, dass sie absolut korrekt sind. Denn letztlich müssen die Zitierten für das Gesagte öffentlich geradestehen und können immer selbst bestimmen, mit welchen Worten sie in die Öffentlichkeit treten wollen (vgl. Kapitel 1.5 „Rechtliche Aspekte"). Außerdem ändern Menschen manchmal ihre Meinung – und nehmen dies denen übel, die das nicht vorausgesehen haben. Sind alle Zitierten mit den vorgeschlagenen Formulierungen einverstanden, dann haben sie es damit gesagt und der Text darf verbreitet werden.

Richtig zitieren

Im Text	nachprüfbare Fakten und Tatsachen
Direktes Zitat	Schlüsselaussagen, Prognosen, Stellungnahmen, Einschätzungen, Argumente, persönliche Meinungen, außergewöhnliche Formulierungen von Fakten
Indirektes Zitat	Zusammenfassungen und konfus Formuliertes in klarerer Kurzform
Direktes oder indirektes Zitat	nicht nachprüfbare Fakten und Tatsachen, wie Forschungsergebnisse und Augenzeugenberichte
Alle Zitate	müssen von den Zitierten vor der Vorbereitung erst genehmigt werden

Checkliste (Seitenleiste)

4 Pressetexte

4.1 Terminankündigung schreiben

Damit Termine von den Medien angekündigt werden, müssen die Veranstaltungen öffentlich oder interessant für die Zielgruppe des Mediums sein, am besten beides: Die Ankündigung einer bundesweiten Tagung für Vertreter von Weiterbildungseinrichtungen ist als **Anlass** für deren Fachmedien geeignet, aber nicht für die regionale Tageszeitung in einer Großstadt. Findet die Tagung in einer Kleinstadt statt, könnte deren Bewohner interessieren, wer sich dort zu welchem Zweck trifft. Nicht-öffentliche Veranstaltungen, wie Jahreshauptversammlungen von Vereinen, werden fast nur in Medien ländlicher Regionen angekündigt: Ist das Vereinswesen Mittelpunkt des öffentlichen Lebens, dann berichten manche Redaktionen ausführlich darüber. Dies kann den Service umfassen, auch auf nicht-öffentliche Veranstaltungen hinzuweisen. Werbung bleibt aber auch bei Terminhinweisen unzulässig: Auf einen Tag der offenen Tür eines Möbelmarktes kann nur in einer Anzeige hingewiesen werden; über den Tag der offenen Tür einer gemeinnützigen Kultureinrichtung kann die Redaktion mit einer Terminankündigung hinweisen (vgl. Kapitel 1.5 „Rechtliche Aspekte").

Dem **Anfang** vieler Terminankündigungen merkt man an, dass es lästige Pflicht ist, sie zu verfassen. Zu viele beginnen mit: „Am Freitag, dem 12. Oktober, findet in Zeven unter der Leitung von A ein Konzert statt" oder „hält B einen Vortrag zum Thema". Wird ein Vortrag angekündigt, so will das Publikum jedoch als erstes dessen Thema erfahren und nicht, dass mal wieder ein Vortrag gehalten wird oder wann wer einen hält. Auch kurze Terminankündigungen sollten daher nicht beginnen mit „Professorin Sabine Meyer-Schulze von der Hochschule Verden hält einen Vortrag zum Thema Abfallentsorgung" oder mit

„einen Vortrag hält Professorin Sabine Meyer-Schulze am Freitag ... zum Thema Abfallentsorgung". Denn dann würden die Lesenden sich schon langweilen, bevor sie das Thema erfahren. Stattdessen sollte auch bei Terminankündigungen das Wichtigste am Anfang stehen und das Interesse der Lesenden geweckt werden. Beginnt der Text mit: „,Abfallentsorgung heute und morgen' lautet der Vortrag" oder mit: „über Abfallentsorgung spricht ...", dann stünde das Wichtigste am Anfang; allerdings recht reizlos. Ansprechender und packender ist „,Die Abfallberge werden bald größer sein als die Städte, die sie produzieren'. Diese These vertritt Professorin Sabine Meyer-Schulze in dem Vortrag ,Abfall heute und morgen'." Damit würde ein spannender Aspekt benannt, Neugier und Interesse geweckt (vgl. Kapitel 3.4 „Anfänge finden"). Dass die Professorin diese These vertritt und nicht etwa bestreitet, sollte allerdings schnell erwähnt werden und nicht erst am Ende des Satzes: „Diese These wird Professorin Sabine Meyer-Schulze in ihrem Vortrag zum Thema ,Abfallentsorgung heute und morgen' am Freitag, dem 18. Oktober, vertreten". Denn die Lesenden müssten sich sonst merken, zu welchem Thema eine Professorin einen Vortrag hält, bevor sie erfahren, wie sie die These einschätzt.

Ist die Veranstaltung öffentlich oder interessant für die Zielgruppe des Mediums, gibt es vier Möglichkeiten für den **Aufbau** der Terminankündigung:

1. In zwei bis vier Zeilen werden die wichtigsten Informationen zusammengefasst. Für solche Ankündigungen gibt es meist eine gesonderte Rubrik. Mal heißt diese Tipps und Termine, mal Veranstaltungskalender oder Stadtumschau. Geeignet sind die in erster Linie für regelmäßig stattfindende Termine – wie Führungen, Kurse und Beratungen.

2. Geht es nicht um so einen regelmäßigen Termin, kann ausführlicher informiert werden, beispielsweise in fünf bis fünfzehn Zeilen, die ausschließlich die Fakten enthalten, wie Thema, Uhrzeit, Ort und Kosten.

3. Bei Ankündigungen, die bis zu zwei Absätze umfassen, können diese Fakten am Ende zusammengefasst stehen, damit sich das Publikum die Informationen nicht im Text zusammensuchen muss. Über dem Text würde als Textform Terminankündigung oder Pressemitteilung angegeben – je nachdem, ob die Veranstaltung oder

das Thema Schwerpunkt des Textes ist: Steht in dem Text neben den Fakten zur Veranstaltung ein Zitat zum Thema und begründen die Organisatoren, warum die Veranstaltung wichtig ist, dann handelt es sich eher um eine Terminankündigung. Eine Pressemitteilung wird daraus, wenn zusätzlich umfassender informiert wird – beispielsweise neue Zahlen bekanntgegeben werden, Stellung genommen oder die Relevanz für die Region eingeschätzt wird. In Grenzfällen kann man sich an der Länge des Textes orientieren, da umfassendere inhaltliche Informationen mehr Platz benötigen, und im Zweifelsfall eine Pressemitteilung darüber schreiben. Auf die Angabe der Textform folgt eine Hauptüberschrift, da solche Texte oft als kurze Meldung veröffentlicht werden.

4. Eine Pressemitteilung kann geschrieben werden, wenn die Veranstaltung für einen längeren Text relevant genug ist. Die Fakten stehen dann ebenfalls komprimiert am Ende des Textes. Geeignet für diese Form sind: Ankündigung einer Tagung, eines Kongresses und einer Veranstaltungsreihe sowie Resümees der vergangenen Jahre, die mit der Ankündigung eines Termins kombiniert wurden. Zusätzlich zur Hauptüberschrift sollte dafür eine informative Unterzeile vorgeschlagen werden (vgl. Kapitel 4.3 „Überschrift entwickeln").

Manche Schreibenden wollen in ihrer Terminankündigung jedoch nicht vorab über die Inhalte der Veranstaltung informieren. Sie meinen, die Menschen sollten zur Veranstaltung kommen, wenn sie mehr erfahren möchten, und das würden sie nicht tun, wenn alles Interessante verraten würde. Das wertet die Qualität der meisten Veranstaltungen allerdings ab. Denn alles Interessante eines Vortrages lässt sich nur dann in ein, zwei Sätzen ausdrücken, wenn der Vortrag es nicht wert ist, gehalten zu werden. Wie belegt die Professorin die These, mit welchen Beispielen oder Untersuchungen, sind diese überzeugend, was schließt die Rednerin daraus und was sollte getan werden? Das Interesse an diesen Fragen ist erst geweckt, wenn die These genannt wurde. Außerdem informiert dies auch diejenigen über einen spannenden Aspekt des Themas, die nicht kommen können. Vielleicht warten sie dann gespannt auf die nächste Veranstaltung oder beobachten interessiert, was die Organisation außerdem macht.

Auch für Terminhinweise gilt es so zu schreiben, dass bei den Lesern ein Bild im Kopf entsteht. Anstatt zu schreiben, dass das Kunsthandwerk einer älteren Frau in der örtlichen Galerie ausgestellt wird, lässt sich genauer formulieren, dass die farbigen Keramikskulpturen einer 85-jährigen Künstlerin ausgestellt sind (vgl. Kapitel 3.1 „Journalistisch schreiben" und 3.2 „Schreibweisen kennen"). Wieso in Zeitungen und Zeitschriften dennoch Terminhinweise stehen, die erschöpfend trist und nichtssagend sind, sogar solche, die anfangen mit „am Freitag, dem 12. Oktober"? Für Texte, die mit dem Datum beginnen, gibt es nur eine Entschuldigung: akute oder chronische Arbeitsüberlastung der Journalisten. Fängt der Text mit dem Titel der Veranstaltung an, haben Journalisten eine Entschuldigung mehr: Sie sind keine Hellseher, wissen also nicht, was die wichtigen und interessanten Aspekte sind. Stehen die nicht im Text, dürfen Journalisten sie sich nicht einfach ausdenken – und die Zeit, bei jedem Termin den mitreißenden Details hinterherzutelefonieren, haben sie nur selten.

Für den **Verteiler** von Terminankündigungen gilt: Soll ein Termin sowohl im Veranstaltungskalender erscheinen, als auch als Meldung angekündigt werden, sollte die Redaktion zwei Texte erhalten – jede Version auf einem eigenen Blatt Papier. Denn in Redaktionen wird die eingehende Post als erstes nach Ressort, Rubrik oder Sendung sortiert. Es ist eher unüblich, dass Redakteure eingegangene Texte von sich aus kopieren und weiterleiten, damit sie auch in anderen Rubriken veröffentlicht werden.

Dass diese aufwendigen – und für Nicht-Journalisten oft kaum nachvollziehbaren – internen Strukturen nicht bis in alle Ewigkeit Bestand haben müssen, zeigen aktuelle Umstrukturierungen in einigen Verlagen und Sendeanstalten: Dort geht der Trend zum trimedialen Arbeiten und zu Großraumbüros, in denen gleich mehrere Zeitungen und Medien betreut werden. Da greifen oft alle auf dieselben Dateien mit denselben Daten und Themen zurück. Zwar werden diese Redaktionssysteme noch erprobt und noch nicht für Terminankündigungen eingesetzt. Aber es kann sich lohnen, im lockeren Kontakt mit Journalisten immer mal wieder nachzufragen, über welchen Weg Texte am besten in die Redaktion gelangen. Noch gilt allerdings meist: Hat beispielsweise ein Rundfunksender vier Sendungen, in der Termine angekündigt werden, dann erhält jede dieser Redaktionen den Text – jede in einem eigenen Umschlag oder an eine gesonderte E-Mail-Adresse (vgl. Kapitel 2.3 „Presseverteiler aufbauen").

Für die **Zeitplanung** gilt: Terminankündigungen sollten rund eine Woche bevor die Veranstaltung stattfindet in Tageszeitungsredaktionen sein; bei Monatsmagazinen eine Woche vor Redaktionsschluss. Wer in den kommenden drei Monaten vier Termine hat, sendet jeden Termin einzeln zu. Tageszeitungsredaktionen waren ausschließlich auf Texte eingestellt, die zur baldigen Veröffentlichung bestimmt waren. Oft fehlte schon das Ablagesystem, um auf Monate im Voraus zu planen. Bei vielen ist das noch immer so.

Termine ankündigen

Regelmäßiger Termin

1. Terminankündigung

2. Textlänge: bis circa vier Zeilen

3. Fakten in ganzen Sätzen

Nicht regelmäßiger Termin

1. Terminankündigung

2. Textlänge: bis circa 15 Zeilen

3. Zitat möglich

4. Fakten zum Termin stehen im Text

5. Angabe des Umfangs: X Zeilen à Y Anschläge

Nicht regelmäßiger oder Sondertermin

1. Terminankündigung (Schwerpunkt ist die Veranstaltung) oder Pressemitteilung (Schwerpunkt ist das Thema)

2. Hauptüberschrift

3. Textlänge: bis zwei Absätze

4. Informationsquelle nennen

5. Zitat möglich

6. Fakten zum Termin stehen am Ende des Textes

7. Angabe des Umfangs: X Zeilen à Y Anschläge

8. Für die Redaktion: Ansprechpartner mit Telefonnummer und Erreichbarkeit

Sondertermin

1. Pressemitteilung

2. Hauptüberschrift und informative Unterzeile

3. Textlänge: bis eineinhalb Seiten

4. Informationsquelle nennen

5. Zitate verwenden

6. Fakten zum Termin stehen am Ende des Textes

7. Angabe des Umfangs: X Zeilen à Y Anschläge

8. Hinweis auf ergänzendes Material

9. Für die Redaktion: Ansprechpartner mit Telefonnummer und Erreichbarkeit

4.2 Pressemitteilung verfassen

Was genau in Pressemitteilungen stehen soll, wird unterschiedlich gesehen. Die einen meinen:

- „Tatsachen sind zu liefern, keine Meinungen"[1]. Andere setzen dagegen,

- darin würde über „wichtige Erklärungen, Stellungnahmen und Personalentscheidungen" informiert „und zu zentralen bzw. aktuell in der Öffentlichkeit diskutierten ... Themen Stellung" genommen[2]. Für die nächsten können

---

1 Wilfried Lindner, Taschenbuch Pressearbeit, Heidelberg 2. Auflage 2001, S. 53.
2 O. A., *Konzeption für die Presse- und Öffentlichkeitsarbeit des Deutschen Bundesjugendringes*, in: Deutscher Bundesjugendring (Hg.), Reden ist Silber Schweigen ist Schrott, München 1996, S. 59.

- Pressemitteilungen „Erklärungen, Stellungnahmen, Informationen und andere Nachrichten einer Organisation"[1] enthalten, also sowohl Tatsachen als auch Meinungen.

Aber müssen sie deshalb auch jeweils beides enthalten, reichen nicht Tatsachen oder Stellungnahmen? Die Antwort hängt davon ab, wer in der Pressemitteilung worüber informiert. Nehmen der Bundespräsident, die Bundeskanzlerin, der Vorsitzende eines Konzerns oder die Sprecherin eines einflussreichen Verbandes zu einem aktuell brisanten Thema Stellung, dann benötigen sie nur wenige Fakten. Fordert der Bundespräsident mehr Ausbildungsplätze für Jugendliche, dann reicht das für eine Pressemitteilung aus. Dass und wie er das Thema aufgreift, kann dann schon die Nachricht sein. Stellt die Jugendgruppe der örtlichen Kirchengemeinde dieselbe Forderung auf, müsste die Pressemitteilung dagegen zusätzlich Fakten zur Situation der Jugendlichen in der Region enthalten. Variiert eine Staatschefin Nuancen in ihrer Argumentation, kann dies ein Signal für Änderungen und somit eine Nachricht sein. Ein kleiner Verband müsste seine Änderung schon sehr pointiert formulieren, damit dies bundesweit für die Öffentlichkeit interessant ist.

Für Pressemitteilungen bedeutet dies: Je geringer der Einfluss, umso weniger ist eine Stellungnahme allein schon eine Nachricht und umso wichtiger sind Daten und Fakten zum Thema. Auf deren Einschätzung braucht deshalb aber nicht verzichtet zu werden: Wird in Fulda die Drogenhilfe nicht mehr finanziert, dann brauchen die Mitarbeiterinnen des Zentrums darüber nicht nur mit Zahlen und Fakten zu informieren, sondern dürfen die auch bewerten. Kündigt die Verbraucherministerin an, dass der Einsatz von Pflanzenschutzmitteln in den kommenden zehn Jahren um 15 Prozent gesenkt werden soll, kann die Pflanzenschutzindustrie die Entscheidung ebenso kommentieren wie der Verband der Biobauern zu den Folgen für die Umwelt Stellung nehmen kann.

Ist eine Stellungnahme nicht schon aufgrund der herausgehobenen Position eine medienrelevante Nachricht, wird für eine Pressemitteilung benötigt: ein Thema mit medienrelevantem Anlass (vgl. Kapitel 1.4 „Was Medien interessiert"), Daten und Fakten zum Thema sowie eine klare inhaltliche Position des Hauses.

---

1 Detlef Luthe, Öffentlichkeitsarbeit für Nonprofit-Organisationen, Augsburg 1994, S. 102.

Ob der Text dann mit den Daten oder der Stellungnahme begonnen wird, hängt davon ab, was relevanter und wichtiger ist: Den **Anfang** bilden Ergebnisse einer Studie, wenn diese eine klare Aussage haben; beispielsweise, dass „jedes dritte Auto falsch eingestellte Scheinwerfer hat". Sprechen die Ergebnisse nicht für sich, kann mit deren Einschätzung begonnen werden. Spricht der Bundeskanzler aus diesem Anlass ein Machtwort, wird damit begonnen. Fordert der Oldtimer-Verband deswegen dagegen neue Prüfverfahren und waren die Ergebnisse noch nicht bekannt, beginnt der Text mit den relevanteren Ergebnissen der Studie (vgl. Kapitel 3.4 „Anfänge finden").

Verzichtet werden sollte aber darauf, alle interessanten Unterthemen in den Text aufzunehmen – beispielsweise bei einer groß angelegten grenzüberschreitenden Steuerfahndung auch die ethische Verantwortung der Einzelnen, die Kritik an Gesetzgebern, die weltweiten wirtschaftlichen Aspekte, die Gehälter von Steuerfahndern, deren Arbeitsbelastung und Arbeitsplatzsicherheit. Wie viele Daten und Argumente auch mitteilenswert scheinen: Ein erkennbarer Aufbau, der Orientierung bietet, erfordert es, dass die Verfasser den Schwerpunkt setzen. Anderenfalls verlieren die Leser vor lauter Detailinformationen schnell den Überblick und die Lust am weiterlesen. Auch deshalb sollte darauf verzichtet werden, im Text Gedanken zu erörtern, Argumente abzuwägen oder Thesen zu prüfen (vgl. Kapitel 3.3 „Aufbau festlegen"). Letztlich muss unabhängig vom Umfang der Vorarbeiten entschieden werden, was das eine Thema des Textes ist, was dessen zentrale Aussagen und was die interessanten Daten oder Aspekte sind. Wer diese Entscheidung vermeidet, fordert die Journalisten heraus, Schwerpunkte zu setzen und den Rest zu streichen.

Öffentlich bekannt werden die Einschätzungen des Hauses umso eher, wenn dafür anschauliche und konkrete Zitate gefunden werden, Geschwafel mit Null-Aussagen also vermieden wird. Denn vages Gemurmel interessiert das Publikum kaum. Das will bestenfalls konkret wissen, wie andere etwas einschätzen und Argumente vorgestellt bekommen – um sich dann seine eigene Meinung zu bilden. Unklare Stellungnahmen werden daher beim Lesen übersprungen oder wecken sogar Zweifel an der Kompetenz der Zitierten (vgl. Kapitel 3.5 „Richtig zitieren").

Die Autoren sollen aber mehr leisten, als Inhalte mediengerecht auf-
zubereiten, interessant zu beginnen und gute Zitate einzubauen: Sie
sollen komplizierte Sachverhalte verständlich, nachvollziehbar und
stilistisch abwechslungsreich darstellen oder für scheinbar Selbstver-
ständliches Interesse wecken. Dafür haben sie höchstens eineinhalb
Seiten Platz. Denn Pressemitteilungen werden in den Redaktionen oft
zu kurzen Berichten bis Meldungen gekürzt. Längere Berichte sind
häufig der redaktionellen Eigenproduktion vorbehalten. Die **Textlänge** kann dabei nicht dadurch variiert werden, dass eine kleinere
Schrift gewählt wird oder die Zeilen länger werden. Denn die Redaktionen interessiert nur, wie umfangreich der Text in der Zeitung oder
Zeitschrift wäre. Ein Pressetext von eineinhalb Seiten umfasst rund 70
Zeilen mit maximal 50 Anschlägen. Ist der Text deutlich länger, wird
er bestenfalls stärker gekürzt. Ist ein Text trotz aller Bemühungen länger als eineinhalb Seiten, obwohl er nur ein Thema mit zwei bis drei
Aspekten enthält sowie alles Überflüssige und Nichtssagende gestrichen wurde? Wenn weitere Kürzungen inhaltlich nicht sinnvoll oder
vertretbar sind, sollte überlegt werden, ob andere Formen der Pressearbeit besser zum Thema und Anlass passen: Vielleicht ist ein Interview angemessener oder eine Pressekonferenz.

Pressemitteilungen, die länger als zwei Absätze sind, sollten mit **Überschriften** beginnen. Am besten mit einem Vorschlag für eine Hauptüberschrift sowie für eine informative Unterzeile (vgl. Kapitel 4.3
„Überschrift entwickeln"). Bei einer Pressemitteilung von eineinhalb
Seiten können im laufenden Text zusätzlich ein bis zwei Zwischenüberschriften eingefügt werden. Zwingend sind diese aber nicht. Sie
sollen auf die zentrale Aspekte in den folgenden zwei bis drei Absätzen
bis zur nächsten Zwischenüberschrift hinweisen und so das Interesse
wachhalten.

Ist die Pressemitteilung eineinhalb Seiten lang, kann sie mit einem
Vorspann beginnen. Dies ist der oft fett gedruckte erste Absatz von Beiträgen. Er enthält das Wichtigste aus dem Haupttext, „so dass der eili-
ge Leser bereits nach der Vorspann-Lektüre weiß, was los ist. Und so,
dass alle anderen gespannt sind, mehr zu erfahren".[1] Manche ersetzen
diesen, indem sie stichwortartig die drei wichtigsten Punkte benennen. Für Pressemitteilungen, die an die Medien versendet werden, ist

---

1   Christoph Grote, *Sollen Freie Vorspänne mitliefern?* in: journalist, sage & schreibe Werkstatt, 10/1999, S. 11.

dies schon deshalb ungünstig, weil es dieses Element in Zeitungen und Zeitschriften nicht gibt. Wird es bei den Pressemitteilungen eingesetzt, die im eigenen Pressebereich im Internet eingestellt werden, können die drei Punkte der Orientierung dienen. Meist ersetzen sie dann die Überschrift.

Anschließend an den Text wird informiert, wie viele Zeilen mit wie vielen Anschlägen der Text umfasst, wer Ansprechpartner für weitere Informationen ist und welche weiteren Materialien verfügbar sind. Eine Bildunterzeile informiert darüber, was auf ergänzenden Fotos zu sehen ist. Ergänzt werden kann dies durch den Direktlink zur Downloadstelle von Pressetexten und Bildern sowie ein Kurzporträt des Hauses (vgl. Kapitel 2.4 „Äußere Form beachten"). In der Fassung für den eigenen **Pressebereich** im Internet werden diese Angaben für die Journalisten meist gelöscht. Denn die offenen Pressebereiche sind zunehmend darauf ausgerichtet, dass sich die Öffentlichkeit dort auch direkt informieren kann.

Unabhängig vom Verbreitungsweg werden gerade Pressemitteilungen oft mit viel Engagement erstellt, jede Nuance wird intern diskutiert und jeder glaubt, mitreden zu müssen und zu können. Vergessen wird darüber manchmal, dass Pressemitteilungen nur ein Informationsangebot an die Redaktionen sind, die zur Veröffentlichung nicht verpflichtet sind, zur wörtlichen Wiedergabe schon gar nicht. Gleichwohl wurde schon manche Pressemitteilung so lange intern beraten und von Auftraggebern und Vorgesetzten „verbessert", bis Journalisten mit der verwässerten Version nichts mehr anzufangen wussten und die Verfasser mindestens für den Rest dieses Tages demotiviert waren (vgl. Kapitel 4.4 „Schreibblockaden lösen").

Pressemitteilung verfassen

Inhalt:

- ein Thema

- mit ausgewählten Aspekten/Schwerpunkten

- medienrelevantem Anlass, der für die Zielgruppe interessant oder wichtig ist

- Informationsquelle

- Daten und Fakten zum Thema

- einer klaren inhaltlichen Position des Hauses in direkten und indirekten Zitaten

Äußere Form:

1. Logo und Absenderangabe

2. Datum der Versendung

3. Pressemitteilung

4. Hauptüberschrift und informative Unterzeile

5. Vorspann

6. Textlänge: zwei Absätze bis eineinhalb Seiten, Zwischenüberschriften möglich

7. Zahl der Zeilen und Anschläge (mit Vorspann, aber ohne Überschrift)

8. Bildunterschrift wenn Bilder verfügbar sind

9. Für die Redaktion: Hinweise auf weiteres Material und Interviewmöglichkeiten; Name, Telefon und Erreichbarkeit der Kontaktperson für weitere Information

10. Kurzporträt des Hauses

4.3 Überschrift entwickeln

Auf Überschriften sollte bei Pressemitteilungen und Terminankündigungen auch dann nicht verzichtet werden, wenn die in den Redaktionen oft informativer und pointierter formuliert werden. Denn Überschriften ermöglichen den Journalisten nicht nur die schnelle Orientierung, häufig übernehmen sie auch deren Themen.[1] Mit einer guten Überschrift steigt zudem die Chance auf Veröffentli-

---

1 Cornelia Bachmann, Public Relations: Ghostwriting für Medien: eine linguistische Analyse der journalistischen Leistung bei der Adaption von Pressemitteilungen, Bern u. a. 1997, S. 217.

chung des Textes. Muss die Redaktion zwischen zwei ähnlich medienrelevanten Themen wählen, kann die bessere Überschrift den Ausschlag geben. Werden Texte in Presseportale gestellt, werden auch dort die Texte mit den interessanteren Überschriften häufiger gelesen.

Entwickelt werden sollten Überschriften erst, nachdem der Text geschrieben ist. Denn die Überschrift soll die zentrale Aussage des Textes wiedergeben und aus dem Text stammen. Sie kann daher oft genug erst erarbeitet werden, wenn der Text fertig ist. Da die zentrale Aussage bei jedem guten Pressetext im ersten Viertel des Textes steht, werden die Überschriften meist diesem Teil entnommen. Stattdessen Einzelheiten im Text wegzulassen, weil die „doch schon in der Überschrift" stehen, sollte nicht nur bei Zeitungstexten vermieden werden. Denn die Leser erwarten nähere Informationen zum Thema der Überschrift im Text zu finden. Es ärgert sie, wenn sie aufgrund der Überschrift entschieden „jawohl, ich investiere die Zeit und Mühe den Text zu lesen, um mehr Informationen zu erhalten" – und sie dann feststellen, dass sie sich diese Mühe hätten sparen können, weil die einzige Information in der Überschrift stand.

In Pressemitteilungen sollten wichtige Informationen erst recht nicht ausschließlich in der Überschrift stehen. Denn die meisten Überschriften werden in der Redaktion überarbeitet; nicht, weil sie schlecht sind, sondern damit sie in die vorgesehenen ein bis vier Spalten passen. Standen wichtige Informationen nur in der Überschrift, müssten Journalisten den Text folglich umschreiben. Überarbeitet werden Überschriften selbst dann oft noch in Redaktionen, wenn sie doch einmal die richtige Länge haben. Denn alle Überschriften auf einer Seite müssen ein stimmiges Gesamtbild ergeben. Kommen einzelne Wörter dort zu häufig vor, müssen die auch dann geändert werden, wenn in drei Meldungen nacheinander nur das harmlose Wort „und" steht.

Überschriften gelten daher als „der schwierigste Teil des journalistischen Handwerks. Nirgends sonst drängen sich so viele Probleme in so wenigen Wörtern zusammen: Was eigentlich ist die Kernaussage des Artikels? Manche Texte entlarven sich unter dem Anprall dieser Frage – sie haben keine. Wie lässt sich die Aussage in 30 oder 40 Anschläge fassen, sprachlich sauber ... dennoch dem Inhalt angemessen und bei alldem auch noch interessant?"[1] Noch ein Problem mehr haben diejenigen, deren Überschriften zusätzlich suchmaschinengeeignet sein sollen, also die wichtigsten Suchbegriffe enthalten sollen.

So schwierig es ist, gute Überschriften zu entwickeln, so einfach scheint es, gute von schlechten zu unterscheiden. „Ganz bescheiden angemerkt: Praxis-Möbel von XY sind Deutschlands Nummer 1 bei Dr. Dent und Dr. Med"[2] werden viele als schlecht einstufen. Sie besteht eindeutig aus unzulässiger Werbung und offensichtlich vorgeschobener Bescheidenheit ohne Informationsgehalt und weckt so kaum Interesse. Besser als „Neues Kulturzentrum im Industriequartier" ist eine Überschrift wie „Tanzen im Maschinensaal" [3], bei der ein Bild im Kopf entsteht. Anregungen für misslungene Überschriften mit schiefen Wortbildern bietet immer wieder die Rubrik Hohlspiegel im Spiegel: „Entspannen am Euter der Natur" wurde dort ebenso aufgespießt wie „Wenn es regnete, weinten sogar die Bratwürstchen. Abschied von einem ungeliebten Fußball-Denkmal – Das Schalker Parkstadion wird abgerissen".

Gute Überschriften enthalten keine unfreiwillige Komik, sondern erfüllen fünf Kriterien:

1. Sie haben eine klare Aussage,

2. die der zentralen Aussage des Textes entspricht,

3. sie darf den Text nicht verfälschen,

4. muss korrekt, leichtfasslich und unmissverständlich formuliert sein sowie

5. Leseanreiz bieten.

Hat die Überschrift auch noch ein Verb, ist sie fast perfekt. Denn dann heißt es „Schüler sammeln für Schulen im Kosovo" statt „Schülersammlung für Schulen im Kosovo". Verben sollten allerdings auch in Überschriften aktiv statt passiv formuliert sein. Aus „Erträge von

---

1 Wolf Schneider/Detlef Esslinger, Die Überschrift, München 1993, S. 7.
2 Überschriftenvorschlag nach Hans-Peter Förster, Zweitberuf: Pressesprecher, Neuwied/Kriftel/Berlin 1997, S. 89.
3 Beispiel aus: Michael Haller, *Das Unbekannte nahebringen*, in: journalist, sage & schreibe Werkstatt, 9/1999, S. 10.

Aktienfonds werden von vielen Deutschen unterschätzt"[1] wird prägnanter „Viele Deutsche unterschätzen Aktienfonds". Geprüft werden kann außerdem, ob Substantive und überflüssige Artikel gestrichen werden können. Aus „eine 20-jährige Frau gewinnt den Jackpot" wird dadurch „20-Jährige gewinnt Jackpot". Denn Überschriften müssen keine vollständigen Sätze sein. Erscheint die Überschrift dann doch mit Artikeln, liegt das nicht daran, dass die Regel falsch ist. Vielmehr gilt in vielen Redaktionen als weitere Regel, dass die Überschrift so lang sein soll, dass der gesamte zur Verfügung stehende Platz gefüllt ist. Oft fehlen dafür nur wenige Buchstaben. Das verführt zum schnellen Einfügen von Artikeln.

Ist der Text sehr kurz – wie bei Terminankündigungen –, erscheint oft nur eine einzeilige kurze Überschrift. Diese dient dann mal mehr dem Leseanreiz, mal mehr der Information. Wer dennoch eine Haupt- und eine Unterzeile formuliert, bietet der Redaktion für beide Fälle Anregungen. Bei längeren Beiträgen haben die meisten Zeitungen zusätzlich zur Lesereiz bietenden Hauptüberschrift eine optisch kleinere Unterzeile. Die wird „für die unspektakuläre Nennung des Ereignisses genutzt, während der Haupttitel ein Detail vorwegnimmt"[2]. In ihr steht also nüchtern das Thema. Ist der Haupttitel „Spontan-Jazz per Telefonkette", kann der Untertitel informieren „Jenaer Szene trifft sich seit über 50 Jahren". Den Haupttitel „Hoffen auf privaten Konsum" ergänzt die Unterzeile „Niedrigste Konjunkturerwartung seit 15 Jahren", die Überschrift „Visuelle Langspielplatte" die Zeile „‚Once' ist einer der berührendsten Musikfilme seit langem".

Darf in der Überschrift ein Fragezeichen stehen? Der eine Autor meint: „Die Überschrift soll nicht als Frage formuliert sein. Ein Fragezeichen kündigt Spekulation oder Unwissenheit an. Also nicht: Fahndungspannen bei der Polizei? Sondern: Fahndungsarbeit der Polizei wird kritisiert" – obwohl in diesem Fall die Frage spannender und interessanter ist und womöglich das Ungeklärte der Situation besser wiedergibt. Ein anderer Autor entscheidet daher auch weniger grundsätzlich: „Titel in Frageform (Wurden Charles und Diana beschattet?) eignen sich nur dann, wenn der Text eine Sache darstellt, die nicht geklärt ist.

---

1 Als gelungene Überschrift vorgestellt in: Wolfgang Zehrt, Die Pressemitteilung, Konstanz 2007, S. 96.
2 Jürg Häusermann, Journalistisches Texten: sprachliche Grundlagen für professionelles Informieren, Aarau/Frankfurt am Main 1993, S. 214.

In allen Fällen, in denen der Text die Antwort nennt (Welche Sonnenbrille schützt meine Augen?), verkauft ein Fragetitel ihn unter seinem Wert". Da Ungeklärtes selten Hauptthema von Pressemitteilungen ist, sollten in deren Überschriften entsprechend selten Fragezeichen stehen.

Checkliste

Überschrift entwickeln

Überschriften	– geben die zentrale Aussage des Textes klar wieder
	– sind korrekt und verfälschen den Text nicht
	– sind leichtfasslich und unmissverständlich formuliert
Hauptüberschrift	– bietet Leseanreiz
	– hat ein aktives Verb und
	– wenige Artikel
Unterzeile	– informiert sachlich über das Thema

4.4 Schreibblockaden lösen

Dass jemand nichts mehr zu schreiben weiß, lieber die Ablage sortiert als vor dem leeren Blatt zu verzweifeln, dieses Problem kennen alle Berufsgruppen, die regelmäßig schreiben. Von Rainer Werner Fassbinder bis Virginia Woolf reicht die Liste derer, die aus Verzweiflung drogensüchtig wurden oder sich umbrachten. Selbst Goethe litt zeitweise unter Arbeitsstörungen.[1] Auch viele Studierende kennen ausgeprägte Schreibblockaden. Über Schreibblockaden von Journalisten ist indes wenig bekannt. Aber dass niemand sie benennt, bedeutet nicht gleich, dass es diese nicht gibt. Denn natürlich sind Journalisten nicht gegen Schreibblockaden immun – Pressesprecher und PR-Fachleute noch weniger.

Im Gegenteil: In manchen Berufen wird „die Einsamkeit des Schreibens, mehr noch die in der stummen Zeit davor ... abgelöst von der

---

1 Kurt R. Eissler, Goethe. Eine psychoanalytische Studie, Basel/Frankfurt am Main 1984; zitiert nach: Jürgen vom Scheidt, Kreatives Schreiben – Wege zu sich selbst und zu anderen, Frankfurt am Main 1993, S. 140.

Teamarbeit"[1]. In anderen finden sich wenigstens ein paar Menschen, die die Schreibleistung anerkennen, beispielsweise bei Autoren von Büchern oder Werbeslogans. Aber beides gilt nicht unbedingt für PR-Berater und Pressesprecher. Deren Texte werden von mehr Seiten kritisiert als die von Journalisten. Während Journalisten ihre Meinung in Beiträge einfließen lassen können, sollen Pressesprecher die Meinung von Vorständen und Chefs zur Geltung bringen. Gleichzeitig sind Anerkennung und Teamarbeit für sie oft Fremdworte. Stattdessen kennen sie: permanente Kritik, Zeitdruck und allein sein mit Textproblemen. Das kann Schreibprobleme auslösen und verstärken. Wer diese benennt, gefährdet schlimmstenfalls seinen Arbeitsplatz.

Verständnis gibt es nicht nur von Vorgesetzten eher selten, zumal deren Schreibsituation eine andere ist: Müssen Chefs eine Rede schreiben und wissen nicht weiter, nehmen sie sich schon mal das Recht, ganze Abteilungen tagelang in Aufruhr zu versetzen. Würden Pressesprecher bei jeder Pressemitteilung einen solchen Wirbel veranstalten, würde bald ihre Kompetenz bezweifelt. So schwer wie eine Rede oder ein literarisches Werk ist es nun auch wirklich nicht, eine Pressemitteilung zu schreiben? Mag sein, es ist nicht so schwer. Dafür ist es auf andere Art schwer, alle Kriterien von Pressemitteilungen sowie alle internen und externen Anforderungen zu erfüllen. Und so überkommt Pressesprecher und PR-Berater immer mal wieder latente bis akute Lustlosigkeit, sobald ein Pressetext zu schreiben ist. Bald kommt die Sorge hinzu, nie wieder einen guten Text zustande zu bringen, und die bange Frage, ob nicht der Beruf verfehlt wurde. Dabei gibt es manches Mal handfestere Gründe für Lustlosigkeit und Schreibblockaden. Diese herauszufinden kann der erste Schritt zu deren Lösung sein.

Verschiedene inhaltliche Ziele

Eine Ursache von Schreibproblemen ist, dass viele Pressemitteilungen Kriterien entsprechen sollen, die unklar und widersprüchlich sind. Von deren Verfassern wird jedoch erwartet, dass sie die diffusen Wünsche und überbordenden Hoffnungen aller Beteiligten mittels eines einzi-

---

1   Die Drehbuchautorin und Regisseurin Angelina Maccarone; zitiert nach: Viola Roggenkamp, *Frau kriegt Frau*, in: Die Zeit vom 11. 3. 1999, S. 70.

gen Textes erfüllen: Chefs wollen, dass positiv fürs Haus geworben wird, Sponsoren und Geldgeber sollen genannt werden, Politiker motiviert und Profilierungsbedürfnisse befriedigt werden. Die internen Fachleute wollen ihre Arbeit gewürdigt und fachlich korrekt dargestellt sehen. Zusätzlich sind intern oft unterschiedliche Meinungen und Konfliktlinien zu berücksichtigen und die Auftraggeber positiv zu stimmen. Die Journalisten wollen dagegen einen Text, der aus Fakten besteht, inhaltlich transparent ist, journalistisch geschrieben und verständlich ist. Und die Öffentlichkeit soll informiert werden, was sie davon hat, wenn sie beispielsweise zu einer Veranstaltung geht, und was ihr dort Interessantes geboten wird.

Die Verfasser kennen entweder die widersprüchlichen Erwartungen aller Gruppen oder sind dabei auf ihre Phantasie angewiesen. Die eine Situation ist so unangenehm wie die andere. Denn wie man es auch dreht und wendet: Man findet keine Antwort auf die Frage, wie alle Ansprüche auf einmal erfüllt werden können. Überlegt man, ob und wie die Wünsche dieser oder jener Seite erfüllt werden können, hat man bald die enttäuschte Reaktion der anderen Seite vor Augen. Irgendwann wehrt sich auch noch etwas in einem: „Und wo bleibe ich? Ich habe doch auch eine Meinung und ein Recht, diese auszudrücken, und eigene Interessen."

Diese Situation ist wie geschaffen für das Entstehen von Schreibblockaden. Der Ausweg aus dem Dilemma wird oft in Sprechblasen gesucht, in gestelzten Formulierungen und Bürokratendeutsch – um das Kunststück fertigzubringen, alles und nichts gleichzeitig zu sagen. Sollen solche Texte in Seminaren verbessert werden, so scheitert dies selten an der Formulierungsbegabung der Teilnehmenden. Bekommen diese ein Thema mit einer klaren inhaltlichen Aussage, dann schreiben sie einen eindeutigen Text. Bei ihren Texten scheitern die Autoren an den Ursachen der Sprechblasen, den dahinter stehenden internen Konflikten, Unklarheiten und Widersprüchlichkeiten. Werden die nicht gelöst, dann sind am Ende oft alle mit den Texten unzufrieden: die Experten und die Chefs, die Agenturkunden und die Journalisten. Wer schuld ist, scheint klar: die, die den Text geschrieben haben.

Bei ihrer nächsten Pressemitteilung haben die Autoren womöglich schon Denkblockaden. Denn die beim letzten Mal enttäuschten Erwartungen sind noch gestiegen und mit ihnen der Stress – zumal die unschönen Folgen nun schon vorhersehbar sind. Vielleicht kam noch die Sorge hinzu, es wieder nicht recht und richtig machen zu können. Dann werden im Körper Stresshormone ausgeschüttet, die die Synapsen des Gehirns blockieren und so das Denken unmöglich machen. Eine erste Maßnahme ist dann, die Stresshormone zu reduzieren – beispielsweise durch Bewegung oder mentale Entspannung.

Um die Ursache der Schreibblockade abzubauen, wäre es sicher am besten, alle Beteiligten würden in einem gemeinsamen Gespräch offen alle ihre Erwartungen benennen – und angesichts der Vielfalt der Erwartungen, den Verfassern von Pressemitteilungen künftig alle Freiheiten der Welt zugestehen. Da dies in vielen Häusern ein Wunschtraum ist, sind pragmatische Alternativen gefragt. Eine ist, alle Anforderungen, die formal und inhaltlich an den Text gestellt werden, aufzuschreiben. Werden für diese Oberbegriffe gefunden und nach abnehmender Wichtigkeit sortiert, könnte die Prioritätenliste der Anforderungen sein:

1. Öffentlichkeit

2. Journalisten

3. eigene inhaltliche Ansprüche

4. Vorgesetzte

5. Agenturkunden

6. Fachleute und Kollegen

Punkte 1 und 2 sollten mit jedem Text erfüllt werden, aber ab dem dritten Punkt kann variiert werden: Dann wird mit einer Pressemitteilung zusätzlich Punkt 3 erfüllt und bei der nächsten eher Punkt 4. Denn da nicht alle Erwartungen mit einem Pressetext erfüllbar sind, hilft nur langfristiges Arbeiten weiter: Erfüllt werden können die Erwartungen mit zehn Pressetexten, denen unterschiedliche Prioritäten zugrunde liegen.

Werden die Ziele auf verschiedene Themen verteilt, wird dieses Prinzip oft auch intern akzeptiert. So könnten bei grundsätzlichen politischen Stellungnahmen die Wünsche der Vorgesetzten Priorität haben, bei der Vorstellung der Angebote die der internen Fachleute. Um dafür ausreichend motiviert zu sein und zu bleiben, müssen Pressesprecher auch ihre Interessen oder Lieblingsthemen immer mal wieder zum Schwerpunkt machen und PR-Fachleute die Aspekte aufgreifen, die sie selbst interessieren.

Wird dann ein Text kritisiert, so kann auf die nächste Pressemitteilung mit dem gewünschten Schwerpunkt hingewiesen und die Beschwerdeführer gebeten werden, sich dafür Zitate zu überlegen und Material zusammenzustellen. Meistens sind diese dann beruhigt – sorgten sie sich doch nur, dass auch ihre Wünsche und Bedürfnisse berücksichtigt werden. Da sie nun wissen, dass dies der Fall ist, glätten sich die Wogen oft wieder.

Anforderungen an die Sprache

Abgesehen von den inhaltlichen Erwartungen und Wünschen gibt es noch einen weiteren Bereich, in dem widersprüchliche Anforderungen gestellt werden: die Sprache. Experten bestehen auf ihrem Fachjargon, da das Thema nur in diesem fachlich korrekt erläutert werden könne. Journalisten und Öffentlichkeit wollen es klar, unmissverständlich und ohne Fachsprache. Manche Chefs lieben es geschraubt und nichtssagend wie Politiker. Einige wünschen die Kriterien an „gutes" Deutsch erfüllt zu sehen, die sie im Deutschunterricht lernten, andere mehr Emotionen und werbendere Worte.

Viele Menschen haben „Vorstellungen davon, was stilvolles Schreiben ist. Leider sind diese Vorstellungen meist so diffus, dass sie nicht zu klaren Zielsetzungen führen, sondern zu der unklaren Absicht, ‚gut' schreiben zu wollen. Das ist die effektivste Bremse, die es beim Schreiben gibt"[1]. So wie der Schriftverkehr mit Anwälten kein romantischer Roman sein kann und soll, so kann ein Pressetext nicht literarisch sein. Auch der als „gut" bewertete Stil eines Deutschaufsatzes gilt nur sehr eingeschränkt als angemessen. Wird dieser gefordert hilft es nur, immer und immer wieder, auf die Anforderungen der Journalisten und ihres Publikums zu verweisen (vgl. Kapitel 3 „Schreiben").

Auch die Schreibenden selbst stellen Anforderungen an ihre Texte. Ob diese nun originell, engagiert und gut geschrieben sein sollen, einen

---

1 Otto Kruse, Keine Angst vor dem leeren Blatt. Ohne Schreibblockaden durchs Studium, Frankfurt am Main/New York 5. Auflage 1997, S. 60.

Hauch Subversivität oder ein Spritzerchen Genialität enthalten sollen: Oft sollen sie als der eigene Text erkennbar sein und zugleich als Text des eigenen Hauses oder des Agenturkunden. Dabei ist es oft schon unmöglich, manch eigenen Anspruch mittels eines Pressetextes hinreichend nahe zu kommen. Denn geniale Originalität ist darin fast so überflüssig wie in Gebrauchsanweisungen. Es ist sogar unnötig, ständig neue, aber ebenfalls passende Formulierungen zu einem Thema zu entwickeln. Denn in der Pressearbeit ist erlaubt, was in der Schule verboten war: das Abschreiben. Vor allem Formulierungen aus eigenen Texten dürfen immer und immer wieder verwendet werden.

Hat man sich mit sich selbst auf seine sprachlichen Anforderungen an Pressetexte verständigt, bleibt noch die Einigung mit den internen Fachleuten und Vorgesetzten. Denn die streiten oft besonders engagiert um Formulierungen. Je vehementer die einen ihre Meinung vertreten, desto nachdrücklicher bleiben die anderen bei ihrer. Da sie gleichzeitig ihre Berufsehre verteidigen, scheint ein Kompromiss oft unmöglich. Pressesprecher und Berater benötigen viel Diplomatie und Geschick, um sich für ihre Ziele einzusetzen, ohne die anderen so zu verärgern, dass diese die weitere Zusammenarbeit boykottieren. Denn das Ziel mancher Fachleute ist, sich gegenüber ihren Fachkollegen zu profilieren. Da dies in Deutschland – anders als in den USA – nur möglich ist, wenn man sich im Fachjargon ausdrückt, gilt es eher als Armutszeugnis denn als hohe Kunst, etwas Fachliches allgemeinverständlich auszudrücken. Dass der Köder dem Fisch schmecken soll und nicht dem Angler, wird dennoch in immer mehr Branchen konsensfähig.

Wichtig ist, darauf zu achten, dass unterschiedliche Auffassungen über die „richtige" Sprache nicht zu persönlichen Konflikten werden: Natürlich ist es der Job der Verfasser von Pressemitteilungen, ihre Seite zu vertreten, aber verständlich, wenn das Gegenüber seine eigene Seite bevorzugt. Manche Spannung kann abgebaut werden, indem den anderen ausreichend Möglichkeiten geboten werden, ihre sprachlichen Bedürfnisse zu erfüllen – wenn auch in Fachaufsätzen, -beiträgen und Tagungsvorträgen. Das kann Kunden, Fachleute und Vorgesetzte langfristig überzeugen, dass ihre fachliche Qualifikation nicht in Frage steht. Manche erkennen im Gegenzug an, dass die Presseverantwortlichen die Experten für Pressetexte sind. Zuvor muss jedoch oft ein langer Prozess durchgestanden werden, bei dem es kurzfristig nur wenig dauerhafte Erfolge gibt. Wen das ermüdet, dem hilft mitunter eine Liste, auf der alle bisherigen Erfolge auf dem Weg zum Ziel notiert werden.

Mangelnde Anerkennung des Produktes

Eine andere Ursache von Schreibproblemen ist die mangelnde Anerkennung der Arbeit. Intern wird das fertige Produkt oft nicht weiter beachtet, gelobt nur äußerst selten, regelmäßig wertgeschätzt schon gar nicht. Alle tun so, als sei das Verfassen eines guten Pressetextes so selbstverständlich wie die Benutzung einer Computertastatur. „Dass eine wirklich gute journalistische Leistung mindestens soviel ‚Geist' beansprucht wie irgendeine Gelehrtenleistung – vor allem infolge der Notwendigkeit, sofort, auf Kommando, hervorgebracht zu werden und: sofort wirken zu sollen, bei freilich ganz anderen Bedingungen der Schöpfung, ist nicht jedermann gegenwärtig."[1] Dass dies auch für das Schreiben von Pressemitteilungen gilt, wird noch seltener registriert.

Journalisten haben schon selten Kollegen, die einen guten Text anerkennen. Aber die Verfasser von Pressetexten in Presseabteilungen und freiberufliche PR-Berater haben diese noch seltener. Für herausragende journalistische Beiträge gibt es immerhin die kleine Chance, einen Preis zu gewinnen, aber für gute Pressemitteilungen gibt es nicht einmal diese. Verfasst der Chef eine schlechte Rede, so werden dafür nachsichtig Gründe angeführt, Trost gespendet oder schonungsvoll geschwiegen. Verfasser von Pressetexten stehen meist alleine da. Verständnis haben am ehesten noch die, die selbst unter ähnlichen Bedingungen Pressemitteilungen verfassen – seien es Kollegen in der Agentur oder andere Selbständige, die direkten Kollegen in größeren Pressestellen oder die in Pressestellen anderer Häuser.

Verständnis haben auch Journalisten nur recht eingeschränkt. Machen die Fehler, entschuldigen sie diese mit Zeitdruck. Ein Problem, das Pressesprecher – nach Einschätzung vieler Journalisten – nicht kennen: Die, von denen sie monatlich gerade mal ein, zwei längere Texte erhalten, können nicht unter Zeitdruck stehen und haben

---

1 Max Weber, Politik als Beruf, Berlin 1982, S. 29; nach: Michael Kunczik, Journalismus als Beruf, Köln/Wien 1988, S. 48.

folglich auch keine Entschuldigung für Fehler. Dabei übersehen Journalisten allerdings, dass Presseverantwortliche mehr zu tun haben, als auf ihre Anrufe zu warten und gelegentlich einen Text zu schreiben.

Veröffentlichen Journalisten den Pressetext, so kann dies nur selten als Anerkennung interpretiert werden. Denn ein direkter Zusammenhang zwischen der Abdruckrate und der Qualität des Textes besteht nur selten. Vielleicht war das Thema gerade medienrelevant oder der Tag nachrichtenarm. Auch der schlechteste Text hält Journalisten nicht davon ab, Wichtiges zu bringen. Und der beste Text provoziert sie nicht zur Veröffentlichung, wenn das Thema uninteressant ist.

Leichter, als intern oder extern Anerkennung zu erhalten, ist es, diese für sich selbst zu organisieren. So könnten einzeln arbeitende PR-Berater beispielsweise jährlich den besten eigenen Text würdigen. In größeren Presseabteilungen und Agenturen könnten jährlich die drei besten Texte ermittelt werden. Das kann die Einschätzung erleichtern, ob ein Pressetext gut oder schlecht ist. Außerdem entzieht der kollegiale Austausch einer weiteren Schreibblockade die Grundlage: der durch Einsamkeit ausgelösten.

Anstelle von Anerkennung müssen viele regelmäßig Kritik an ihren Texten verkraften. Das ist umso schwerer, je geringer der innere Abstand zum Text ist. Ist der Text gerade erst fertig, nehmen auch langjährige Profis Kritik oft sehr persönlich. Das zeigt allerdings nur, dass die Zeilen engagiert erarbeitet und etwas geschaffen wurde, womit die Verfasser sich identifizieren können. Unmittelbar nach Fertigstellung ist der Text noch ein Stück von einem selbst – Kritik daran entsprechend unangemessen. Aber einige Tage später ist es lediglich ein Text, der, wie jeder Text, sachlich kritisiert und verbessert werden kann. Ideal ist es, wenn die dafür erforderliche Zeit in der Arbeitsplanung berücksichtigt werden kann.

Mangelnde Anerkennung des Schreibprozesses

Nicht nur der fertige Text wird häufig zu wenig anerkannt, auch für die verschiedenen Phasen des Schreibprozesses mangelt es an Verständnis: Für viele Menschen zeigt äußere Hektik und Lautstärke, dass gearbeitet wird. Demnach arbeitet, wer in Besprechungen sitzt, telefoniert, Akten wälzt, zum Kopierer sprintet, die Tastatur bearbeitet oder

Papier wild bekritzelt. Wer dagegen mit den Füßen auf dem Schreibtisch in Zeitschriften blättert, spazieren geht oder den Vögeln beim Nestbau zusieht, der arbeitet nicht, der entspannt sich. Könnte man denen an der Nasenspitze ansehen, dass sie über den nächsten Text nachdenken und nicht über ihr Privatleben, dann dürften die wahrscheinlich auch spazierengehend arbeiten. Aber so fehlt manchen die Kontrolle. Dass gearbeitet wird, sehen die erst, wenn genügend Anregungen für Themen und Formulierungen aus Zeitschriften geholt und das Puzzle im Hirn zusammengesetzt ist, also, wenn die Menschen plötzlich zum PC eilen und unwirsch auf Unterbrechungen reagieren.

Übersehen wird dabei, dass „alle geistigen Prozesse neben ihren – durchaus vorhandenen – schnellen und beschleunigungsfähigen Phasen auch eher langsame, kontemplative Phasen haben"[1]. Unberücksichtigt bleibt, dass mancher schneller die Struktur eines Textes in einer quirligen Kantine erarbeitet, als mit leerem Blick vor dem Bildschirm sitzend. Einige Menschen gehen davon aus, dass, wer unter Zeitdruck gute Texte schreiben kann, dies auch jederzeit auf Knopfdruck wiederholen kann – und es nur aus Bequemlichkeit nicht tut. Fakt ist jedoch, dass man dann von den zuvor „aufgeladenen Kreativitätsbatterien" profitiert und diese immer wieder aufgeladen werden müssen.

Auffällig ist, dass in vielen Häusern die geistigen Vorarbeiten des Schreibens mit verschiedenen Maßstäben gemessen werden. Muss der Chef einen Fachartikel schreiben, kann das so aussehen: Er verbittet sich energisch jegliche Störung, schaut dann aber doch nur angestrengt aus dem Fenster oder wandert unruhig wie ein Tier im Käfig durchs Zimmer. Schließlich schnappt er sich seine Jacke und stürmt mit den Worten „ich bin dann mal weg" durchs Vorzimmer. Zurückgekehrt gibt er knapp die Anweisung, ihm bestimmte Akten zu bringen und Fakten zu recherchieren, und verbarrikadiert sich erneut mit einem „ansonsten keine Störungen bitte" in seinem Zimmer. Vielleicht kommt er nach einiger Zeit – „ich finde einfach keinen Anfang" stöhnend – wieder heraus, lässt sich wahlweise aufmuntern oder probiert die eine oder andere Formulierung vor seinem Publikum aus. Noch bevor dies auf „was halten sie davon?" antworten kann, hat er eine neue Idee, dreht sich um und kehrt kommentarlos an seinen

---

1 Jürgen vom Scheidt, Kreatives Schreiben – Wege zu sich selbst und zu anderen, Frankfurt am Main 1993, S. 88 ff.

Schreibtisch zurück. Kurzum: Die ganze Abteilung weiß, dass der Ärmste sich arg quält, leidet mit und unterstützt ihn, so gut sie kann.

Ganz anders die Situation, wenn eine Pressemitteilung geschrieben werden muss: Statt Verständnis, Trost oder Nachsicht, wird erwartet dass man sich still an seinen Arbeitsplatz setzt und parallel wegen jeder Kleinigkeit gestört werden kann. Nach kurzer Zeit hat man unabhängig von Unterbrechungen einen Textdiamanten zu präsentieren, der alle Ansprüche an Schliff, Glanz, Karat und Fassung erfüllt, die innerhalb und außerhalb des Hauses an ihn gestellt werden könnten. Werden für einen Pressetext in letzter Minute noch Unterlagen und Fakten benötigt, dann heißt es ungnädig, dass man sich das auch früher hätte überlegen können.

Obwohl nur selten bemerkt, gilt aber natürlich auch für Pressemitteilungen, dass deren Verfasser „sich potentiell immer in einer Überforderungssituation befinden. Sie haben mehr Aufgaben gleichzeitig zu erledigen, als ihr Verstand zu leisten in der Lage ist. Deshalb ist es wichtig, diese einzelnen Aufgaben zu kennen und sie zeitlich zu entzerren, d. h. bestimmte Aufgaben als Schreibvorbereitung vorweg zu erledigen und andere, etwa das Verbessern des Textes, als einen gesonderten Arbeitsgang nachzuschalten"[1]. Selbstverständlich würde auch denen das Schreiben leichter fallen, wenn sie in einer idealen Situation formulieren und Ideen sammeln könnten: Die Menschen in ihrer Umgebung wären für sie „wie das Wasser für den Fisch. Sie ‚tragen' Sie durch ihre Anwesenheit emotional und dürfen selbst nichts von Ihnen wollen – jedenfalls nicht in dieser definierten Schreib-Zeit"[2].

Gefühle beim Schreiben

Das Schreiben von Pressetexten kann zahlreiche innere Widerstände auslösen. Die beginnen damit, dass schriftliche Mitteilungen etwas Unwiderrufliches an sich haben. Die Aussagen legen einen anscheinend auf immer fest – können sie doch noch nach Jahren aus dem Archiv geholt und man damit konfrontiert werden. Mit diesem Gedan-

---

1 Otto Kruse, Keine Angst vor dem leeren Blatt. Ohne Schreibblockaden durchs Studium, Frankfurt am Main/New York 5. Auflage 1997, S. 48.

2 Jürgen vom Scheidt, Kreatives Schreiben – Wege zu sich selbst und zu anderen, Frankfurt am Main 1993, S. 208.

ken im Hinterkopf formuliert man nicht, was für die nächste Woche gilt, sondern was für die nächsten zehn Jahre gelten soll. Die Aussicht kann zum Einbau nichtssagender Floskeln verführen und Schreibhemmungen auslösen. Journalisten begegnen dem mit dem Satz: „Nichts ist so alt wie die Zeitung von gestern" – und helfen einander bei Hörfunk und Fernsehen über Fehler hinweg mit einem kollegialen „das versendet sich". Pressesprechern nützen diese Sätze weniger. Denn ihre Texte können hausintern und von Journalisten archiviert, im Pressebereich auf der Internetseite gar weltweit von jedem abgerufen werden und noch lange nach deren Löschung über Suchmaschinenspeicher zugänglich sein. Letztlich bleibt jedoch, dass auch Verfasser von Pressetexten nicht vorhersagen können, was in zehn Jahren sein wird. „Vielleicht kann man nicht gut schreiben ohne eine gewisse Furcht, sich zu irren", tröstete sich der Schriftsteller André Gide[1].

Im besten Fall kann eben nur die heute gültige Position des Hauses wiedergeben werden. Dass Texte nach bestem Wissen und Gewissen geschrieben werden, ist eine Sache, dass niemand hellsehen kann, eine andere. Überkommt einen die Angst vor der Ewigkeit schon beim ersten Satz, kann es helfen, die ersten Formulierungen per Hand auf Schmierpapier zu schreiben. Dann ist eindeutig, dass die Worte ein erster Versuch sind und verworfen werden können.

Während des Schreibens kann die Angst auftauchen, dass am Text ersichtlich wird, dass man dumm ist und selbst gravierende Fehler nicht bemerkt. Für Verfasser von Pressetexten manifestiert sich dies in der Vorstellung, Journalisten würden sie umgehend anrufen und mit nur einem süffisanten Hinweis „entlarven". Diejenigen, denen dies noch nicht passiert ist, haben davor oft am meisten Angst. Wer dagegen schon ein paarmal Fehler zugeben musste, weiß, dass dies nur zeigt, dass es Menschen sind, die Texte schreiben, und Menschen gelegentlich Fehler machen.

Trifft man jedoch auf Menschen, die neben hellseherischen Fähigkeiten auch Perfektionismus von einem erwarten, kann es hilfreich sein, sich zu vergegenwärtigen, welche Fehler die gemacht haben. Das vermeidet, dass man sich die bange Frage stellt, ob man unfähig ist, und hilft, Ängste zu kontrollieren. Solange das gelingt, kann man meist

---

1 André Gide, Tagebuch; zitiert nach: Karl Peltzer/Reinhard v. Normann: Das treffende Zitat, o. O. 12., neu bearbeitete Auflage 1995, S. 528.

noch schreiben und so eine Schreibblockade verhindern. Und solange man schreibt, lässt sich das Geschriebene auch weiter verbessern.

Eine andere Möglichkeit ist, einen fremden Text zunächst mit der Hand abzuschreiben und anschließend einzugeben. In beiden Situationen fallen einem oft holprige Formulierungen und die eine oder andere grammatikalische Ungereimtheit auf, die man beim Lesen nicht bemerkt hat. Einem Hang zum Perfektionismus lässt sich so gegensteuern. Dann gilt außerdem: „Wer zu früh von sich selbst verlangt, perfekt schreiben zu können, beraubt sich seiner Qualifikationsmöglichkeiten"[1].

Auch das Schreiben selbst kann Gefühle auslösen: „Stockendes Schreiben produziert Frustration und Unlustgefühle, flüssiges Schreiben, das Erleben eigener Kreativität ... kann positive Gefühle bis zur Euphorie wecken."[2] Die Euphorie als Dauerzustand anzustreben entspricht allerdings der Hoffnung, ab sofort jeden Tag nichts als glücklich zu sein: Es macht automatisch unglücklich. Außerdem würde man sich dabei ebenso überanstrengen, als wäre man über Jahre jede Minute bis über beide Ohren verliebt. Günstiger ist es, die Phasen der Euphorie als höchstmöglich erreichbaren Glückszustand zu genießen.

Das Gegenteil der Euphorie wäre, wenn kein Satz gelingt. Das quält und belastet das Selbstwertgefühl. Eine Ursache kann die Illusion sein, Texte müssten auf Anhieb druckreif sein. Auf einen ersten groben Entwurf folgen aber regelmäßig erste Formulierungen und mehrere Überarbeitungen – wie es auch mehrerer Zwischenschritte bedarf, bis aus eingekauften Lebensmitteln ein hübsch arrangiertes mehrgängiges Menue geworden ist. Der Schriftsteller Ernest Hemingway schrieb einige Szenen so lange um, bis sie ihm gefielen, häufig dreißig- oder vierzigmal. Auch wenn für Pressetexte kaum so viel Zeit ist, können auch diese zwei- bis dreimal umgeschrieben werden – womit der erste Text immer nur eine Arbeitsgrundlage ist, nicht die Endfassung.

Schreibprobleme können außer durch Gefühle beim Schreiben auch durch die zu anderen Menschen ausgelöst werden. Und das nicht nur, wenn man aus privaten Gründen sehr besorgt, traurig oder glücklich

---

1   Otto Kruse, Keine Angst vor dem leeren Blatt. Ohne Schreibblockaden durchs Studium, Frankfurt am Main/New York 5. Auflage 1997, S. 23.
2   Otto Kruse, Keine Angst vor dem leeren Blatt. Ohne Schreibblockaden durchs Studium, Frankfurt am Main/New York 5. Auflage 1997, S. 58.

ist. Hat einen beispielsweise gerade der Experte des Hauses im Fachjargon abgekanzelt oder die Chefin in garstigem Ton die Anweisung gegeben „schreiben sie mir mal einen Text dazu", so fällt einem schwerlich ein schönes Zitat ein, was man vorschlagen kann. Ärger kann Kreativität auch dann blockieren, wenn Journalisten oder Kunden gerade ihre Unzufriedenheit an einem ausgelassen haben.

Dann hilft es, erst den Gefühlen Luft zu machen, bevor man auch nur versucht, einen Text zu verfassen: Erzählen Sie jemandem davon, bewegen Sie sich oder tippen Sie eine Ärgertirade in Ihre private Datei. Stellen Sie sich bei Ihrem Text zum eigentlichen Thema als Publikum anschließend nicht die Menschen vor, die Sie geärgert oder verletzt haben. Ihr vorgestelltes Publikum sollte aus dem Teil der Öffentlichkeit bestehen, der den Text lesen soll. Denken Sie also an die wohlmeinenden, am Thema interessierten Menschen, die bisher keine Gelegenheit hatten, sich über dieses Thema zu informieren. Oder machen Sie es wie manche Journalisten und stellen sich „typische Durchschnittsleser" vor, für die Sie Ihre Texte schreiben: Was in Deutschland das „sprichwörtliche Lieschen Müller oder die Oma aus der Lüneburger Heide" ist, ist in den USA der Milchmann aus Kansas City, während der französische Verwandte in Plougastel Daoulas wohnt.[1]

Gefühle zum Thema

Die aktuelle Schreibkompetenz kann durch das Thema beeinflusst werden: Vielleicht fehlt der innere Abstand, um sachlich formulieren zu können – beispielsweise, wenn das Finanzproblem, über das geschrieben werden soll, den eigenen Arbeitsplatz gefährdet. Dann heißt es, sich zurückzuziehen auf die Übersetzung der Position des Hauses ins Journalistische. Über den Sachstand kann informiert, Argumente, Meinungen und Fakten sollen klar dargelegt werden. Aber mehr lässt sich dann in einer Pressemitteilung vielleicht nicht tun. Damit wenigstens dies gelingt, gilt es eine themenabhängige Schreibblockade zu vermeiden: Wer in einer Alkoholikerfamilie aufgewachsen ist und nun über das Alkoholprogramm in seiner Firma informieren soll, hat womöglich mit schweren Schreibproblemen zu kämpfen.

---

1 Ulrich Renz, *Vom Kansas City Milkman und anderen Aspekten des Agenturjournalismus,* in: menschen machen medien, 8.–9./1999, S. 8.

Am einfachsten wäre es, dieses Thema an Kollegen oder eine PR-Agentur abzugeben. Ist beides nicht möglich, kann vielleicht auf andere Weise Abstand zum Thema gewonnen werden, beispielsweise durch Gespräche.

Ein anderes Problem ergibt sich, wenn man für das Thema kein Interesse aufbringen kann, es einen sogar langweilt. Oder wenn man die Meinung des Hauses nicht teilt, die Ideen unausgegoren findet, die Faktenlage als lächerlich dünn erachtet oder das Ausleben der Selbstdarstellungsbedürfnisse von Vorgesetzten schädlich für das Image des Hauses findet. Eine Möglichkeit ist dann, in möglichst klaren Worten über das zu schreiben, was einen stört oder blockiert: „Das Thema ödet mich an. Schon wieder soll ausgerechnet ich über dieses langweilige Pillepalle schreiben. Meine Fähigkeiten werden hier sinnlos verheizt und dabei noch alles aus mir herausgepresst."

Stellt sich heraus, dass es doch eher das Thema ist, das einen langweilt, könnte es sein, dass das Thema doch nicht medienrelevant ist, der Anlass fehlt oder ein neuer Aspekt des Themas in den Mittelpunkt gestellt werden muss, um sich und die Öffentlichkeit nicht zu langweilen. Vielleicht ist die Ursache aber auch, dass man überarbeitet ist und deshalb keinen Bezug zum Thema findet. Lustlosigkeit kann es außerdem auslösen, wenn stets die Meinung anderer in den Mittelpunkt gestellt werden soll. Dann könnte als Gegenmaßnahme zuerst das geschrieben werden, was man am liebsten über das Thema schreiben würde. Keine Gemeinheit, keine Kritik und kein Einwand braucht da ausgelassen zu werden. Alle Verbesserungsvorschläge, philosophischen Gedankensplitter und Gründe, warum der Pressetext eigentlich recht überflüssig ist, können notiert werden. Steht dies – womöglich bösartig-süffisant formuliert – auf dem Papier, ist der Kopf meist wieder für das eigentliche Thema frei. Vorsichtshalber sollte der Texte allerdings im Computer gelöscht, der Ausdruck in den Reißwolf gesteckt oder mit nach Hause genommen werden.

Soll ein Text geschrieben werden, kann es leicht passieren, dass einem nur Formulierungen zu anderen Themen einfallen – ob für einen Geschäftsbericht oder eine nächste Besprechung. Vielleicht gerade weil man nicht angestrengt darüber nachdenkt, sind diese Ideen oft besonders gut und sollten notiert werden. Dann wurde in der ersten chaotischen Phase eines Schreibprozesses nebenbei ein anderes anstehendes Probleme gelöst. Lässt die Zeit es zu, ist es sinnvoll, sich zunächst dem anderen Thema zu widmen. Danach gelingt es oft erstaunlich leicht und motiviert, den ursprünglich geplanten Text zu schreiben.

Gänzlich anders ist die Situation, wenn die Grundlinie des Hauses oder des Auftraggebers der eigenen Überzeugung widerspricht. Dann wird es vielleicht nie gelingen, zu dessen Themen gute Pressemitteilungen zu verfassen. Das heißt aber noch nicht, dass man nicht schreiben kann. Unter anderen Umständen kann sich herausstellen, dass man geradezu begnadet formuliert. Denn niemand kann über alles gut schreiben – also ebenso überzeugend über politisch rechte Positionen wie über linke, Umweltthemen so prägnant darstellen wie neue Bezugskonditionen von Atomstrom. Hilfreich kann es dann sein, ausführlich aufzuschreiben, warum und weshalb diese Linie des Hauses den eigenen Überzeugungen in allen Punkten widerspricht. Findet sich dabei oder danach kein Grund, der es sinnvoll erscheinen lässt, mit diesen Kunden oder für dieses Haus zu arbeiten, sollte über einen gezielten Wechsel nachgedacht werden. Eine Zwischenlösung kann es sein, sich auf andere Bereiche zu konzentrieren: Kurze Texte, wie Terminankündigungen, lassen sich vielleicht auch unmotiviert schreiben – die zentrale Pressemitteilung des Jahres eher nicht.

Etwas anderes ist es, wenn man an einer Textstelle partout nicht weiterkommt. Man kann dann an seinen Fähigkeiten zweifeln – oder schlicht feststellen, dass diese Stelle schwierig ist. Dann wäre zu überlegen, was das inhaltliche Problem an dieser Stelle ist:

• Fehlen Informationen?

• Ist die Position des Hauses zu diesem Aspekt nicht so pointiert, wie es auf den ersten Blick schien?

• Oder soll vielleicht in einem Satz mehr mitgeteilt werden, als sich in einem Satz ausdrücken lässt?

Betrifft das inhaltliche Problem einen Nebenaspekt des Themas, könnte dieser weggelassen oder durch einen anderen Aspekt ersetzt werden. Handelt es sich um den zentralen Aspekt, muss vielleicht erst die Position des Hauses geklärt werden, bevor eine Pressemitteilung dazu erscheinen sollte.

Organisation

Einige Schreibprobleme lassen sich durch gute Organisation mildern oder vermeiden. Denn die sind umso größer, je müder und erschöpfter man ist. Wenn möglich, sollten Pressetexte daher nicht am Ende des Tages geschrieben und die Arbeit so geplant werden, dass kein akuter Termindruck besteht. Nur weil dies nicht immer möglich ist, muss man sich ja nicht grundsätzlich permanentem Zeitdruck aussetzen. Die Hoffnung, dass beim Formulieren auf die letzte Minute keine Schreibprobleme auftauchen, erfüllt sich nur bedingt. Zwar hat man dann keine Zeit, über die Anforderungen von sich und anderen nachzudenken. Aber dies verhindert auch, für das dahinterstehende Problem eine Lösung zu finden.

Wer zu wenig Zeit für das Schreiben einplant, setzt sich häufig unnötigem Stress aus. Dass ein Faltblatt oder eine Broschüre nicht in drei Stunden geschrieben ist, ist den meisten klar. Vergessen wird jedoch oft, dass Pressemitteilungen der Kurzfassung eines ausführlichen Beitrages entsprechen. Sie sind deshalb besonders zeitaufwendig und erfordern konzentriertes Arbeiten. Die Stunden, in denen Journalisten anrufen, sind damit zum Formulieren ungeeignet: Immer wieder wird man aus der Textarbeit gerissen, muss sich auf andere Themen einstellen und anschließend den Faden erneut aufnehmen – immer mit dem Gedanken im Hinterkopf, dass man schnell arbeiten muss, um den Text vor der nächsten Unterbrechung abschließen zu können. Das verhindert, dass man mit dem Ergebnis zufrieden ist, was die Arbeitsmotivation langfristig reduziert.

Schreibprobleme können dazu führen, dass man nach der Arbeit schlecht abschalten kann, was weitere Probleme auslösen kann: Noch beim Einschlafen werden passende Formulierungen durchgespielt, und morgens, noch bevor man richtig wach ist, fallen einem die ungelösten Probleme wieder ein. Passiert dies regelmäßig, fehlt bald die nötige Erholung. Zu den Gegenmitteln gehört es, die Arbeitszeit so zu planen, dass man möglichst selten aus der Arbeit herausgerissen wird – ob durch Besprechungen oder weil man zu erschöpft ist, um weiterzuarbeiten. Denn dann versucht das Unterbewusstsein, die Arbeit zum nächstmöglichen Zeitpunkt zu beenden, auch wenn dieser mitten in der Nacht ist.

Hilfreich können Pausen zwischen den einzelnen Schritten der Textarbeit sein, um zu realisieren, welcher Teil gerade abgeschlossen wurde – ob Recherche, Stichwortsammlung, Vorentwurf, erste Version, Endbearbeitung oder Freigabe. Der folgende Teil lässt sich dann gelassener und konzentrierter bewältigen, als wenn man im Dauerstress durcharbeitet. Um in der Freizeit nicht damit beschäftigt zu sein, nichts zu vergessen, können die letzten 30 Minuten des Arbeitstages genutzt werden, die Aufgaben für den kommenden Tag zu notieren. Fällt einem nach Feierabend weiteres ein, reicht meist eine kurze Notiz, die so verwahrt wird, dass man sie am nächsten Morgen im Büro sicher vor sich hat – ob im Kalender, in der Brief- oder Manteltasche.

Es lohnt sich, darauf zu achten, wann einem das Schreiben leichter fällt und wann schwerer. Manchen gelingt das Formulieren leichter, wenn sie vorher bestimmte Dinge getan haben, beispielsweise alle Unterlagen bereitgelegt, einen kurzen Spaziergang gemacht, den Schreibtisch frei geräumt und sich ein Getränk geholt haben. Das ist dann ihr Ritual, um sich aufs Schreiben einzustimmen. Die Zeit, die benötigt wird, um sein Ritual zu entwickeln, ist gut investiert. Denn das hilft, zeitraubende Schreibprobleme zu vermeiden. Wer weiß, unter welchen Bedingungen ihm das Schreiben besonders schwer fällt, kann versuchen, diese zu vermeiden. Wenn das nicht möglich ist, weiß man zumindest, dass es an den Bedingungen liegt und nicht an einem selbst.

Schreibprobleme lösen

Abschalten geht nicht	– störungsfreie Schreibzeit organisieren
	– am Ende des Tages die Arbeiten für den nächsten Tag planen
	– Arbeitsideen während der Freizeit in Stichworten notieren
Ärger über andere	– Ärger vor dem Schreiben abbauen
	– an das wohlmeinende Publikum der Texte denken

Checkliste

Anerkennung fehlt	–	ermitteln und organisieren, was in den verschiedenen Phasen des Schreibens benötigt wird
Anfangen fällt schwer	–	Anfangsritual entwickeln, das das Hineinkommen ins Schreiben erleichtert
Angst vor ewiger Gültigkeit	–	Aufzeichnungen auf Schmierpapier beginnen
Angst vor Fehlern und eigener Perfektionismus	–	realisieren, dass alle Menschen Fehler machen und niemand hellsehen kann
Betroffenheit	–	durch Gespräche Abstand zum Thema gewinnen
	–	Thema an Kollegen abgeben
Denkblockaden	–	Stresshormone durch Bewegung und Entspannung abbauen
Einsamkeit	–	kollegialen Austausch organisieren
Empfindsamkeit bei Kritik	–	Arbeitszeit so planen, dass zwischen Fertigstellung des Textes und Kritik daran ausreichend Zeit ist
Erschöpfung	–	Schreibzeiten an den Tagesanfang legen
	–	ausreichend Zeit zum Schreiben und für Erholungspausen einplanen
	–	Pause machen
Erwartungen sind widersprüchlich	–	Prioritätenliste erstellen
Feststecken an einer Stelle	–	klären, was an dem Themenaspekt unklar ist
	–	Aspekt streichen, wenn er nicht zu klären ist

Gedanken schweifen ab	– sofern möglich, das andere Thema vorziehen oder die Ideen zum anderen Thema kurz notieren
Hadern mit der Linie des Hauses	– Arbeitsplatzwechsel überdenken
Langeweile	– Medienrelevanz des Themas prüfen
Lustlosigkeit	– spannende Aspekte suchen
	– Pause machen
	– Gefühl schriftlich beschreiben
Leistung zu wenig anerkannt	– gute Leistungen selber würdigen
Streit um die richtige Sprache	– auf der Sachebene bleiben, persönliche Konflikte vermeiden

4.5   Texte nachbereiten und nutzen

Auch wenn der Text schon während des Schreibens mehrfach gelesen und geändert wurde, sollte er für die **Endkontrolle** ausgedruckt werden. Dabei entdeckt man nicht nur die Tippfehler, die auf dem Bildschirm leicht übersehen werden. Man liest den Text auch in der Form, in der er dem Publikum präsentiert wird, sieht unnötige Wiederholungen, komplizierte Wendungen und fehlende Übergänge eher. Bis man mit Text und Überschrift zufrieden ist, sind zwei bis drei ausgedruckte und wieder geänderte Versionen bei Pressemitteilungen keine Seltenheit. Danach sollte der Text beiseite gelegt und möglichst erst am nächsten Tag wieder kontrolliert werden. Denn je weniger Zeit vergangen ist, desto weniger Abstand hat man zu seinen Formulierungen. Sind diese gerade erst erdacht und geschrieben, hängt das Herz an den kreativen Eigenproduktionen – umso stärker, je schwieriger es war, diese zu finden. Erst der distanzierte Blick einige Zeit später ermöglicht, die optimalen Formulierungen von den leider doch nicht ganz gelungenen zu unterscheiden.

Um Schreibstil und Inhalt zu prüfen, sollte der Text laut gelesen werden: Einzelne Worte klingen falsch, man stutzt bei Argumentationslücken und bei zu langen Sätzen wird die Luft knapp. Markiert werden können die Stellen für die Überarbeitung, an denen Langeweile auftritt oder die Gedanken abschweifen. Unnötig lange Sätze können noch aufgelöst, zu lange Wörter ersetzt und überflüssige Silben gestrichen werden (vgl. Kapitel 3.1 „Journalistisch schreiben"). Lieblings-Füllwörter – wie „auch", „so" oder „insgesamt" – werden oft während des Nachdenkens hineingeschrieben, um den Schreibfluss nicht zu unterbrechen und können nun gestrichen oder durch genauere Worte ersetzt werden. Akribisch geprüft werden müssen die Schreibweisen von Namen und Orten sowie Fakten und Zahlen. Denn Vorgesetzte und Kunden nehmen Tippfehler in ihrem Namen ausnehmend übel. Ein Zahlendreher in der Telefon- oder Hausnummer kann das beste Angebot ruinieren.

Ideal ist, wenn der Text noch von jemandem gegengelesen wird, der vom Thema wenig weiß. Dabei sind Kollegen und Bekannte meist zu gut informiert, um unbedarfte Leser zu sein. **Gegenlesen** gilt auch unter Journalisten als die „wirksamste Qualitätskontrolle: Jedes Wort, das in der Zeitung erscheint, muss gegengelesen sein. Da darf es keine Ausnahmen geben: Auch der Leitartikel des Chefredakteurs muss gegengelesen werden. Der Gegenleser hat, eventuell nach einem Gespräch mit dem Verfasser, stets das letzte Wort".[1] Da auch diese auf Textkritik empfindlich reagieren, gilt es, sich innerlich zu wappnen: So wie kein anderer das eigene Kind bekritteln darf und Kunsthandwerker Kritik an ihrer Arbeit kränkt, so werden auch Hinweise zu Texten so lange persönlich genommen, wie der innere Abstand fehlt. Ein, zwei Tage nach dem Schreiben wird aus der persönlichen Kreation ein schlichter Text, den man zufällig selbst produziert hat.

Vor dem Lesen werden Gegenleser nur informiert, für welche Redaktionen der Text ist. Sie werden also weder über dessen Inhalt noch dessen Vorgeschichte informiert. Denn geprüft werden soll ja, ob der Text für Leser ohne Vorinformationen verständlich und interessant ist. Alle Fragen, die Gegenleser anschließend stellen, weisen auf Unklarheiten hin. Ein entrüstetes „aber das steht da doch" lenkt davon ab, dass Formulierungen doch nicht so klar geraten sind, wie sie werden sollten,

---

1 Hans-Wolfgang Pfeifer, Sicherung journalistischer Qualität verlangt ein Qualitätsmanagement, in: Initiative Tageszeitung (Hg.), Redaktion 1994 – Almanach für Journalisten, Bonn 1993, S. 41.

oder Informationen zu weit vorne im Text stehen. Folgen interessierte Fragen, kann geprüft werden, ob die Antworten darauf noch in den Text eingefügt werden können. Gibt es weder Anmerkungen noch Fragen, könnte der Text zu wenig Interesse geweckt haben. Wird darin eine Veranstaltung angekündigt, könnte gefragt werden, ob Lust bestände zu kommen. Ist die Reaktion ausweichend, kann das Interesse vielleicht eher mit anderen Aspekten des Themas geweckt werden. Gelingt dies im Gespräch, wäre zu überlegen, diese in den Text aufzunehmen.

Nach dem Lesen des ausgedruckten Textes, dem lauten Lesen am nächsten Tag und dem Gegenlesen findet die letzte Kontrolle bei der internen **Genehmigung** beziehungsweise der Freigabe durch die Kunden statt. Ist die Zeit knapp oder das Vertrauen groß, werden die Zeilen vielleicht nur kurz überflogen. Letzte missverständliche Formulierungen werden dann allerdings übersehen. Werden in dem Beitrag über ein Fachthema Menschen aus der Produktion zitiert, müsste der Text von drei Stellen genehmigt werden: als erstes von den Zitierten, weil diese das Recht am eigenen Wort haben. Als zweites von den Fachleuten, die für die fachliche Richtigkeit zuständig sind, und anschließend von der Geschäftsleitung, da es eine offizielle Information des Hauses ist. Bei einer anderen Reihenfolge der Freigaben wächst das Risiko, das Prozedere wiederholen zu müssen: War die Leitung einverstanden, aber die Fachleute sind es nicht, müsste der Text geändert und die neue Fassung der Leitung erneut vorgelegt werden. Die Verlockung, eine Stelle zu übergehen, ist dann groß – zumal das eigene Haus vielfach ein unnachsichtiges und ewig nörgelndes Publikum ist. Oft wird zu Recht befürchtet, dass gute Zitate gestrichen werden, Fachleute eine inhaltliche Debatte anzetteln und alle glauben, besser und richtiger schreiben zu können – also ein Machtkampf um persönliche Rücksichtnahmen und Empfindlichkeiten beginnt. Denn oft sind Pressetexte Auslöser für interne Meinungsbildungsprozesse, die überfällig waren. Das Vertrauen aller Beteiligten gewinnt, wer es schafft, diesen zu begleiten, ohne sich zum Sündenbock machen zu lassen. Dann wissen im besten Fall alle, welcher Text rausgeschickt wurde und was Journalisten daran änderten.

Für die anschließende **Verbreitung** gilt in einigen Redaktionen, dass dies per E-Mail bevorzugt wird (zu den Anforderungen an Pressemitteilungen per E-Mail vgl. Kapitel 2.4 „Äußere Form beachten"). In anderen wird gestöhnt, E-Mails hätten dermaßen überhand genommen, dass man Pressemitteilungen am liebsten wieder per Post erhält und nur in eiligen Fällen per Fax. Einig sind sich die Journalisten immerhin darin, dass sie nicht am Telefon über den Inhalt von Pressemitteilungen informiert werden wollen. Aber es herrscht nach wie vor babylonische Uneinigkeit bei der Frage, ob E-Mails und Post an eine zentrale Stelle, an ein Ressort oder einzelne Journalisten geschickt werden sollen und welcher Weg der zuverlässigere ist. Manchmal wird darüber auf den Internetseiten der Medien informiert, manches Mal hilft das Redaktionssekretariat weiter oder das Gespräch mit Journalisten. Ist sicher, dass beispielsweise nur eine Person bei einer Publikumszeitschrift bereit ist, ein Thema aufzugreifen und die Ressortleitung dies grundsätzlich in den Papierkorb wirft, sind die Chancen auf Veröffentlichung am größten, wenn diese Person direkt informiert wird. Berichten auch andere Journalisten dieser Redaktion über das Thema, ist das Risiko der Nichtbeachtung bei einer ausschließlichen direkten Information höher. Denn bei der Zusendung an ein Ressort oder eine zentrale Stelle wird bei der internen Verteilung berücksichtigt, wer im Urlaub oder krank ist. Direkt adressierte Briefe landen dagegen ungeöffnet in Redaktionsfächern oder veralten ungesehen in E-Mail-Postfächern (vgl. Kapitel 2.3 „Presseverteiler aufbauen").

Das Einstellen einer Pressemitteilung auf den Presseseiten im Internet sowie in einem der Presseportale ist in der Regel nur Ergänzung, aber kein Ersatz für die Zusendung per E-Mail oder Post. Denn Redaktionen fahnden kaum im Internet danach, ob sie alle relevanten Informationen erhalten haben. Auch über Presseportale (vgl. Kapitel 2.3 „Presseverteiler aufbauen") sind die bei weitem nicht so zuverlässig zu erreichen, wie manche Betreiber Glauben machen wollen. Steht die Pressemitteilung zusätzlich zur direkten Versendung im allgemein zugänglichen **Pressebereich** auf den eigenen Internetseiten, so erleichtert dies aber denjenigen Journalisten die Arbeit, die zum Thema recherchieren und nicht auf dem Presseverteiler stehen. Stehen die Pressemitteilungen in einem geschützten Bereich, müssen Journalisten sich erst registrieren, um Zugang zu erhalten. Das sind Journalisten – wie die meisten beruflichen Internetnutzer – zwar mittlerweile gewöhnt, aber erfordert dennoch umso mehr Aufwand von ihnen, je sicherer ist, dass nur Journalisten den Zugang erhalten: den Anruf zu den Geschäftszeiten, das Warten auf die Bestätigungsmail und die Verwaltung der Zugangsdaten. Viele bevorzugen daher den freien Zugang.

Dagegen steht, dass Journalisten dann nicht exklusiv informiert werden können und deshalb parallele Informationsstrukturen aufgebaut werden müssen. Vermieden werden kann dies, indem Pressemitteilungen zeitversetzt eingestellt werden. Das verhindert gleichzeitig, dass Journalisten aufgrund einer Pressemitteilung eine Presseseite anklicken und dort als erstes den soeben erhaltenen Text sehen. Der zeitliche Abstand sollte wenige Stunden bis höchstens zwei Tage betragen. Der Abstand muss umso kürzer sein, je höher das Medieninteresse beispielsweise während einer Krise ist. Denn sonst beschweren sich andere Journalisten, weil beispielsweise Informationen zu einem Messeauftritt erst Tage nach der Messe eingestellt wurden.

Um sich und den Journalisten die Arbeit zu erleichtern, sollte der Link zum Pressebereich auf der Startseite gut sichtbar platziert sein. Je mehr Pressematerial eingestellt wird, umso wichtiger ist es, dieses übersichtlich zu strukturieren. Obwohl neue Texte stets oben stehen sollten, reicht es bei umfangreichen Pressebereichen nicht aus, nach Datum zu sortieren. Dann sind Themenarchive und die Möglichkeit der Stichwortsuche unumgänglich.

Enthalten kann ein Pressebereich beispielsweise:

- Audiomaterial zum Download
- Bildmaterial mit inhaltlicher Beschreibung, Angabe von Größe und Dateiformat
- Geschäftsbericht
- Logo in Druckqualität
- Pressemitteilungen: die aktuellen direkt lesbar sowie zum Download als pdf-Datei, damit sie mit Logo ausgedruckt und abgelegt werden können; frühere Meldungen in einem Archiv mit Suchfunktion
- Pressesprecher: Name, Telefon und E-Mail
- Termine, wie geplante Veranstaltungen und Messeauftritte

- Themen-Pressemappen

- Unternehmensprofil

- Verteiler: Möglichkeit, sich in Presse- und Newsletterverteiler einzutragen

- Vorstand: Verzeichnis der Vorstände mit Zuständigkeiten und Lebenslauf

- Wegbeschreibung zum Haus

Ist der Pressetext längst angekommen, aber noch immer nichts erschienen? Soll man anrufen und nachfragen oder lieber nicht? Da die Irrwege in den Redaktionen unergründlich scheinen, glauben vor allem viele Agenturleitungen daran, dass „steter Tropfen den Stein höhlt". Meist beauftragen sie die neuesten Mitarbeiter mit der unbeliebtesten Arbeit, dem **Nachfassen**. Die müssten eigentlich direkt fragen „wir haben Ihnen eine Information geschickt und möchten wissen, wann Sie die veröffentlichen". Da das zu unverhohlen scheint und eine Absage provoziert, ist die obligatorische Einstiegsfrage „Wir haben Ihnen vor zwei Wochen eine Information geschickt über das neue Projekt Trafo-Trafo und ich wollte mal fragen, ob Sie die bekommen haben?" Die meisten Journalisten bei Tagesmedien empfinden schon das als Zumutung. Sie wollen weder lange erfragen, was am Thema medienrelevant war, noch unhöflich zu antworten gezwungen werden, dass sie den Text weder erhalten haben noch sich für ihn interessieren. Sie wollen auch nicht danach fahnden, wer für das Thema zuständig ist, wo die Zuständigen sind, ob der Text dort angekommen ist und ob eine Veröffentlichung geplant ist. Die Redaktionsarbeit käme rasch zum erliegen, sollten alle Informanten über geplante Veröffentlichungen informiert werden. Unübersichtlich wird es dadurch, dass Redaktionen unterschiedlich arbeiten und das häufiger leicht chaotisch als stringent durchorganisiert. So sagen einige schon mal „ruhig nachfragen, es geht immer mal wieder etwas unter oder kommt nicht richtig an". Das sind allerdings die Ausnahmen.

Ist der Text erschienen, möchten manche Verfasser mit Kurt Tucholsky ausrufen: „Ich habe mich mit dem Offenen Brief so geplackt, zweimal abgeschrieben und jetzt hackst Du ihm das Herz heraus. Mörder –!"[1]

Werden Texte dagegen regelmäßig nicht veröffentlicht, obwohl die Themen medienrelevant und für die Zielgruppe des Mediums interessant sind, könnte der Grund in der Redaktion erfragt werden. Besser wäre allerdings, die Journalisten danach zu fragen, wenn man sie ohnehin trifft – bei Interviews, Gesprächen auf Veranstaltungen oder Pressekonferenzen. Sich bei der Gelegenheit mal so richtig zu beschweren, ist meist der falsche Weg. Besser ist, freundlich zu fragen, ob es für die Nicht-Veröffentlichung Gründe gibt oder ob das Thema für die Redaktion schlicht uninteressant ist. Wenn es sich nicht um Fachzeitschriften handelt, sind ein paar kurze Hinweise das Maximum, das dann zu erwarten ist. Es ist schlicht nicht der Job der Journalisten von Tagesmedien darzulegen, was an Themen und Texten für die Redaktion passt und was nicht. Sagen Journalisten „doch, doch, das Thema wäre grundsätzlich interessant für die Redaktion", so bedeutet das nicht, dass der nächste Text veröffentlicht wird. Grundsätzlich interessant heißt: Das Thema hat im Wettbewerb der täglichen Nachrichtenauswahl eine Chance und sollte daher zugeschickt werden.

Wie selten die eigenen Texte auch veröffentlicht werden und so ungerecht man dies finden mag, sollte man doch nie versuchen, die Redaktion zu erpressen – beispielsweise mit der Drohung, keine Texte mehr zu schicken. Ist eines Tages eine interne Krise durchzustehen, muss damit gerechnet werden, dass Journalisten sich revanchieren, und sei es dadurch, dass sie Kollegen anderer Medien ein paar Informationen zukommen lassen. Berichten Journalisten anscheinend aus rein persönlichen Gründen nicht – beispielsweise weil ausgerechnet deren Haus an einer geplanten Umgehungsstraße steht, gegen die eine Initiative protestiert –, sollte zunächst das Gespräch gesucht werden. Deren Vorgesetzten anzusprechen sollte erst danach erwogen werden.

Schriftliche **Beschwerden** sind nur sinnvoll, wenn die Tendenz der Berichterstattung deutlich von der sonstigen inhaltlichen Linie abweicht: wer die Bild-Zeitung wegen ihres Boulevardstils oder die tageszeitung wegen ihrer Kommentare zu konservativer Politik kriti-

---

1 Kurt Tucholsky in einem Brief an den Herausgeber der „Weltbühne", 1925, in: Kurt Tucholsky, *Der leidige Rotstift*, zitiert nach: Elger Blühm/Rolf Engelsing, Die Zeitung. Deutsche Urteile und Dokumente von den Anfängen bis zur Gegenwart, Bremen 1967, S. 235.

siert, erreicht nichts. Ist dagegen der Beitrag einer Lokalzeitung ausnahmsweise sexistisch, ausländerfeindlich oder voller Schleichwerbung, können Beschwerden die künftige Berichterstattung beeinflussen. Oberstes Gremium für Beschwerden über journalistische Beiträge in Zeitungen und Zeitschriften ist der Presserat.[1] Dort kann sich jeder über Journalisten und Redaktionen beschweren, die sich nicht an die Standards halten. Bei öffentlich-rechtlichen Sendern sind die Rundfunkräte das oberste Gremium, bei Privatsendern die Landesmedienanstalten.[2]

Wurde ein Text so geändert, dass er Fehler enthält, Zahlen verändert oder eine positive Stellungnahme in eine negative verwandelt? Wenn dies letztlich Kleinigkeiten sind, die nur wenige interessieren, sollte nichts unternommen werden. Im Zweifelsfall ist schlicht ein verzeihlicher Fehler unterlaufen. Es mag die Eitelkeit kränken, wenn jemand daraufhin 54 statt 45 Jahre alt ist, aber das interessiert das Publikum eher nicht. Bei groben Fehlern kann um eine **Berichtigung** gebeten werden. Je freundlicher die Bitte vorgetragen und je besser diese begründet ist, umso eher wird sie erfüllt werden. Weniger hilfreich ist es, wutschnaubend zu unterstellen, Fehler wären absichtlich eingebaut worden.

Wurde die inhaltliche Aussage eines Textes extrem entstellt oder ins Gegenteil verkehrt und lehnt die Redaktion eine Berichtigung ebenso ab wie die Veröffentlichung eines Leserbriefes, dann bleibt – wenn keine andere Art der Klärung möglich ist – die **Gegendarstellung**. Mit deren Ankündigung wird der Bereich der Klärung im gegenseitigen Einvernehmen allerdings verlassen. Die Journalisten reagieren schon auf das Wort hochallergisch. Sie ahnen nicht, dass einige juristische Laien es synonym für Berichtigung nutzen. Journalisten hören, dass sie per Anwalt und Gericht gezwungen werden sollen, eine formale

---

1 Deutscher Presserat, Beschwerdeausschuss, Postfach 7160, 53071 Bonn, www.presserat.de, info@presserat.de; Schweizer Presserat, Bahnhofstrasse 5, Postfach 201, 3800 Interlaken, www.presserat.ch, info@presserat.ch; Österreich: Ansprechpartner für Leser beziehungsweise von Medienberichterstattung Betroffene ist nach Auflösung des österreichischen Presserats die Leseranwaltschaft, c/o Medienhaus Wien, Alser Straße 22/8, 1090 Wien, www.leseranwalt.at, office@leseranwaltschaft.at.

2 Beschwerden über Beiträge von Privatsendern können bei jeder Landesmedienanstalt und über das Internetportal www.programmbeschwerde.de eingereicht werden. Beschwerden, die dort über Sendungen öffentlich-rechtlicher Anstalten eingehen, werden an diese weitergeleitet.

Gegendarstellung zu veröffentlichen. Das ist für sie ein Angriff auf die Redaktionsehre. Ist die Gegendarstellung vor Gericht durchsetzbar, muss die Redaktion lediglich veröffentlichen, dass der Betroffene behauptet, die Darstellung sei falsch gewesen. Handelt es sich dabei um Kleinigkeiten, dokumentiert dies eher noch dessen Mangel an Souveränität.

Durchsetzbar sind Gegendarstellungen ohnehin nur gegen unwahre Tatsachenbehauptungen und nur durch diejenigen, die davon objektiv betroffen sind. Wird in der Gegendarstellung kommentiert oder gewertet, wird diese vom Gericht abgelehnt. Am Ende einer veröffentlichten Gegendarstellung darf die Redaktion feststellen, dass sie die eigene Tatsachenbehauptung nach wie vor für richtig hält. Peinlich wird es für deren Unterzeichner, wenn die Redaktion in weiteren Berichten zeigen kann, dass sie Recht hatte. Die öffentliche Glaubwürdigkeit wiederherzustellen, kann dann lange dauern. Möglich sind Gegendarstellungen dafür in allen Medien, die periodisch erscheinen und redaktionell gestaltet sind: in Zeitungen und Zeitschriften ebenso wie in Hörfunk, Fernsehen und redaktionellen Online-Angeboten.[1]

Vorgesetzte und Agenturkunden, die auf Gegenmaßnahmen bestehen, können außer auf den möglichen Schaden auch darauf hingewiesen werden, dass kritische Beiträge weniger schaden als vermutet. Sie regen das Publikum eher an, über ein Thema nachzudenken, als durchgehend positive Beiträge. Dann schließt sich das Publikum eher den überzeugenderen Argumenten an und ändert seine Meinung auch nicht beim nächsten Text, in dem eine Gegenposition vertreten wird. Ein Beitrag mit kritischen Anmerkungen signalisiert dem Publikum außerdem, dass die Redaktion das Thema für wichtig genug hält, um Details zu recherchieren und im größeren Rahmen darzulegen. Selbst wenn Themen grundsätzlich mit kritischen Hinweisen angereichert werden, beeinflusst dies die öffentliche Meinung nicht zwangsläufig. Denn die Berichterstattung soll zwar beeinflussen, über welche Themen die Menschen nachdenken, aber kaum, was sie darüber denken.[2] Eine unmittelbare Wirkung wurde nur für den Fall nachgewiesen, dass sich das Publikum noch keine Meinung über ein Thema

---

1   Vgl.: Viola Falkenberg, Im Dschungel der Gesetze. Leitfaden Presse- und Öffentlichkeitsarbeit, Bremen 2004, S. 126–147.
2   Michael Kunczik, Journalismus als Beruf, Köln/Wien 1988, S. 208.

gebildet hatte.[1] Also lesen auch andere Menschen „zwischen den Zeilen" und sehen Beiträge durch ihre „Brille von Vorurteilen". Zumindest das Stammpublikum weiß, mit welchen Journalisten es eher übereinstimmt und wessen Berichten es vertraut.

Möchte man redaktionelle **Veröffentlichungen nutzen,** muss man zuvor davon erfahren. Bei einem überschaubaren lokalen Presseverteiler lässt sich dies noch selbst realisieren. Sind Kollegen bereit, auf Veröffentlichungen zu achten, sollten sie eine Kopie des versendeten Textes erhalten, damit sie wissen, worauf genau zu achten ist. Die einmalige Bitte, Veröffentlichungen mitzubringen, reicht nicht. Zwei Wochen sind die vielleicht bereit, aufmerksamer als sonst die Zeitung zu lesen. Aber ein Dauerzustand ist dies nicht. Wird die Bitte vor jeder Versendung erneuert, dokumentiert dies gleichzeitig, wie sehr deren Zuarbeit geschätzt wird.

Bei der Suche nach Veröffentlichungen kann das Internet hilfreich sein: Sowohl bei www.paperball.de als auch bei www.paperazzi.de können zahlreiche deutschsprachige Zeitungen der jeweils letzten beiden Tage parallel durchsucht werden sowie einige internationale Zeitungen, Zeitschriften und Internetseiten. Spätestens bei umfangreichen Presseverteilern und wenn auch die Funkmedien ausgewertet werden sollen, könnten Angebote der über 20 **Ausschnittsdienste** eingeholt werden, die es allein in Deutschland gibt.[2] Was diese genau auswerten und zu welchen Konditionen, ist bei jedem Dienst anders. Eine rückwirkende Suche ist allerdings bei keinem möglich und eine Garantie, wirklich jeden Artikel zu einem Stichwort zu bekommen, bieten die Ausschnittsdienste nicht.

Sind die Veröffentlichungen gesammelt, können die im Presseordner abgeheftet werden – zusammen mit dem Originaltext, nach Datum und Thema des Beitrages sortiert und mit dem Titel des Mediums. Sie können aber auch für die Qualitätskontrolle sowie die interne und externe Kommunikation genutzt werden. Wird regelmäßig gezählt, wie oft welcher Text veröffentlicht wurde, dokumentiert dies nicht nur intern den Arbeitserfolg und beruhigt, wenn es einmal nicht so

---

1   Volker Stollorz, *Panikmacher oder Pannenhelfer? Warum Medien über Risiken schreiben, wenn sie aus Sicht der Wissenschaft schweigen sollten,* in: Petra Gurn/Olaf Mosbach-Schulz (Hg.), „Risikokommunikation in den Medien" – Workshopdokumentation der Universität Bremen vom März 1998, S. 71.

2   Vgl. u. a.: Kroll Presse-Taschenbuch Gesundheit 2006/7, Seefeld/Obb. 2006, S. 377 f.

klappt. Zahlen können Vorgesetzten und Agenturkunden auch zeigen, welche Themen von Redaktionen angenommen werden und welche nicht. Ursachen für schlechte **Abdruckquoten** lassen sich ermitteln, wenn zusätzlich die Faktoren notiert werden, die darauf einwirken. Zusammengefasst können die Angaben in einem Formular mit:

- Datum der Versendung,

- Thema des Pressetextes,

- belieferte Schwerpunkte des Presseverteilers,

- Zahl der belieferten Redaktionen,

- Prozent der Redaktionen, die veröffentlicht haben (absolute Abdruckquote),

- die Reichweite beziehungsweise Auflagenhöhe der Medien (wie viel Prozent der Zielgruppe wurde erreicht, relative Abdruckquote)

- externe Einflussfaktoren auf die Abdruckquote, wie die Nachrichtenlage.

Die **Auflagenhöhen** und Reichweiten vieler Medien stehen in Nachschlagewerken, wie dem Stamm, sowie den Mediadaten, die bei den Anzeigenabteilungen der Verlage und Sender angefordert werden können. Die Pagevisits größerer Internetportale bietet zusätzlich die „Informationsgemeinschaft zur Feststellung der Verbreitung von Werbeträgern" unter www.ivw.de.

Die Analyse kann ergeben, dass absolute und relative Abdruckquoten stark voneinander abweichen: Vielleicht erreichen drei Veröffentlichungen in Fachmedien und Newslettern mehr Menschen der Zielgruppe als zehn Beiträge im Radio. Die Veröffentlichungen können außerdem inhaltlich analysiert werden: Werden das Haus oder einzelne Themen positiv, sachlich, kritisch oder negativ eingeschätzt?

Bei übersteigerten internen Reaktionen auf negative Einzelberichte kann diese Auswertung angemessen relativierend wirken. Sie ist sowohl als Tätigkeitsnachweis gegenüber Sponsoren und Vorgesetzten nutzbar als auch für das Kapitel Presse- und Öffentlichkeitsarbeit im Geschäftsbericht, also die Jahresbilanz der Abteilung oder Agentur. Ein kontinuierlicher Verbesserungsprozess kann eingeleitet werden, wenn die Grund- und Qualitätsanforderungen an die Pressearbeit so festgelegt werden, dass sie sich in Zahlen ausdrücken und damit messen lassen.[1]

Über die Veröffentlichungen informiert werden können neben der Geschäftsführung und der Fachabteilung, von der die Informationen stammten, auch andere Abteilungen, die Belegschaft, Geschäfts- und Kooperationspartner, Gesellschafter, Mitglieder und Kunden. So können Medienberichte am „Schwarzen Brett" oder in Geschäftsräumen ausgehängt werden und Zitate daraus in Mitarbeiter- und Kundenzeitschriften sowie auf Internetseiten aufgenommen werden. Werden auch kritische Berichte auf diesem Weg verbreitet, kann dies die interne Meinungsbildung und Solidarisierungen fördern sowie zeigen, dass man auf Schönfärberei nicht angewiesen ist und die Beschäftigten als selbständig denkende Menschen schätzt. Erfahren die intern regelmäßig nur von positiven Beiträgen, fühlen die sich umgekehrt schnell gegängelt, wenn sie nur zufällig von negativen erfahren. Die Glaubwürdigkeit der internen Informationspolitik wird dann bezweifelt. Wurden in den Medien Missstände aufgegriffen, die längst hätten abgestellt werden müssen? Dann können die Berichte Anlass sein, es zu tun sowie intern und extern darüber zu informieren. Ist die Berichterstattung permanent negativ, ohne dass das Haus die geringste Schuld trifft? Dann könnte intern umfassend über die Hintergründe informiert werden – und so die wichtigsten und glaubwürdigsten Multiplikatoren für sich eingenommen werden: die Beschäftigten.

Medienberichte können bei der nächsten Pressekonferenz auch als Hintergrundmaterial in die Pressemappe (vgl. Kapitel „2.5 Ergänzendes Material vorbereiten") eingelegt werden. Außerdem können Porträts des Hauses und grundlegende Beiträge zur Interviewvorbereitung an Journalisten und Interviewpartner gegeben werden. Das vereinfacht beiden die Arbeit und zeigt zugleich die Unentbehrlichkeit der Pressearbeit.

Beachtet werden muss bei jeder Nutzung allerdings das Urheberrecht: Um Beiträge aus Büchern und Fachzeitschriften verwenden zu dürfen, muss die Einwilligung des Verlages eingeholt werden, bei Beiträgen anderer Printmedien die Einwilligung der Autoren, bei Hörfunk- und

---

1 Vgl.: Viola Falkenberg, *Evaluation der Qualität von Pressearbeit,* in: pr-magazin, 9/2001, S. 35–42.

Fernsehbeiträgen die der Sendeanstalt.[1] Ohne Einwilligung dürfen maximal sieben Kopien zur internen Verteilung per „Schwarzem Brett" oder **Pressespiegel** verwendet und kurze Auszüge aus mehreren Artikeln in einer Übersicht wiedergeben werden. Ohne Genehmigung ist es also weder zulässig, Medienberichte einzuscannen und auf die eigene Internetseite zu stellen noch diese in Broschüren aufzunehmen. Auch nicht mit genauer Quellenangabe. Ebenso unzulässig ist die elektronische Verbreitung ohne Einwilligung von Verlag oder Autoren. Somit dürfen auch keine Berichte aus Zeitungen, Sendungen oder Internetseiten als elektronischer Pressespiegel intern per Rund-Mail an mehr als sieben Empfänger versendet werden. Da es zu aufwendig ist, die Einwilligung aller Autoren einzeln einzuholen, ist für Print-Pressespiegel die Verwertungsgesellschaft Wort zuständig (Goethestraße 49, 80336 München, Telefon 0 89/51 41 20), für elektronische Pressespiegel der Pressemonitor Berlin (Markgrafenstraße 22, 10117 Berlin, Telefon: 0 30/ 284 93-0). Beide nehmen – wie die GEMA für Musik – die Nutzungsrechte von Autoren an deren Beiträgen wahr und leiten die Einnahmen an diese weiter. Erscheinen allerdings die Texte der Mitarbeiter aus Pressestellen oder Agenturen nur geringfügig geändert in den Medien, dann haben Journalisten daran keinen geistigen Eigenanteil und die Texte dürfen beliebig genutzt werden.

Je umfangreicher ein Pressespiegel ist, desto wichtiger wird ein vorangestelltes Inhaltsverzeichnis, um zeitsparendes Arbeiten zu ermöglichen sowie eine Sortierung nach Thema, Abteilung oder Region. Langfristig können gekürzte jährliche Presseschauen und Themen-Pressespiegel die Arbeit von Abteilungen erleichtern. Die sind oft für mehr Menschen interessant als die ausführlichen Zusammenstellungen – beispielsweise auch für Kooperationspartner, Gesellschafter, Mutter- oder Tochtergesellschaften, Beiräte, Kunden, Freunde des Hauses, Politiker oder die Abteilungsleiter an anderen Standorten. Besonders aufschlussreich werden die, wenn darin die zentralen Trends der Berichterstattung dargestellt werden. Für solch eine Nutzung müssen die Rechte zur Verbreitung allerdings bei den Autoren eingeholt werden.

---

1 Vgl.: Viola Falkenberg, Im Dschungel der Gesetze. Leitfaden Presse- und Öffentlichkeitsarbeit, Bremen 2004, S. 50–53, 96–104, 174–178.

Checkliste

Qualitätskontrolle

1. Gedruckte Version lesen und verbessern

2. Am nächsten Tag laut lesen, zu lange Sätze auflösen, unnötige Silben und Füllwörter streichen, Langweiliges ändern, Zahlen und Namen akribisch prüfen

3. Von Laien gegenlesen lassen und deren Hinweise berücksichtigen

4. Genehmigen in Pressestellen: a) Zitierte

                                      b) Fachleute

                                      c) Geschäftsleitung

Genehmigen in Agenturen: a) interne Vorgesetzte

                                      b) Zitierte

                                      c) Fachleute

                                      d) Geschäftsleitung

                                      e) bei größeren Änderungen erneut die internen Vorgesetzten

Checkliste

Der Weg in die Redaktion

Post	mit Angabe von Ressort, Rubrik oder Sendung
E-Mail	Text nicht layoutet in der E-Mail, mit aussagekräftigem Betreff
Fax	nach Absprache mit der Redaktion oder bei sehr aktuellen Texten, wie nach Pressekonferenzen
Pressebereich	Pressemitteilung mit kurzer Zeitverzögerung einstellen
Pressefächer auf Messen und Kongressen	Pressematerial vor der Eröffnung einlegen
Nachfassen	vermeiden

Intervention nach Veröffentlichungen

regelmäßig keine Veröffentlichung	Medienrelevanz des Themas prüfen
gelegentlich keine Veröffentlichung	Nachrichtenlage und Schreibstil prüfen
formale Änderungen	Verbesserungen als Anregung aufnehmen
kritische Ergänzungen, kleine Fehler eingebaut, formale Verschlechterungen	nichts unternehmen
gravierende Fehler eingebaut	um Berichtigung bitten

Veröffentlichungen nutzen

Von Medienberichten erfahren	– intern sammeln
	– Internetrecherche
	– Ausschnittsdienste
Beiträge analysieren	– Abdruckquote, Einflussfaktoren und Reichweiten ermitteln
	– Änderungen auf Anregungen für künftige Texte prüfen
	– inhaltliche Tendenz ermitteln
	– Ursachen ermitteln, wenn die Tendenz sich ändert
Beiträge nutzen	– zuerst die Nutzungsrechte klären
	– intern: Pressespiegel, „Schwarzes Brett", Mitarbeiterzeitungen etc.
	– extern: Geschäftsbericht, Jahresbilanz, Hintergrundmaterial für Journalisten

5 Übungen

5.1 Was Medien interessiert

Übung 1 – Anzeigenzeitung

A) Bei der wöchentlich kostenlos verteilten Anzeigenzeitung für Brunsbüttel (rund 14.000 Einwohner) liegen sieben Ankündigungen von Veranstaltungen für die kommende Woche auf dem Schreibtisch. Als Journalist haben Sie nur noch Platz für vier Meldungen. Welche wählen Sie aus und warum?

Absender	Thema
1. Polizei	zur Anti-AKW-Demonstration gegen das AKW Brunsbüttel werden 1.000 Teilnehmer erwartet
2. Brunsbütteler Bürgermeister	besucht das Seniorenheim der Arbeiterwohlfahrt
3. Sozialstation	Tag der offenen Tür zum einjährigen Jubiläum
4. Nachbarschaftshilfe e. V.	feiert ein Straßenfest
5. SPD Brunsbüttel	ein SPD-Bundespolitiker hält eine Wahlkampfrede
6. Krankenhaus	Prof. Dr. Dr. Schmidt aus Israel redet über Hygiene im Krankenhaus
7. Freiwillige Feuerwehr	macht die Feuerwehrübung, die sie alle drei Monate durchführt

B) Warum lassen Sie die anderen weg?

C) Die Meldungen müssen in der Reihenfolge der Wichtigkeit veröffentlicht werden, die wichtigste also zuerst. Welche Reihenfolge wählen Sie und warum?

D) In letzter Minute meldet die Feuerwehr einen Großbrand bei Brunsbüttel. Bekannt ist nur, in welcher Straße es brennt. Was tun Sie?

Übung 2 – Tageszeitung

A) Bei der Lokalredaktion der Leipziger Zeitung liegen sieben Pressemitteilungen. Die aktuelle Ausgabe bietet Platz für zwei komplette Pressemitteilungen und eine gekürzte. Was veröffentlichen Sie komplett, was gekürzt?

Absender	Thema
1. Bürgermeister	ab morgen gelten die vor Monaten festgelegten höheren Parkgebühren in der Altstadt
2. Frauenhaus	Bilanz und Perspektiven fünf Jahre Frauenhaus Leipzig
3. Sportverein	reduziert die Angebote für Senioren von 20 auf 15
4. Vereinigung der mittelständischen Leipziger Betriebe	fordert neues Steuergesetz für den Mittelstand
5. Volkshochschule	stellt die Kurse der kommenden sechs Monate vor
6. Rheuma-Liga Leipzig	bietet ab sofort Beratung für Eltern von Kindern mit Rheuma
7. Besitzer eines Schrottplatzes	warnt vor Krebsgefahr durch Ausdünstungen in alten Autos

B) Was bewahren Sie auf, um es möglicherweise in einer späteren Ausgabe bringen zu können?

C) Warum werfen Sie die übrigen in den Papierkorb?

Übung 3 – Fachzeitschrift

A) Bei der bundesweiten monatlich erscheinenden Fachzeitschrift für Hausärzte liegen sechs Pressemitteilungen vor. In der aktuellen Ausgabe haben Sie nur noch für zwei Platz. Welche veröffentlichen Sie?

Absender	Thema
1. Bundesverband der Rheuma-Liga	bietet ab sofort telefonische Beratung für Eltern von Kindern mit Rheuma
2. Frauentherapiezentrum München	kündigt eine Fachtagung zu sexualisierter Gewalt an
3. Deutsche Gesellschaft für Ernährung	bietet dreitägige Fortbildung zur Ernährung im Alter im kommenden Monat
4. Bundesärztekammer	kritisiert das Pflegeweiterentwicklungsgesetz
5. mittelständische Pharmafirma	produziert ein neu zusammengesetztes Mittel gegen Kopfschmerzen
6. Ärzte ohne Grenzen	zieht nach einem Anschlag seine internationalen Mitarbeiter aus Somalia ab

B) Welche bewahren Sie auf, um sie möglicherweise in einer späteren Ausgabe bringen zu können oder für einen eigenen Beitrag zu nutzen?

Übung 4 – Fernsehnachrichten

In der Redaktion der Tagesschau kommen in letzter Minute vier Meldungen herein. Zwei können noch untergebracht werden. Welche nehmen Sie?

1. Nokia	schließt mit 100 Millionen Euro geförderte Handy-Fabrik Deutschland, in der 3.000 Menschen arbeiten

2. amerikanische Präsident Busch sagte in seiner Rede zur Lage der Nation, die Amerikaner könnten wirtschaftlich optimistisch sein

3. Deutsche Post testet Hybrid-Lastwagen im täglichen Einsatz

4. Unicef der Geschäftsführer des Kinderhilfswerkes der Vereinten Nationen in Deutschland tritt nach tagelangen öffentlichen Vorwürfen wegen Vertrauensverlust zurück

Übung 5 – Anlässe ermitteln

Sie haben für das kommende Jahr mehrere Anlässe eines Vereins zusammengestellt, zu denen die regionalen Medien informiert werden könnten. Dies sind:

- die Jahresbilanz des Vereins

- der 80. Kurs findet statt

- Betroffene werden jetzt beraten

- fünfjähriges Jubiläum

- zwei neue BSHG-19-Kräfte nehmen die Arbeit auf

- ein Faltblatt für Betroffene erscheint

- die Kooperation mit einem Schweizer Verein startet

- die jährliche Mitgliederversammlung

- der Verein erhält Zuschüsse aus einem europäischen Projekt

Zwei Anlässe sollen für die Versendung einer Pressemitteilung genutzt werden, wobei auch mehrere Themen zu einem Anlass zusammengefasst werden können. Welche Anlässe nehmen Sie?

Übung 6 – Zeitplanung für Pressemitteilungen

A) Über ein mittelständisches Unternehmen in einer ländlichen Region mit 300 Beschäftigten wird bis zu viermal jährlich in der Zeitung berichtet – meist zweimal im Lokalteil und zweimal im Wirtschaftsteil. Mögliche Anlässe für Medienberichte sind im kommenden Jahr:

• Tag der offenen Tür

• Jahresgeschäftsbericht

• ein Patent wird angemeldet

• ein neues Produkt für Betriebe kommt in den Verkauf

• eine regionale Fachmesse wird veranstaltet

• beim Weihnachtsfest werden die Jubilare geehrt

• 100 Beschäftigte werden entlassen

• auf dem Gelände wird ein neues Bürohaus gebaut

Bei welchen beiden Anlässen soll die Lokalredaktion informiert werden, bei welchen zwei die Wirtschaftsredaktion?

B) Die Pressearbeit wird so frühzeitig geplant, dass Sie die Zeitpunkte, zu denen etwas stattfindet, bestimmen können. Wie verteilen Sie die ausgewählten Anlässe auf das Jahr, um eine möglichst gute Presseresonanz zu haben?

C) Welche Vorteile bietet die Verteilung?

D) Welche Themen übernehmen Sie in die Liste möglicher Anlässe für das folgende Jahr?

5.2 Journalistisch schreiben

Übung 1 – Einfacher formulieren

Drücken Sie die Inhalte einfacher aus:

1. Die Reparaturarbeiten an den Beleuchtungseinrichtungen wurden schnell zur Durchführung gebracht.

2. Die Kostensteigerung ist zum Stillstand gekommen.

3. Der Ursachenforschung kommt außerordentliche Bedeutung bei.

4. In der Nacht erfolgte ein Wetterumschwung.

5. Man fühlt sich nicht schlecht, wenn man kein Unglück hat.

6. Nicht ohne Zweifel entschloss er sich, keineswegs die Ablehnung zurückzuweisen.[1]

Übung 2 – Substantivierungen auflösen

Reduzieren Sie die Substantive:

1. Es gibt eine unüberschaubare Fülle an Theorien.

2. Theoretische Ansätze wurden nur bedingt zur Kenntnis genommen.

3. Dies erlaubt unterschiedliche Folgerungen im Hinblick auf die Gestaltung.

4. Besondere Bedeutung für die Unternehmenszielsetzung hatte die Bearbeitung des internationalen Marktes.

5. In dem vorliegenden Zwischenergebnis aus 18 Verwaltungsstellen des Bezirks Stuttgart wird über eine überraschend hohe Kooperationsbereitschaft der Unternehmer gegenüber ihren Betriebsräten berichtet.

6. „Um unser Angebot für Rat-, Hilfe- und Unterstützungssuchende nicht gerade jetzt einschränken zu müssen, wo immer mehr Menschen darauf angewiesen sind, mussten wir neue Finanzierungswege suchen", stellte der Verbandsvorsitzende in seiner Stellungnahme fest.

Übung 3 – Blähworte reduzieren

Streichen Sie überflüssiges und ersetzen Sie unnötig kompliziertes:

1. Der Fahrzeughalter verlor auf regennasser Fahrbahn im Kurvenbereich die Kontrolle über sein Fahrzeug.

---

1 Beispiele entnommen aus: Karl-Ernst Jipp, Wie schreibe ich eine Nachricht, Stuttgart 1990, S. 80, 92, 142, 145.

2. Wichtig ist dabei vor allem, dass die Partner einander auf gleicher Augenhöhe begegnen.

3. Entsprechend ihren ganz persönlichen Vorstellungen können sich Interessierte ihr Versicherungspaket zusammenstellen lassen.

4. Die einwöchige Veranstaltungsreihe hat sich auch bundesweit bereits einen Namen gemacht.

5. Die Überreichung des Preises seitens des Vorsitzenden der Stiftung findet am 28. Januar, um 12 Uhr, in der Oberen Halle des Rathauses statt.

6. Initiatorin ist die Rudolf-Alexander-Schröder-Stiftung, die gemeinsam mit Vertretern verschiedener Kultureinrichtungen das Thema erarbeitet hat und mit Ausstellungen, Lesungen, Autorengesprächen, Filmvorführungen, Vorträgen, Musikdarbietungen sowie Veranstaltungen präsentiert.

Übung 4 – Satzbau

Beginnen Sie die Sätze mit den Informationen, die für die Einordnung der weiteren Angaben relevant sind:

1. Größere Anstrengungen zur Gewährleistung einer hohen inneren Sicherheit hat der amerikanische Präsident verlangt.

2. Den erfolgreichen Wachstumskurs in dem von ihr betreuten Gebiet zusammen mit den Mitarbeitern konsequent fortzusetzen, ist ein weiteres Ziel.

3. Die 32. Literarische Woche beginnt am Freitag, 25. Januar, um 18 Uhr mit der Ausstellungseröffnung „Familienporträts – Ansichten der spanischen Familie im 21. Jahrhundert" in der Zentralbibliothek.

4. Nicht nur die künstlerische Darstellung von Gewalt wird durch die allgegenwärtigen Bilder und die traumatische Erfahrung des Terrors herausgefordert, auch das theoretische Denken ist davon beeinflusst.

5. Die Rechtsanwaltsgesellschaft Rasender Reimund hat einen mittelständischen Elektronikproduzenten beim Verkauf seines Geschäftsbereichs Kleinelektronik an einen deutschen Finanzinvestor umfassend rechtlich beraten.

6. Als Börsenzulassungssegmente will die Deutsche Börse zukünftig „Domestic Standard" mit gesetzlichen Mindesttransparenzanforderungen sowie „Prime Standard" mit zusätzlichen international üblichen Transparenzanforderungen für Aktien unterscheiden.

Übung 5 – Weniger bürokratisch schreiben

Vereinfachen Sie die Formulierungen:

1. Der Sachschaden beläuft sich auf 25.000 Euro.

2. Es wurden Ermittlungen durchgeführt.

3. Außerdem ist eine Folgeveranstaltung der Zukunftskonferenz vorgesehen.

4. Entwicklungstechnisch war das Jahr 2007 das Jahr der Gewerbelösungen.

5. Bei dieser Gelegenheit konnten den Mitgliedern aus der gesamten Bundesrepublik die Potenziale Bremens im Bereich der Informations- und Kommunikationstechnologie vorgestellt werden.

6. Die Nato hat am Montag dem Generalinspekteur der Bundeswehr in einem Brief die Bitte übermittelt, die Bundeswehr möge die Aufgabe einer Schnellen Eingreiftruppe für die Nordregion Afghanistans übernehmen.

Übung 6 – Journalistische Schreibweise

1. Welche fünf Fehler enthält dieser Satzteil einer Pressemitteilung für lokale Medien?

Die Vorstandssprecherin von ARLA GmbH & Co. KG, Frau M. Schulze-Kastendiek (38 Jahre, Chemikerin) ...

Formulieren Sie den Satzteil ohne diese Fehler.

2. Finden Sie vier Fehler dieser Schreibweise und schreiben Sie den Satz ohne Fehler:

Die Veranstaltung findet am 3. 10. 08 statt und beginnt um 19.00 Uhr.

3. Finden Sie zwei Fehler in diesen Sätzen und schreiben Sie ihn inklusive der genauen Ortsangabe in zwei Sätzen sowie in einem Satz:

Die Podiumsdiskussion findet im Bürgerhaus statt. Beginn: 20 Uhr, am Freitag, dem 2. März.

4. Welche dieser Schreibweisen ist für Pressemitteilungen richtig und warum?

Der Umsatz stieg von 1998 bis 2008 um 15 Prozent.

Der Umsatz stieg in den vergangenen 10 Jahren um fünfzehn Prozent.

Der Umsatz stieg in den vergangenen zehn Jahren um 15 Prozent.

Der Umsatz stieg in den letzten zehn Jahren um 15 %.

5. Welche Schreibweise ist für Pressemitteilungen richtig und warum?

Die Broschüre kostet € 5,–. Nähere Informationen bei Ernst Müller unter Tel. 7 77 77.

Die Broschüre kostet 5 €. Nähere Informationen gibt Ernst Müller unter der Telefonnummer 7 77 77.

Die Broschüre kostet 5,– Euro. Nähere Informationen erhalten Sie telefonisch bei Ernst Müller, 7 77 77.

Die Broschüre kostet fünf Euro. Nähere Informationen gibt Ernst Müller unter der Nummer 7 77 77.

Warum ist die Angabe unsinnig, unter welcher Telefonnummer es nähere Informationen gibt?

Welche Angabe ist statt dessen sinnvoll?

6. Sortieren Sie die Angaben nach den Leserinteressen.

Freitag – Podiumsdiskussion – 19.30 Uhr – ermäßigter Eintritt: 3 € – München – Schillergasse 30 – Teilnehmende: Münchner Bürgermeister, Vertreter der örtlichen Parteien, Vorsitzender der Deutschen Bahn und deren Betriebsrat, Bundesverkehrsminister – Eintritt: 5 € – Thema: Deutsche Bahn 2050 – am 3. Oktober – bundesweites Modellprojekt

Formulieren Sie den Text.

5.3 Aufbau und Anfang finden

Übung 1 – Reihenfolge der Information

1. Entscheiden Sie, was als Hauptthema einer Pressemitteilung geeignet ist:

   Beschäftigte können Dienstfahrräder privat nutzen – Jahresbilanz der Stahlwerke – Eröffnung der Ausstellung 100 Jahre Stahlwerke – 200 Entlassungen – neue Abgasreinigungsanlage im kommenden Jahr – Standort soll verkleinert werden – Kantine wird erweitert

2. Wählen Sie zwei zum Hauptthema passende Aspekte aus und legen Sie deren Reihenfolge fest.

3. Welche Informationen müssten recherchiert werden, um über das Hauptthema informieren zu können?

4. Kurzfristig wird die Entscheidung über die Entlassungen und die Standortverkleinerung verschoben. Was legen Sie kurzfristig neu als Thema der Pressemitteilung mit welchen Aspekten fest und warum?

5. Formulieren Sie eine Überleitung vom Aspekt „gute Bilanz" zum Aspekt „Kantine wird erweitert".

6. Formulieren Sie die Überleitung durch Verwendung von zwei Zitaten.

Übung 2 – Reihenfolge der Themenaspekte

Die Reihenfolge der Themenaspekte ist: Sponsoring ist neu, gesucht wird, warum Sponsoring, Appell. Lesen Sie den Text und entscheiden Sie, welche Reihenfolge günstiger wäre.

Sozialsponsoring nun auch in Weser-Ems

Neue Wege geht die Arbeiterwohlfahrt (AWO) Bezirksverband Weser-Ems, um seine sozialen Einrichtungen trotz gekürzter öffentlicher Gelder finanziell abzusichern. Als erster Wohlfahrtsverband im Landkreis setzt er auf Sozialsponsoring und unterschrieb einen ersten Vertrag am vergangenen Montag. Die Familienberatungsstelle wird nun von der Unternehmerin ... finanziell unterstützt, teilte die AWO mit. Dass dieses Beispiel andere Unternehmen anregt, sich mittels Sponsoring sozial in der Region zu engagieren, hofft der Vorsitzende des Verbandes ... . Entsprechende Zusagen gäbe es schon für den Kindergarten. Sponsoren würden jedoch noch gesucht für die Frauenhäuser, die Schuldner- und Drogenberatungsstelle sowie die Begegnungsstätten. „Mit vier Millionen Euro müssen wir jährlich unsere Einrichtungen bezuschussen. Um unser Angebot für Rat-, Hilfe- und Unterstützungssuchende nicht gerade jetzt einschränken zu müssen, wo immer mehr Menschen darauf angewiesen sind, mussten wir neue Finanzierungswege suchen", so ... . Er hoffe nun auf die weitere fruchtbare Zusammenarbeit mit den Unternehmen in Weser-Ems.

Übung 3 – Tendenz festlegen

1. Listen Sie das Wichtigste des Textes nach abnehmender Wichtigkeit für die Öffentlichkeit auf.

IG Metall-Aktion „Tatort Betrieb" ein voller Erfolg

Als sehr erfolgreich hat sich die von der IG Metall Baden-Württemberg im Herbst 1988 gestartete Aktion „Tatort Betrieb" herausgestellt. Als Zwischenergebnis der Aktion, die das Ziel verfolgt, gefährliche und gesundheitsgefährdende Stoffe aus dem Betrieb und damit auch aus der Umwelt zu verbannen, kann Bezirksleiter Walter Riester rund 60 Betriebe und Unternehmen von Singen bis Tauberbischofsheim und von Ulm bis Mannheim nennen. So viele Unternehmen haben im Zeitraum der Aktion das Reinigungsmittel Per-Chlorethylen (Per) aus ihrer Produktion entfernt. Dieser Stoff, der in der Industrie zum Reinigen von Produkten genutzt wird, ist nach neuesten Untersuchungen krebserzeugend und gleichzeitig Mitverursacher am Waldsterben. „Während viele Offizielle nur darüber reden, schützen wir die Gesundheit der Metaller und betreiben gleichzeitig aktiven Umweltschutz", erklärt der baden-württembergische IG Metall-Chef aus Anlass der 40. Bezirkskonferenz der IG Metall in der Schwabenlandhalle in Fellbach. In dem vorliegenden Zwischenergebnis aus 18 Verwaltungsstellen des

Bezirks Stuttgart wird über eine überraschend hohe Kooperationsbereitschaft der Unternehmer gegenüber ihren Betriebsräten berichtet. In einer ganzen Reihe von Betrieben werden ungefährliche Ersatzstoffe ausprobiert und mit alternativen Reinigungsverfahren Versuche gefahren ... Walter Riester nennt den dritten Aspekt dieser Aktion: neben Gesundheitsschutz und Umweltschutz werden durch geschlossene Anlagen Neuinvestitionen erforderlich, die insbesondere in der baden-württembergischen Industrie Arbeitsplätze sichern. Nicht zu verkennen ist auch eine Reihe von Schwierigkeiten. Noch immer gibt es nach den Berichten der Verwaltungsstellen eine ganze Anzahl von Unternehmen, die ohne Rücksicht auf die Gesundheit ihrer Mitarbeiter weiterhin an den Gefahrstoffen festhalten wollen. Dies will und kann die IG Metall jedoch nicht tolerieren ... Die IG Metall beabsichtigt, kündigt Riester an, diese „Gefahrstoffsünde" der Öffentlichkeit vorzustellen.

2. Der Text hat drei Tendenzen, die sich inhaltlich teilweise widersprechen: Das Eigenlob der IG Metall, das Lob an die Unternehmen und die Schwierigkeiten mit den Unternehmen. Welche Tendenz wäre außerdem möglich?

3. Wählen Sie einen Aspekt des Themas mit einer Tendenz für Ihren Text aus und schreiben Sie den Text neu.

4. Welche weiteren Fakten hätten für den Pressetext recherchiert werden können?

Übung 4 – Anfänge sammeln

1. Welche W-Fragen beantwortet dieser Text?

„Denkmal mit der Linse" heißt der Fotowettbewerb, den die Deutsche Stiftung Denkmalschutz zum zweiten Mal ausschreibt. Junge Leute zwischen 15 und 19 Jahren werden aufgerufen, mit der Kamera auf Spurensuche zu gehen. „Altersspuren" heißt das Thema, und es geht dabei um Details wie Türen, Fenster oder Inschriften, die etwas über die Entstehungszeit der Gebäude verraten, an denen ihre frühere Nutzung abzulesen ist. Auch Wandrisse können Spuren sein. Die Fotos sollen mit einem selbstverfassten Kommentar ergänzt werden. Einsendeschluss ist der 31. Oktober. Teilnahmeunterlagen sind bei der Deutschen Stiftung Denkmalschutz, Koblenzer Straße 75, in 53177 Bonn zu erhalten.

2. Welche Nachrichtenanfänge (summarischer Vorspann, Wer-Einstieg, Was-Einstieg etc.) sind demnach theoretisch möglich?

3. Formulieren Sie alle der möglichen Anfänge.

4. Welche Anfänge passen zum Thema?

5. Welche Anfänge passen nicht?

6. Welche Anfänge sind am interessantesten?

Übung 5 – Anfänge auswählen

1. Welche W-Fragen beantwortet dieser Text?

Der Forschungseisbrecher „Polarstern" des Alfred-Wegener-Instituts für Polar- und Meeresforschung (AWI) ist jetzt nach über fünfmonatiger Expeditionsreise wieder nach Bremerhaven zurückgekehrt. An Bord waren zahlreiche Proben und ozeanographische Daten sowie mehr als 100 Tonnen Material der Antarktis-Station „Filchner". Wie berichtet, hatten AWI-Techniker die ehemalige Forschungsstation Anfang Februar in einer Blitzaktion in der Antarktis abgebaut und zerlegt. Die nur im Sommer genutzte Station war im Oktober 1998 mit einer Eisscholle vom Filchner-Ronne-Schelfeis abgebrochen und trieb monatelang durch das südpolare Weddelmeer.

2. Machen Sie eine Liste möglicher Anfänge.

3. Formulieren Sie alle diese Anfänge.

4. Welche Anfänge passen zum Thema?

5. Welche Anfänge passen nicht?

6. Welche Anfänge halten Sie für die besten?

5.4 Richtig zitieren

Übung 1 – Zitate finden

Sie haben Auszüge aus einer Rede vorliegen, die die Vorsitzende auf der Frauenwoche halten wird. Sie sollen dazu die Terminankündigung verfassen. Formulieren Sie zwei Zitate, mit denen Sie den Text beginnen könnten. Sie müssen dabei nicht wörtlich zitieren – sinngemäße Zusammenfassungen sind möglich, da die von der Vorsitzenden noch freigegeben werden.

„Frauen machen Schlagzeilen" ist der Titel dieser Veranstaltung. Einige von Ihnen mögen gedacht haben, au ja, einmal mein Projekt in den Schlagzeilen sehen. Aber ist das wirklich sinnvoll? Denn, wann sind Frauen denn in den Schlagzeilen? Sie sind in den Schlagzeilen, wenn sie gegen Gesetze verstoßen und einem vergewaltigenden Ehemann sein Mittel zum Zweck abschneiden. Frauen sind in den Schlagzeilen, wenn sie Macht haben und dies nicht verstecken, wie Hillary Clinton – oder wenn sie sich beispielhaft und vollkommen auf die Nächstenliebe konzentrieren, wie Mutter Theresa. In Deutschland sind Frauen in den Schlagzeilen, wenn sie massenhaft gegen Gesetze verstoßen und das auch noch veröffentlichen, wie in der Stern-Geschichte „Wir haben abgetrieben", oder wenn sie jemanden ins Jenseits befördern und sich obendrein die Freiheit nehmen, lesbisch zu leben. Und Frauen geraten in die Schlagzeilen, wenn sie in Machtpositionen sind und dann verdächtigt werden, sich die gleichen Rechte herauszunehmen wie ihre Kollegen – beispielsweise Dienstwagen und Bestechungsaffären. Jenseits der Schlagzeilen sind Frauen dafür als Opfer sehr beliebt. Was viel zu oft entfällt, ist die Anerkennung ihrer Kompetenz.

Mit meiner Einleitung habe ich den Schluss nahegelegt, dass Sie, liebe Frauen, nicht in die Schlagzeilen und die Medien wollen. Nach Schlagzeilen sollten Sie im Moment vielleicht wirklich nicht schielen. Regelmäßig in den Medien präsent sein schon eher. Denn langfristig müssen Sie regelmäßig in der Presse auftauchen, schon damit ausreichend Teilnehmerinnen zu Ihren Veranstaltungen kommen, die Existenz Ihrer Projekte bekannt ist und Ihre Finanzierung durch Zuschüsse gesichert wird; und um mit dafür zu sorgen, dass Frauen mit ihrer Kompetenz öffentlich wahrgenommen werden – anstatt hauptsächlich als Heilige, Opfer, Brecherinnen von männlichen Gewohnheitsrechten oder Gesetzen.

Übung 2 – Zitate formulieren

1. Welche Fakten aus dieser wörtlichen Mitschrift eines Vortrages sind nachprüfbar?

„Also, ich denke, das war gar nicht mal so schlecht, äh, was wir da gemacht, äh, geleistet haben. Also, ich finde, das war, äh, ist irgendwie schon ein Erfolg, dieses Projekt. Weil wir haben da ja schon was erreicht mit – vor allem, dass das jetzt auch irgendwie ein Thema ist. Und natürlich hoffen wir, dass das weitergeführt wird, also dass es das Projekt weiter gibt, es auch im nächsten Jahr die Wasser-Beratungsstelle gibt. Weil wir hatten ja doch viele, äh, Anfragen; also, bestimmt so zehn am Tag riefen an und fragten, was sie denn tun könnten, um dabei zu helfen, die Umwelt zu unterstützen, also, ich meine, wie sie Wasser sparen können. Und da waren auch Firmen dabei. Also, bestimmt so eine Firma am Tag. Wenn die das wirklich alle machen, also das heißt, dass hier in Bad Laum bestimmt 500 Liter Wasser weniger verbraucht würden jeden Tag. Und das heißt ja auch was für die Umwelt, also, äh, für die Trinkwasseraufbereitung. Die sparen da ja nicht nur Geld mit.“

2. Formulieren Sie entsprechend eine Faktenaussage und ein indirektes Zitat für einen Pressetext.

3. Formulieren Sie ein direktes Zitat, mit dem der Text fortgesetzt werden kann.

Übung 3 – Zitate verbessern

1. Schreiben Sie diesen Text so um, dass die nachprüfbaren Fakten im Text stehen, die Einschätzungen im direkten Zitat:

Experten sähen keinen Zusammenhang zwischen den schweren Erdbeben, die sich innerhalb kurzer Zeit in der Türkei, in Griechenland und in Taiwan ereigneten. Deren zeitliches Zusammentreffen könne man als Zufall bezeichnen, sagte der Seismologe und Geophysiker Nicolai Gestermann von der Bundesanstalt für Geowissenschaften und Rohstoffe in Hannover. Das neue Erdbeben in Taiwan habe erst einmal nichts mit den Erdbeben in Griechenland und der Türkei zu tun; und auch die beiden Erdbeben in der Türkei und Griechenland hätten nicht unbedingt etwas miteinander zu tun. Es sei auch weiterhin weltweit mit schweren Beben zu rechnen, meinte Gestermann. Auch in der Vergangenheit habe es immer wieder schwere Erdbeben gegeben, und die werde es auch in Zukunft geben. Von daher sei das Erdbeben in Taiwan nichts Außergewöhnliches.

2. Formulieren Sie die Zitate prägnanter und mehr an gesprochener Sprache orientiert.

3. Legen Sie eine sinnvolle Reihenfolge der im Text gegebenen Informationen fest und schreiben den Text entsprechend um. Wechseln Sie dabei zwischen Fakten, direktem und indirektem Zitat.

5.5 Terminankündigung schreiben
Übung 1 – Leser einbeziehen

Welche Formulierungen sind in Terminankündigungen nicht zulässig und warum nicht?

1. Sie sind herzlich eingeladen

2. Gäste willkommen

3. Interessierte sind herzlich eingeladen

4. öffentliche Veranstaltung

5. Informationen erhalten Sie unter ...

6. nähere Informationen unter Telefon ...

Übung 2 – Termin mitteilen

1. Schreiben Sie einen Satz für die Rubrik Veranstaltungskalender:

Murnau am Staffelsee – erstes Treffen von Klein- und Mittelständlern – Urlaubsregion Nähe Garmisch-Patenkirchen – allgemeines

Ziel: regelmäßiger beruflicher Austausch – Ziel des ersten Treffens: Kennenlernen und Namen für Treffen finden – Ort: Gewerbehof – Westerweg 2 – offen für alle interessierten Unternehmerinnen und Unternehmer – 19.30 Uhr – Donnerstag – 3. März.

2. Schreiben Sie eine einen Absatz lange Ankündigung.

3. Welche Informationen fehlen, um eine längere Terminankündigung schreiben zu können?

4. Erfinden Sie die fehlenden Angaben, und schreiben Sie eine zwei Absätze lange Terminankündigung.

5. Entwickeln Sie eine Überschrift.

6. Welche Fakten benötigten Sie, um anlässlich des Treffens eine Pressemitteilung herausgeben zu können? Woher könnten Sie die bekommen?

Übung 3 – Veranstaltung ankündigen

Welche Fakten sind mindestens erforderlich, welche bestenfalls, um eine Terminankündigung schreiben zu können für:

1. ein Seminar

2. eine Podiumsdiskussion

3. die Eröffnung einer Ausstellung

4. eine Tagung oder Konferenz

5. eine Messe

6. eine Fortbildung

5.6 Pressemitteilung verfassen

Übung 1 – Produktvorstellung

A) Analysieren Sie die ersten vier Sätze der Pressemitteilung aus einem Presseportal Wort für Wort auf journalistische Schreibweise und stilistische Verbesserungsmöglichkeiten und formulieren Sie diese neu.

Key-Work präsentiert seine Produktneuheit ‹enterprise marketing studio, die Lösung für erfolgreiche (Überschrift bricht ab, passte also nicht in die Eingabemaske des Presseportals)

Vorspann: Key-Work stellt mit ‹ems ein innovatives Tool vor, dass alle wichtigen Bereiche für erfolgreiches Direkt Marketing abdeckt. Vom Kampagnenmanagement bis hin zur Kundensegmentierung werden alle für den Marketingprofi wichtigen Aspekte bedient.

Text: Karlsruhe 03. Januar 2008 — Key-Work Consulting GmbH, der Spezialist für Business Intelligence und PLM Lösungen, präsentiert mit ‹ems ein neuartiges Komplettwerkzeug für das professionelle Direkt Marketing. Mit diesem Werkzeug eröffnen sich für Unternehmen beim immer wichtiger werdenden Thema Direkt Marketing neue, zukunftsweisende Möglichkeiten und Ansätze.

Mit der Komplettlösung ‹ems für das strategisch-analytische und operative Direkt Marketing stellt die Key-Work Consulting GmbH voller Stolz ein völlig neuartiges und innovatives Werkzeug vor. Vom Kundenbeziehungsmanagement über Analysen und Segmentierungen bis zur operativen Kampagne können Marketingexperten ihre Ideen jetzt unmittelbar in die Tat umsetzen. Mit ‹ems lernt der Direkt Marketing Profi seine Kunden noch besser kennen und verbessert somit die Wertschöpfung aus dem vorhandenen Potential und Daten der Interessenten und Kunden.

‹ems ist einfach und schnell zu implementieren. Neben dem integrierten Call Center ermöglicht ‹ems durch zahlreich vorkonfigurierte Datenstrukturen eine optimale Unterstützung von Direkt Marketing Analyseverfahren, Kundensegmentierung, Marktsegmentierung und Produktkatalogsegmentierung.

„‹ems ist ein Werkzeug, das aufgrund unserer langjährigen Erfahrung in den Bereichen Business Intelligence, Data-Warehouse und Datenanalyse entstanden ist. Ein weiterer wichtiger Faktor für die Entstehung von ‹ems war und ist die enge und erfolgreiche Zusammenarbeit mit der Firma chors GmbH, den Spezialisten für Kampagnenmangement, Call-Center Management und Direkt Marketing Lösungen", erklärt Tobin Wotring, Geschäftsführer bei Key-Work Consulting GmbH. „Wir freuen uns, dass unser neues Produkt ‹ems sehr genau die Bedürfnisse der Unternehmen und Direkt Marketer adressiert und deren bisherige Reaktion bestätigen unsere Entscheidung, dieses Produkt einzuführen."

Kunden, die diese Lösungen schon jetzt erfolgreich einsetzen, sind unter anderem Atelier Goldener Schnitt, Aktion Mensch, UBS Bank / Schweiz, United Internet AG und andere.[1]

B) Verbessern Sie die ersten vier geänderten Sätze weiter.

Übung 2 – Erfolgsmeldung

A) Analysieren Sie die ersten vier Sätze aus einem Presseportal Wort für Wort auf journalistische Schreibweise und stilistische Verbesserungsmöglichkeiten und formulieren Sie diese neu.

Aufwärtstrend bei c-trace

In Leopoldshöhe bei c-trace gehen die Arbeiten trotz Jahreswechsel unverändert weiter. Während in den letzten Jahren nach Silvester langsam Ruhe eintrat, geht es in 2008 unvermindert weiter. Wenn auch viele Fahrzeuge in den letzten Wochen des zurückliegenden Jahres aufgebaut wurden, stehen doch schon die nächsten Projekte an. Firma c-trace, die Ident- und Wiegesysteme für die Abfallwirtschaft entwickelt und produziert, hat ein erfolgreiches Jahr hinter sich. Im zweiten operativen Jahr konnte der Markt ausgebaut werden. Wieder haben sich viele Kommunen und Entsorger für die Systeme von c-trace entschieden.

Besondere Bedeutung hatte für c-trace die Bearbeitung des internationalen Marktes. Auch hier gelang es, einige Projekte anzustoßen und umzusetzen. Insbesondere hat sich die Zusammenarbeit mit dem niederländischen Partner KLIKO im BENELUX-Markt erfolgreich ausgewirkt. „Was 2007 die ganze Branche beschäftigt hat, hat auch uns auf Trab gehalten" so Helmut Ziegler, Geschäftsführer c-trace: „Die Papiertonne mit Chip hat sich auf dem Markt durchgesetzt. Was anfangs belächelt wurde, wird nun von allen Entsorgern und Kommunen ernst genommen." So sind den Bürgern einige 10.000 Papierbehälter mit Chip zur Verfügung gestellt worden.

---

1 Unter http://www.firmenpresse.de/pressinfo40646.html am 21. 1. 2008.

„Entwicklungstechnisch war das Jahr 2007 das Jahr der Gewerbelösungen" so Michael Eikelmann, der die Entwicklungen bei c-trace als verantwortlicher Geschäftsführer steuert. „Nachdem in 2006 die Entwicklung des kommunalen Identifikationssystems im Vordergrund stand, wurde 2007 dafür genutzt, den Bereich Gewerbeabfalllogistik zu erarbeiten." Für Michael Eikelmann stellt sich hierbei eine große Herausforderung. „Jeder Entsorger hat seine eigene Philosophie in der Logistik. Die Kunst ist es nun, das passende Konzept auf die vorhandenen Abläufe abzubilden. Hier können wir noch viel bewegen."

Für das Jahr 2008 kann schon jetzt ein weiterer Aufwärtstrend festgestellt werden: Neue Projekte bereits schon im Zulauf. c-trace hat sich zu einem etablierten und zuverlässigen Partner für die Entsorgungswirtschaft entwickelt, der bei allen Beteiligten im Markt Beachtung findet – dies wird auch auf der kommenden Messe IFAT in München gezeigt.[1]

B) Verbessern Sie die ersten vier geänderten Sätze weiter.

Übung 3 – Marketing

A) Analysieren Sie die ersten vier Sätze Wort für Wort auf journalistische Schreibweise und stilistische Verbesserungsmöglichkeiten und formulieren Sie neu.

- **Akustisches Logo verstärkt neuen Markenauftritt**

- **Ab November in allen internationalen Hör- und Werbespots im Einsatz**

- **Individueller Klang mit hoher Wiedererkennbarkeit**

Stuttgart 25.10.07: – Mercedes-Benz führt mit seinem neuen Markenauftritt erstmals auch ein akustisches Markenzeichen ein: Das neue Sound Logo wird ab 01. November 2007 in allen internationalen Hörfunk- und Werbespots zum Einsatz kommen und verstärkt das weiterentwickelte Markendesign. Der einprägsame Klang, kombiniert mit einem neuen filmischen Abspann, rückt den Stern als Markenbild von Mercedes-Benz in der Kommunikation noch stärker in den Vordergrund.

---

1 Unter http://www.businessportal24.com/de/Aufwaertstrend_261405.html am 21. 1. 2008.

„Mit unserem neuen Sound Logo wird die Marke Mercedes-Benz in Zukunft nicht nur visuell, sondern auch akustisch eindeutig und schneller wahrnehmbar sein", sagt Dr. Olaf Göttgens, Vice President Brand Communications Mercedes-Benz Cars. „Dieses akustische Markenzeichen passt perfekt zu Mercedes-Benz – es ist emotional, elegant und unverwechselbar unserer Marke zuzuordnen."

Das Mercedes-Benz Sound Logo entstammt der Originalaufnahme eines englischen Jungenchores aus den 90er Jahren. Dabei wurde der Solopart einer Knabenstimme extrahiert und für das Sound Logo technisch aufbereitet. Die Entwicklung des Logos erfolgte in Zusammenarbeit mit der Mercedes-Benz Lead Agentur Jung von Matt.[153]

B) Verbessern Sie die ersten vier geänderten Sätze weiter.

Übung 4 – Europa

A) Analysieren Sie die ersten vier Sätze und formulieren Sie neu.

Prominente Botschafter für das Europäische Jahr des interkulturellen Dialogs 2008

Das Europäische Jahr des interkulturellen Dialogs 2008 gab heute in Berlin die Botschafter des Jahres offiziell bekannt. Die Botschafter des Europäischen Jahres sind Menschen der Öffentlichkeit. Sie helfen, die Menschen im Sinne der Kampagneninhalte zu mobilisieren und die Botschaft des interkulturellen Dialogs zu verbreiten. Die Botschafter haben eine Vorbildfunktion und geben dem Europäischen Jahr 2008 durch ihre Aussagen in Interviews und Statements eine Stimme.

„Die Idee, den Dialog zwischen verschiedenen Kulturen in den Mittelpunkt einer europaweiten Kampagne zu stellen, hat mich als MTV-Moderator deutsch-kongolesischer Herkunft sofort begeistert." (Patrice Bouédibéla, Botschafter des Europäischen Jahres des interkulturellen Dialogs 2008)

---

1   Unter http://media.daimler.com/dcmedia/home/d, Zugriff am 26. 10. 2007.

Die Botschafterinnen und Botschafter des Europäischen Jahres des interkulturellen Dialogs 2008 in Deutschland sind:

- Hans Zimmer, erfolgreichster deutscher Filmkomponist in Hollywood, Oscar für die Filmmusik von „Der König der Löwen"

- Minh-Khai Phan-Thi, deutsch-vietnamesische Autorin, Schauspielerin, Filmemacherin und Moderatorin

- Patrice Bouédibéla, deutsch-kongolesischer MTV-Moderator ... (insgesamt werden acht Botschaften vorgestellt)

Das Jahr 2008 ist von der Generaldirektion für Bildung und Kultur der Europäischen Kommission in Brüssel zum Europäischen Jahr des interkulturellen Dialogs 2008 erklärt worden. Ziel der Kampagne ist es, die Menschen in allen 27 EU-Ländern über die Vorteile von Vielfalt zu informieren und sie für einen interkulturellen Austausch zu begeistern.[1]

B) Verbessern Sie die ersten vier geänderten Sätze weiter.

Übung 5 – Partnerschaft

Analysieren Sie die ersten vier Sätze Wort für Wort auf journalistische Schreibweise und stilistische Verbesserungsmöglichkeiten und formulieren Sie neu.

Lübecker UNICEF-Jahr endet mit toller Bilanz

Die UNICEF-Städtepartnerschaft mit Lübeck hat alle Erwartungen übertroffen

22.1.2008 – Mit einer großen Dankesfeier im Rathaus ist die erfolgreiche Städtepartnerschaft von Lübeck und UNICEF offiziell zu Ende gegangen. Über 160 Aktionen und Veranstaltungen haben die Lübecker 2007 organisiert und dabei rund 340.000 Euro eingenommen, die den UNICEF-Projekten „Schulen für Afrika" und „Wasser im Sudan" zugute kommen. „Wir können sehr zufrieden sein", sagt Bürgermeister Bernd Saxe, „unser Ziel, einen Euro pro Einwohner zu sammeln, haben wir weit übertroffen." Die UNICEF-Vorsitzende Heide Simonis

---

1 Unter http://www.offenes-presseportal.de/politik_gesellschaft/prominente _botschafter-fuer_das_europaeische_jahr_des_interkulturellen_dialogs_2008_38279.htm am 21. 1. 2008._

dankte der Stadt, der Lübecker UNICEF-Arbeitsgruppe unter Leitung von Ingrid Stockfisch und den vielen Menschen, Vereinen und Firmen, die sich mit Engagement und Phantasie für die Städtepartnerschaft eingesetzt haben: „Alle zusammen haben die Partnerschaft zu einem tollen Erfolg für Kinder gemacht. Und sie haben damit ein Fundament gelegt, damit Lübeck auch künftig zu den Vorreitern gehört, wenn es um Kinder und ihre Rechte geht."

Eine Vielfalt von großen und kleinen Aktionen für UNICEF hat ein Jahr lang das Leben in Lübeck geprägt. Vom Kuchenverkauf an der Schule bis zum Empfang auf der MS Deutschland mit Schauspielerin Marie-Luise Marjan, vom Flohmarkt bis zum Konzert mit dem Starpianisten Lang Lang, von der Gala bis zum Apfelverkauf in der Jakobi-Kirche – der Einfallsreichtum der Lübeckerinnen und Lübecker war eindrucksvoll.

Zu den Höhepunkten gehörten der Sponsorenlauf, bei dem 8.000 Schüler an den Start gingen, und das Fahnenmeer in Travemünde mit Kunstwerken von 32 Prominenten wie Eisschnellläuferin Anni Friesinger, Dirigent Justus Frantz, Komiker Otto Waalkes, Starköchin Sarah Wiener oder Schauspieler Armin Mueller-Stahl, die für den guten Zweck versteigert wurden.

Die Spenden aus der Hansestadt helfen UNICEF, Kinder aus Angola in die Schule zu bringen. In sechs Dörfern werden jetzt neue Schulen gebaut, so dass rund 1.600 Kinder endlich ein gutes Lernumfeld haben. Mit Spenden aus Lübeck kann UNICEF auch die Trinkwasserversorgung im Sudan verbessern, wo die Hälfte der Landbevölkerung keinen Zugang zu sauberem Wasser hat. UNICEF baut Brunnen, installiert Handpumpen und verbessert die hygienischen Bedingungen durch den Bau von Latrinen. Nach dem schweren Erdbeben vom August 2007 entschlossen sich die Lübecker spontan, auch hier zu unterstützen und trugen so dazu bei, die Opfer mit dem Nötigsten zu versorgen. Die Fahne der Städtepartnerschaft übergab Bürgermeister Bernd Saxe an den Oberbürgermeister von Leipzig, Burkhard Jung. „Der Staffelstab der UNICEF-Partnerstädte liegt nun bei den Leipzigern", sagte Jung. „Ich wünsche mir, dass der Ideenreichtum und die Ausdauer der Lübecker ansteckend wirken und Leipzig als ‚Stadt für Kinder' viele Aktionen auf die Beine stellen wird – für die ärmsten Kinder der Welt und für mehr Kinder- und Familienfreundlichkeit bei uns."[1]

---

1   Unter http://www.unicef.de/index.php?id=5158 am 11. 2. 2008.

Übung 6 – Symposion

A) Analysieren Sie die ersten vier Sätze Wort für Wort auf journalistische Schreibweisen und stilistische Verbesserungsmöglichkeiten und formulieren Sie neu.

9/11 als kulturelle Zäsur: Symposion an der Universität Mainz

Wissenschaftler erörtern die kulturelle Bedeutung der Ereignisse vom 11. September

(Mainz, 25. Januar 2008, lei) Das Institut für Allgemeine und Vergleichende Literaturwissenschaft veranstaltet zusammen mit der Romanistik der Johannes Gutenberg-Universität Mainz am 14. und 15. Februar 2008 ein Symposion mit dem Titel „9/11 als kulturelle Zäsur". „Bei der Tagung wollen wir zusammen mit Wissenschaftlern aus den Bereichen Film, Kultur, Literatur, Medien, Musik und Theater herausfinden, welchen Einschnitt die Ereignisse am 11. September für den jeweiligen Bereich bedeutet haben", kündigt Dr. Sascha Seiler vom Institut für Allgemeine und Vergleichende Literaturwissenschaft an, der das Symposion gemeinsam mit Junior-Prof. Dr. Sandra Poppe und dem Romanisten Dr. Thorsten Schüller organisiert. Auf welche Art und Weise wird die Art des theoretischen Denkens beeinflusst und wie schlägt sich dieses veränderte Denken in Kunstdiskursen nieder? In welchem Verhältnis stehen westliche und muslimische Diskurse zueinander? Lassen sich Gegensätze ausmachen, ist die Wahrnehmung des Ereignisses in unterschiedlichen Weltregionen verschieden oder lässt sich die kulturelle Zäsur von 9/11 in einem weltweiten Geflecht von Abhängigkeiten begreifen? Diesen Fragen wollen die Referenten und Teilnehmer der Veranstaltung, die in der Alten Mensa auf dem Campus der Universität stattfindet, nachgehen. Die Öffentlichkeit ist zur Teilnahme eingeladen.

Die Ereignisse des 11. September markieren unzweifelhaft eine Zäsur, was sich in direkter oder in verschlüsselter Form in der Kunst und der Theoriebildung widerspiegelt. Nicht nur die künstlerische Darstellung von Gewalt wird durch die allgegenwärtigen Bilder und die traumatische Erfahrung des Terrors herausgefordert, auch das theoretische Denken ist davon beeinflusst. Dabei wird 9/11 nicht immer direkt zum Thema von Theoretisierungen oder künstlerischen Manifestationen. Das Datum wird vielmehr häufig verschwiegen, umgangen oder nur unterschwellig behandelt. Gemeinsam ist den Auseinandersetzungen mit 9/11 jedoch, dass sie einen Einschnitt bedeuten. So lassen sich in der Literatur, im Film oder in der Musik neue Formen im Umgang mit Gewalt und Terror ausmachen. Im Bereich der Theorie wird die interkulturelle und postkoloniale Kommunikation neu überdacht.

Unter anderem werden Vorträge zu „9/11 als filmisch Abwesendes", dem „Inszenieren des Medienereignisses 11. September in der deutschen Gegenwartsliteratur", die „Macht der Bilder im Comic und der Graphic Novel" sowie dem „11. September als Zäsur im amerikanischen Fernsehen" gehalten.[1]

B) Verbessern Sie die ersten vier geänderten Sätze weiter.

5.7 Überschriften entwickeln

Übung 1 – Hauptüberschrift finden

1. Formulieren Sie möglichst viele Hauptüberschriften für den Text „Der Forschungseisbrecher ‚Polarstern'" der Übung 5 in Kapitel 5.3.

2. Welche der genannten Hauptüberschriften ist die beste? Was spricht gegen die übrigen?

Übung 2 – Passende Unterzeile auswählen

1. Formulieren Sie möglichst viele Hauptüberschriften für den Fotowettbewerb „Denkmal mit der Linse" der Übung 4 in Kapitel 5.3.

2. Formulieren Sie eine informative Unterzeile.

3. Wählen Sie eine passende Hauptüberschrift zur Unterzeile aus.

4. Welche der genannten Hauptüberschriften ist die beste? Warum? Was spricht gegen die anderen Überschriften?

---

1   Unter http://idw-online.de/pages/de/news244261 am 6. 2. 2008.

Übung 3 – Überschriften verbessern

1. Warum ist die Überschrift ungeeignet:

Hauptüberschrift: Dresdner geben Laut gegen den Krach

Unterzeile: Engagement gegen die enorme Lärmbelastung – Arbeit in Bürgerinitiativen und im Beirat.

2. Verbessern Sie die Überschrift:

Hauptüberschrift: Bollerwagen und Würstchen statt Autos und Lkw

Unterzeile: „Tag der offenen Autobahn": Volksfest soll Geschmack auf die neue Verkehrsstraße machen

3. Entwickeln Sie für den verbesserten Anfang zur UNICEF-Städtepartnerschaft (Übung 5 in Kapitel 5.6) eine Überschrift mit Unterzeile, verbessern Sie also

Hauptüberschrift: Lübecker UNICEF-Jahr endet mit toller Bilanz

Unterzeile: Die UNICEF-Städtepartnerschaft mit Lübeck hat alle Erwartungen übertroffen

6 Lösungen

Die Lösungen sind – vor allem wenn es um das Abfassen von eigenen Texten geht – Vorschläge. Meist sind mehrere Formulierungen möglich.

6.1 Was Medien interessiert

Lösung 1 – Anzeigenzeitung

A) Sie veröffentlichen die Ankündigungen:

1 – AKW, weil die Leser wissen möchten, ob sie problemlos zur Arbeit und zum Einkaufen fahren können oder der Ort voll mit Demonstranten ist

3 – Sozialstation, weil ein „Tag der offenen Tür" für alle interessant ist, die die Angebote der öffentlichen Einrichtung benötigen, benötigen könnten oder jemanden kennen, der die gebrauchen könnte

4 – Nachbarschaftshilfe, weil zu einem Straßenfest in kleinen Städten nicht nur die direkten Anwohner kommen

5 – SPD, weil die Bundestagswahl für alle von Bedeutung ist und die Rede eines Bundespolitikers Prominenz bei regionalem Bezug bietet

B) Sie lassen weg:

2 – Bürgermeister, weil bei dieser Nachrichtenlage Ausmaß und Bedeutung einer Ankündigung eines nicht-öffentlichen Besuchs zu gering ist, da der Bürgermeister alle paar Tage bis Wochen eine Einrichtung besucht. Stattdessen könnte eine Fotografin beim Besuch dabei sein

6 – Krankenhaus, weil Prof. Dr. Dr. Schmidt lediglich allgemein über das Thema Hygiene im Krankenhaus spricht, aber nicht über die hygienischen Zustände im Krankenhaus in Brunsbüttel

7 – Feuerwehr, weil die alle drei Monate die Übung durchführt, es also keine Neuigkeit ist, dass sie dies auch dieses Mal tut

C) Reihenfolge:

1 – die AKW-Demonstration, weil alle Bewohner direkt oder indirekt betroffen sein können

5 – die Wahlkampfrede, da die alle betrifft und die größte Prominenz bietet

3 – das Jubiläum, da die ständigen Angebote der gemeinnützigen Einrichtung für alle Bewohner des Stadtteils relevanter sind als eine Freizeitveranstaltung

4 – das Straßenfest

D) Der Großbrand wird wegen der hohen Nachrichtenfaktoren „Ausmaß" und „Publikumsinteresse" auf Platz eins gesetzt. Alle anderen Ankündigungen rutschen dadurch einen Platz nach unten, die Ankündigung des Straßenfestes wird aus Platzmangel gestrichen.

Lösung 2 – Tageszeitung

A) Komplett erscheinen

2 – fünf Jahre Frauenhaus Leipzig und

6 – das Volkshochschulprogramm

Zu einer Meldung gekürzt erscheint

1 – da mehrfach über die Erhöhung der Parkgebühren berichtet wurde und nun nur zu erinnert werden braucht, dass diese ab morgen gelten

B) Aufbewahrt werden

4 – Sportverein reduziert Seniorenarbeit und

7 – Beratung der Rheuma-Liga wegen der direkten Folgen für die Leserinnen und Leser

C) Weggeworfen werden

5 – da die Forderung des Leipziger Mittelstandes nach einem bundesweiten Gesetz für den Mittelstand nur den Leipziger Mittelstand interessiert, ist das Ausmaß für die Leser der Lokalseiten zu gering; das könnte eher das Wirtschaftsressort interessieren

8 – da der Schrottplatzbesitzer als Informant zu diesem Thema nicht glaubwürdig genug ist, glaubwürdig wäre eine Warnung des Bundesgesundheitsamtes

Lösung 3 – Fachzeitschrift

A) Es erscheinen

3 – Ernährung im Alter, weil die Ankündigung der Fortbildung im nächsten Heft veraltet wäre

4 – Kritik der Bundesärztekammer, weil Hausärzte gegenüber ihren Patienten dazu Stellung nehmen können müssen

B) Aufbewahrt werden

1 – Rheumatische Kinder als Themenanregung

2 – Ankündigung der Fachtagung, als Themenanregung

6 – Ärzte ohne Grenzen als Anregung für einen Beitrag über die Organisation

5 – Kopfschmerzmittel als „Füller", falls für die nächste Ausgabe zu wenig Material da ist

Lösung 4 – Fernsehnachrichten

1 Nokia – da diese Entscheidung des finnischen Herstellers 3.000 Arbeitsplätze in Deutschland vernichtet

4 Unicef – da seit Tagen von den Vorwürfen gegen die Hilfsorganisation berichtet wird

Lösung 5 – Anlässe ermitteln

Sie nehmen das fünfjährige Jubiläum und stellen die inhaltliche Arbeit des Vereins in den Vordergrund. Dabei können die Jahresbilanz vorgestellt, die Kooperation, die BSHG-19-Kräfte und die europäischen Zuschüsse erwähnt werden. Der zweite Anlass ist die Beratung für Betroffene, wobei auch das Faltblatt genannt wird.

Denn ein fünfjähriges Jubiläum ist als Anlass relevanterer als eine Jahresbilanz. Auch wenn es das herausragende Ereignis des Jahres für den Verein ist, dass BSHG-19-Kräfte die Arbeit aufnehmen, ist es für die Öffentlichkeit nicht interessant genug, um dazu einen eigenen Text zu veröffentlichen. Denn dass in der Region BSHG-19-Kräfte zu arbeiten beginnen, findet häufiger statt. Dass der Verein, wie andere Organisationen auch, Zuschüsse aus einem europäischen Projekt bekommt, interessiert die Bevölkerung weniger als das konkrete Beratungsangebot für Betroffene.

Lösung 6 – Zeitplanung für Pressemitteilungen

A) Wirtschaftsredaktion	Entlassungen
	Jahresgeschäftsbericht – mit Ausblick auf das neue Produkt, das Patent und das Bürogebäude
Lokalredaktion	regionale Fachmesse
	Tag der offenen Tür

B) Die Anlässe werden über das ganze Jahr verteilt, beispielsweise:

erstes Quartal	Tag der offenen Tür (Lokales)
zweites Quartal	Entlassungen (Wirtschaft)
drittes Quartal	regionale Fachmesse (Lokales)
viertes Quartal	Jahresgeschäftsbericht (Wirtschaft)

C) Würden die Anlässe für Lokales bzw. Wirtschaft zu eng zusammenliegen – beispielsweise regionale Fachmesse und Tag der offenen Tür binnen einer Woche –, würde über den einen Anlass breiter berichtet und der andere nur nebenbei erwähnt.

Über die Entlassungen ist frühzeitig aktiv zu informieren, um interne und externe Gerüchte zu reduzieren und weil positive Informationen glaubwürdiger sind, wenn souverän auch über Negatives informiert wird. Würden die Entlassungen und der Jahresgeschäftsbericht in einem Text zusammengefasst, ständen vermutlich die Entlassungen im Mittelpunkt der Berichterstattung.

D) Mögliche Anlässe des Folgejahres:

- Einweihung des Bürogebäudes
- Jahresgeschäftsbericht – inklusive des Erfolges des neuen Produktes
- Weihnachtsfest mit Ehrung der Jubilare

6.2 Journalistisch schreiben

Lösung 1 – Einfacher formulieren

1. Die Lampen wurden schnell repariert.

2. Die Kosten steigen nicht mehr.

3. Es ist sehr wichtig, die Ursachen zu erforschen.

4. In der Nacht schlug das Wetter um.

5. Man fühlt sich gut, wenn man Glück hat.

6. Zweifelnd entschloss er sich, die Ablehnung hinzunehmen.

Lösung 2 – Substantivierungen auflösen

1. Es gibt sehr viele Theorien.

2. Theorien werden kaum wahrgenommen.

3. Für die Gestaltung können unterschiedliche Schlüsse gezogen werden

4. Für die Ziele des Unternehmens war es besonders wichtig, dass der internationale Markt bearbeitet wurde.

5. Nach dem Zwischenergebnis aus 18 Verwaltungsstellen des Bezirks Stuttgart kooperierten die Unternehmer überraschend häufig mit ihren Betriebsräten.

6. „Wir benötigten neue Finanzierungen, sollen die Angebote nicht gerade jetzt eingeschränkt werden, wo immer mehr Menschen Rat, Hilfe und Unterstützung brauchen", stellte der Vorsitzende des Verbandes fest.

Lösung 3 – Blähworte reduzieren

1. Der Fahrer verlor auf nasser Straße in der Kurve die Kontrolle über sein Auto.

2. Wichtig ist, dass sich die Partner auf Augenhöhe begegnen.

3. Interessierte können sich die Versicherungen nach ihren Vorstellungen zusammenstellen lassen.

4. Die Veranstaltungswoche ist bereits bundesweit bekannt.

5. Der Stiftungsvorsitzende überreicht den Preis am 28. Januar, um 12 Uhr, in der Oberen Rathaushalle.

6. Initiatorin ist die Rudolf-Alexander-Schröder-Stiftung, die mit Vertretern von Kultureinrichtungen das Thema erarbeitete und es in Ausstellungen, Lesungen, Autorengesprächen, Filmen, Vorträgen und Konzerten präsentiert. (Veranstaltungen ist der Oberbegriff und kann daher gestrichen werden).

Lösung 4 – Satzbau

1. Der amerikanische Präsident verlangte größere Anstrengungen zur Gewährleistung einer hohen inneren Sicherheit.

2. Ein weiteres Ziel ist es, den erfolgreichen Wachstumskurs in dem von ihr betreuten Gebiet zusammen mit den Mitarbeitern konsequent fortzusetzen.

3. Mit der Eröffnung der Ausstellung „Familienporträts – Ansichten der spanischen Familie im 21. Jahrhundert" beginnt die 32. Literarische Woche am Freitag, 25. Januar, um 18 Uhr in der Zentralbibliothek

4. Die allgegenwärtigen Bilder und die traumatischen Erfahrungen des Terrors beeinflussen das Denken und fordern die künstlerische Darstellung von Gewalt heraus.

5. Beim Verkauf seines Geschäftsbereichs Kleinelektronik an einen deutschen Finanzinvestor beriet die Rechtsanwaltsgesellschaft Rasender Reimund einen mittelständischen Elektronikproduzenten rechtlich umfassend.

6. Die deutsche Börsen will künftig zwei Bereiche der Börsenzulassung unterscheiden: den „Domestic Standard" für Aktien, bei denen die gesetzlichen Mindesttransparenzanforderungen erfüllt sind, sowie den „Prime Standard" für diejenigen, die zusätzlich den international üblichen Transparenzanforderungen genügen.

Lösung 5 – Weniger bürokratisch schreiben

1. Der Sachschaden beträgt 25.000 Euro.

2. Es wurde ermittelt.

3. Die Zukunftskonferenz wird fortgesetzt.

4. Im Jahr 2007 wurden vor allem Lösungen für das Gewerbe entwickelt.

5. Vorgestellt wurden den Mitgliedern aus dem Bundesgebiet die Potentiale Bremens in der Informations- und Kommunikationstechnik.

6. Die Nato bat den Generalinspekteur der Bundeswehr schriftlich darum, dass die Bundeswehr die Aufgabe einer Schnellen Eingreiftruppe im Norden Afghanistans übernimmt.

Lösung 6 – Journalistische Schreibweise

1. Unnötige oder nicht zulässige Abkürzungen: GmbH & Co. KG, M.

Nicht erklärte unbekannte Abkürzung oder falsche Hervorhebung durch Großbuchstaben: ARLA

Text in Klammern: Chemikerin

Vorname fehlt: M.

Frau ist nicht zulässig: Frau M. Schulze-Kastendiek

Die Vorstandssprecherin von Arla, die 38-jährige Chemikerin Marion Schulze-Kastendiek oder: Die 38-jährige Chemikerin Marion Schulze-Kastendiek, Vorstandssprecherin von Arla

2. Der Monat ist nicht ausgeschrieben, die Jahresangabe ist unnötig, der Wochentag fehlt, bei der Uhrzeit enthalten die beiden Nullen keine Information und können weggelassen werden.

Die Veranstaltung beginnt am Dienstag, dem 3. Oktober, um 19 Uhr.

3. Pressetexte werden in ganzen Sätzen formuliert, nicht im Stenogrammstil, die Zeit wird vor dem Ort angegeben.

In zwei Sätzen: Die Podiumsdiskussion beginnt am Freitag, dem 2. März, um 20 Uhr. Sie findet im Bürgerhaus, in der Ostertorstraße 70, statt.

In einem Satz: Die Podiumsdiskussion beginnt am Freitag, dem 2. März, um 20 Uhr im Bürgerhaus in der Ostertorstraße 70.

4. Richtig ist: Der Umsatz stieg in den vergangenen zehn Jahren um 15 Prozent.

Denn Zahlen bis zwölf und Kurzangaben wie Prozent werden ausgeschrieben (zehn Jahre, 15 Prozent), unnötige Zahlenreihen sollen vermieden werden (1998 bis 2008), in Pressetexten heißt es „in den vergangenen bzw. kommenden Jahren" statt „in den letzten bzw. nächsten Jahren".

5. Richtig ist: Die Broschüre kostet 5 €. Nähere Informationen gibt Ernst Müller unter der Telefonnummer 7 77 77.

Denn Kosten werden stets in Zahlen angegeben und nicht ausgeschrieben. Alle unnötigen Zeichen werden gestrichen: Statt 5,– heißt es daher 5 €. Die Währungsangabe steht hinter der Zahl und nicht davor – entspricht also eher der Sprechweise als der Schreibweise auf Bankformularen. Bei der Angabe der Telefonnummer ist die Schreibweise „nähere Informationen erhalten Sie" nicht zulässig, da damit die Lesenden direkt angesprochen werden. „Bei Ernst Müller unter Tel." enthält eine unnötige Abkürzung. Die übrigen Formulierungen sind korrekt und verständlich.

Die Angabe, unter welcher Telefonnummer es nähere Informationen gibt, ist nicht sinnvoll, weil die Menschen direkt erfahren möchten, wie sie die Broschüre bekommen. Sie wollen nicht unnötig telefonieren, um dann zu erfahren, dass sie die Broschüre beispielsweise schriftlich bestellen müssen.

Stattdessen kann angegeben werden, auf welchem Weg die Broschüre erhältlich ist. Es fehlt demnach die Bestellanschrift, der Hinweis, wo die Broschüre verkauft wird, oder Formulierungen wie „die Broschüre kann bestellt werden bei Ernst Müller, Telefon 7 77 77".

6. Rangfolge der Leserinteressen: Deutsche Bahn 2050 – bundesweites Modellprojekt – Podiumsdiskussion – Teilnehmende: Bundesverkehrsminister, Vorsitzender der Deutschen Bahn und dessen Betriebsrat, Münchner Bürgermeister, Vertreter der örtlichen Parteien – Freitag – 3. Oktober – 19.30 Uhr – München – Schillergasse 30 – Eintritt: 5 € – ermäßigter Eintritt: 3 €.

Soll der Text lesbar und verständlich sein, lässt sich die festgelegte Reihenfolge nicht in jedem Fall einhalten: Das bundesweite Modellprojekt „Deutsche Bahn 2050" ist das Thema einer Podiumsdiskussion, zu der der Bundesverkehrsminister nach München kommt. Teilnehmen werden außerdem der Vorsitzende der Deutschen Bahn, der Betriebsrat und der Münchner Bürgermeister. Die Veranstaltung beginnt am Freitag, dem 3. Oktober, um 19.30 Uhr. Sie findet in der Schillergasse 20 statt. Der Eintritt kostet 5 Euro, ermäßigt 3 Euro.

6.3 Aufbau und Anfang finden

Lösung 1 – Reihenfolge der Informationen

1. 200 Entlassungen

2. Standort soll verkleinert werden, ergänzt durch die Jahresbilanz

3. Zu welchem Zeitpunkt wird entlassen, wer ist betroffen, warum und wie wird entlassen (Altersteilzeit, Sozialplan)

4. Thema „Gute Bilanz" mit den Aspekten Kantine wird erweitert und Eröffnung der Ausstellung 100 Jahre Stahlwerke

Denn die Ausstellung wendet sich aktuell an die Öffentlichkeit und ist damit für mehr Menschen relevant als die Dienstfahrräder. Die Abgasreinigungsanlage kommt erst im nächsten Jahr und wäre damit weniger aktuell. Alternativ könnten die Dienstfahrräder und die Kantine unter dem Thema „Mitarbeiter" zusammengefasst werden.

5. Von der guten Bilanz profitiert auch die Belegschaft. Denn Gewinn wird genutzt, um die Kantine zu erweitern.

Oder: Um auch im kommenden Jahr ein so gutes Ergebnis vorlegen zu können, wird noch in diesem Jahr die Kantine erweitert. „Schließlich sind es die Beschäftigten, die diese Bilanz ermöglicht haben", so ...

6. „Diese Bilanz nutzen wir, um die Kantine zu erweitern", sagte die Geschäftsführung. „Damit wird ein langgehegter Wunsch der Belegschaft erfüllt", stellte der Betriebsrat fest.

Lösung 2 – Reihenfolge der Themenaspekte

Der Aspekt „gesucht wird" stände besser am Ende des Textes, da dieser mit dem Appell wieder aufgegriffen wird, die breite Öffentlichkeit die Hauptzielgruppe des Textes ist und die erfolgreiche Arbeit des Verbandes zentraler dargestellt würde.

Lösung 3 – Tendenz festlegen

1. 60 Betriebe benutzen kein Per mehr ist das Zwischenergebnis der Aktion „Tatort Betrieb" der IG Metall Baden-Württemberg / Per erzeugt vermutlich Krebs / viele Unternehmer haben kooperiert, aber es gibt auch Schwierigkeiten / es soll veröffentlicht werden, wer Per weiterverwendet / Aktion dient dem Gesundheits- und dem Umweltschutz / Aktion sichert Arbeitsplätze

2. Die Arbeit der Betriebsräte hätte anerkannt werden können.

3. Schwerpunktaspekt des Themas: Schutz der Gesundheit

Tendenz: Lob der Betriebsräte und Schwierigkeiten mit den Unternehmen.

60 Betriebe in Baden-Württemberg entfernten das Reinigungsmittel Perchlorethylen (Per) aus ihrer Produktion. Dies ist das Zwischenergebnis der Aktion „Tatort Betrieb" der Industriege-

werkschaft Metall, die im Herbst gestartet wurde. „Vor allem dem Engagement der Betriebsräte ist es zu verdanken, dass dort bereits ungefährlichere Mittel eingesetzt und andere Reinigungsverfahren ausprobiert werden", sagte der Bezirksleiter der IG Metall Baden-Württemberg Walter Riester. Aber noch würden viele Unternehmen Per weiter verwenden. Obwohl, so Riester, in neuen Untersuchungen nachgewiesen wurde, dass dieses Reinigungsmittel Krebs erzeugt. Riester kündigte an: „Wir werden die Namen der Unternehmen veröffentlichen, die mit der Gesundheit ihrer Beschäftigten spielen – nur um ein paar Euro Produktionskosten zu sparen."[1]

4. Wie viele Betriebe verwenden Per noch in Baden-Württemberg? Wie viele Liter werden dort verbraucht, wie viele waren es? Wie viele Beschäftigte hatten direkten Kontakt mit Per, wie viele nach der Aktion nicht mehr? Seit wann gilt Per als krebserzeugend? Was ist für den Gesundheitsschutz der Beschäftigten gesetzlich vorgeschrieben? Wann sollen die Namen der Unternehmen veröffentlicht werden?

Lösung 4 – Anfänge sammeln

1. „Denkmal mit der Linse" heißt der Fotowettbewerb (Was?), den die Deutsche Stiftung Denkmalschutz (Wer?) zum zweiten Mal ausschreibt. Junge Leute zwischen 15 und 19 Jahren werden aufgerufen, mit der Kamera auf Spurensuche (Wie?) zu gehen. „Altersspuren" heißt 1999 (Wann?) das Thema, und es geht dabei um Details wie Türen, Fenster oder Inschriften, die etwas über die Entstehungszeit der Gebäude verraten, an denen ihre frühere Nutzung

---

1 Der Basisdienst Baden-Württemberg der Nachrichtenagentur dpa verarbeitete die Pressemitteilung der IG Metall zu diesem Text: „60 Betriebe haben aufgrund einer Umweltaktion der IG Metall das Reinigungsmittel Perchlorethylen (Per) aus ihrer Produktion entfernt. Per, das in der Industrie zum Reinigen von Produkten genutzt wird, steht im Verdacht, Krebs auszulösen. Der baden-württembergische IG Metall-Chef Walter Riester betonte, mit der seit Herbst vergangenen Jahres laufenden Aktion ‚Tatort Betrieb' werde die Gesundheit der Metaller geschützt sowie aktiver Umweltschutz betrieben. In dem vorliegenden Zwischenbericht bilanziert die Gewerkschaft eine ‚überraschend hohe Kooperationsbereitschaft der Unternehmer gegenüber ihren Betriebsräten'"; aus: lsw (Kürzel des Basisdienstes), *IG Metall: Betriebe nach Umweltaktion „Per"-frei*, in: Reutlinger General-Anzeiger vom 19. 5. 1989.

abzulesen ist. Auch Wandrisse können Spuren sein. Die Fotos sollen mit einem selbstverfassten Kommentar ergänzt werden. Einsendeschluss ist der 31. Oktober. Teilnahmeunterlagen sind bei der Deutschen Stiftung Denkmalschutz, Koblenzer Straße 75, in 53177 Bonn (Wo?) zu erhalten.

2. Wer-, Was-, Wann-, Wie-Anfang, summarischer Vorspann, anonymer Wer-Vorspann, Er- bzw. Sie-Anfang, Bei-Einstieg, Schlagzeilen-Einstieg, szenischer Einstieg, vergleichender Einstieg, Liedzeile/Gedichtzeile/-bekanntes Zitat oder Redewendung, eigenes Zitat.

3. Wer-Anfang: Die Stiftung Deutscher Denkmalschutz schreibt zum zweiten Mal den Fotowettbewerb „Denkmal mit der Linse" aus.

Was-Anfang: „Denkmal mit der Linse" heißt der Fotowettbewerb, den die Deutsche Stiftung Denkmalschutz zum zweiten Mal ausschreibt.

Wann-Anfang: In diesem Jahr sind „Altersspuren" das Thema des Fotowettbewerbes der Deutschen Stiftung Denkmalschutz.

Wie-Anfang: Mit der Kamera auf Spurensuche gehen junge Leute zwischen 15 und 19 Jahren, um „Altersspuren" an Türen, Fenstern oder Inschriften zu finden.

Summarischer Vorspann: „Denkmal mit der Linse" heißt der diesjährige Fotowettbewerb für Jugendliche zwischen 15 und 19 Jahren, der von der Deutschen Stiftung Denkmalschutz mit Sitz in Bonn jetzt ausgeschrieben wurde.

Anonymer Wer-Vorspann: Für Jugendliche zwischen 15 und 19 Jahren hat die Deutsche Stiftung Denkmalschutz einen Fotowettbewerb ausgeschrieben.

Er- bzw. Sie-Anfang: Sie suchen nach Spuren an Türen, Fenstern und Inschriften, nach Hinweisen auf die Entstehungszeit der Gebäude, nach deren früherer Nutzung. Sie fotografieren die Spuren, versehen die Fotoabzüge mit einem Kommentar und nehmen teil am Fotowettbewerb der Stiftung Deutscher Denkmalschutz: Jugendliche zwischen 15 und 19 Jahren, die ...

Bei-Einstieg: Bei einem Fotowettbewerb suchen sie nach Spuren der Vergangenheit: ...

Schlagzeilen-Einstieg: Jugendliche fahnden nach Spuren der Vergangenheit.

Szenischer Einstieg: Geduldig kauert die 15-Jährige vor der Wand, hält die Fotolinse dicht vor einen Riss – und wartet, dass die Sonne wieder scheint.

Vergleichender Einstieg: Je älter die Gebäude, umso jünger sind diejenigen, die sie fotografieren.

Liedzeile/Gedichtzeile/bekanntes Zitat oder Redewendung: Schnell fertig ist die Jugend mit dem Wort, heißt es. Aber ist sie es auch mit einem Foto?

Eigenes Zitat: „Der diesjährige Fotowettbewerb steht unter dem Motto ‚Denkmal mit der Linse'", kündigte der … an.

4. Es passen zum Thema:

Was-Anfang, Wie-Anfang, Anonymer Wer-Vorspann, Er- bzw. Sie-Anfang, Schlagzeilen-Einstieg, Szenischer Einstieg,

5. Es passen nicht:

Wer-Anfang: Die Stiftung Deutscher Denkmalschutz ist erst in zweiter Linie wichtig für die Zielgruppe und sollte deshalb nicht an erster Stelle stehen.

Wann-Anfang: Die Lesenden gehen davon aus, dass die Medien nichts ankündigen, was nicht aktuell ist.

Summarischer Vorspann: Der klassische Nachrichtenaufbau passt eher nicht zur Zielgruppe.

Bei-Einstieg: Die Jugendlichen suchen nicht „bei einem Fotowettbewerb", sondern für oder im Rahmen eines Fotowettbewerbs.

Eigenes Zitat: Passt nicht, weil das Zitat nur Fakten enthält und damit die Anforderungen an Zitate nicht erfüllt.

6. Die besten und interessantesten der formulierten Anfänge sind der Er- bzw. Sie-Anfang und der szenische Einstieg.

1. Der Forschungseisbrecher „Polarstern" des Alfred-Wegener-Instituts für Polar- und Meeresforschung (AWI) (Wer?) ist jetzt (Wann?) nach über fünfmonatiger Expeditionsreise wieder nach Bremerhaven (Wo?) zurückgekehrt (Was?). An Bord waren zahlreiche Proben und ozeanographische Daten sowie mehr als 100 Tonnen Material der Antarktis-Station „Filchner" (Wie?). Wie berichtet, hatten AWI-Techniker die ehemalige Forschungsstation Anfang Februar in einer Blitzaktion in der Antarktis abgebaut und zerlegt. Die nur im Sommer genutzte Station war im Oktober 1998 mit einer Eisscholle vom Filchner-Ronne-Schelfeis abgebrochen und trieb monatelang durch das südpolare Weddelmeer (Warum?).

2. 15 Anfänge sind möglich: summarischer Vorspann, Wer-Einstieg, Was-Einstieg, Wann-Einstieg, Wo-Einstieg, Wie-Einstieg, Warum-Einstieg, anonymer Wer-Vorspann, Er- bzw. Sie-Anfang, Bei-Einstieg, Schlagzeilen-Einstieg, szenischer Einstieg, vergleichender Einstieg, Liedzeile/Gedichtzeile/bekanntes Zitat oder Redewendung, Zitat. Mit den vorliegenden Angaben kann kein szenischer Einstieg formuliert werden.

3. Summarischer Vorspann: siehe oben

   Wer-Einstieg: siehe oben

   Was-Einstieg: Zurückgekehrt aus der Antarktis ist jetzt der Forschungseisbrecher ...

   Wann-Einstieg: Jetzt ist er nach fünfmonatiger Expeditionsreise nach Bremerhaven zurückgekehrt: der Forschungseisbrecher „Polarstern" des ...

   Wo-Einstieg: Nach Bremerhaven zurückgekehrt ist jetzt ...

   Wie-Einstieg: Mit 100 Tonnen Material der Antarktis-Station „Filchner" an Bord kehrte die „Polarstern" jetzt nach Bremerhaven zurück. Der Forschungseisbrecher ...

   Warum-Einstieg: Mit einer abgebrochenen Eisscholle trieb die Forschungsstation „Filchner" monatelang durch das südpolare Weddelmeer. In einer Blitzaktion war sie von Technikern des Alfred-Wegener- Instituts abgebaut und zerlegt worden. Jetzt kehrte die

Forschungsstation in Form von 100 Tonnen Material nach Bremerhaven zurück – an Bord des Forschungseisbrechers „Polarstern".

Anonymer Wer-Vorspann: Fünf Monate lebten und arbeiteten die Techniker des Alfred-Wegener-Instituts an Bord des Forschungseisbrechers „Polarstern". Jetzt kehrten sie nach Bremerhaven zurück.

Er- bzw. Sie-Anfang: Er kam mit 100 Tonnen Material von seiner Antarktisexpedition zurück, der Forschungseisbrecher „Polarstern" …

Bei-Einstieg: Bei seiner Rückkehr aus der Antarktis hatte der Forschungseisbrecher „Polarstern" …

Schlagzeilen-Einstieg: 100 Tonnen Material an Bord hatte der Forschungseisbrecher „Polarstern", als er jetzt nach fünfmonatiger Antarktisexpedition nach Bremerhaven zurückkehrte.

Vergleichender Einstieg: Vor vier Monaten trieb die Forschungsstation „Filchner" noch auf einer Eisscholle durch die Antarktis, jetzt kam sie an Bord des Forschungseisbrechers „Polarstern" in Einzelteilen in Bremerhaven an.

Liedzeile/Gedichtzeile/bekanntes Zitat oder Redewendung: Was lange währt, wird endlich gut: Nun ist sie wohlbehalten wieder in Bremerhaven angekommen, die Forschungsstation „Filchner", die vier Monate auf einer Eisscholle durch das südpolare Weddelmeer trieb.

Eigenes Zitat: „In Form von 100 Tonnen Material ist die Forschungsstation Filchner jetzt wieder in Bremerhaven angekommen".

4. Es passen:

summarischer Vorspann, Wer-Einstieg,

Was-Einstieg: Passt. Wäre ein Schiff ausnahmsweise nicht zurückgekehrt, wäre dieser Einstieg allerdings passender

Wann-Einstieg: Passt; ist jedoch langweilig, da aktuelle Medien in der Regel aktuell berichten

Wo-Einstieg: Passt; ist aber noch langweiliger, da die Schiffe üblicherweise nach Bremerhaven zurückkehren

Wie-Einstieg, Er- bzw. Sie-Anfang, Bei-Einstieg, Schlagzeilen-Einstieg

5. Es passen nicht:

Warum-Einstieg: da dies bereits berichtet wurde, also mit einer alten Information begonnen wird

Anonymer Wer-Vorspann: Die Lesenden erwarten bei diesem Einstieg, dass sie vor allem etwas über das Leben auf einem Forschungseisbrecher erfahren

Vergleichender Einstieg: „Vor vier Monaten" passt nicht, da mit einer bekannten Information begonnen wird

Liedzeile/Gedichtzeile/bekanntes Zitat oder Redewendung: Der genannte Einstieg passt nicht, da solche Forschungsexpeditionen immer „lange währen"

Zitat: Passt nicht, da nur Fakten im Zitat stehen

6. Die besten und interessantesten der oben ausformulierten Anfänge sind: Wie-Einstieg, Er- bzw. Sie-Anfang und Schlagzeilen-Einstieg.

6.4 Richtig zitieren

Lösung 1 – Zitate finden

- „Wenn sie nicht Mutter Theresa sind, bekommen Frauen im Moment nur negative Schlagzeilen. Frauenprojekte setzen deshalb besser auf kontinuierliche Öffentlichkeitsarbeit statt auf Schlagzeilen".

- „Frauenprojekte sollten nicht nach Schlagzeilen schielen. Denn in die Schlagzeilen kommen Frauen bis heute vor allem, wenn sie Skandale provozieren."

- „Ein Geheimnis erfolgreicher Frauenprojekte ist deren regelmäßige Präsenz in den Medien mittels kontinuierlicher Öffentlichkeitsarbeit".

Lösung 2 – Zitate formulieren

1. Nachprüfbare Fakten: Wasser-Beratungsstelle Bad Laum, zehn Anrufe pro Tag, davon eine Firma. Nicht nachprüfbare Fakten: 500 Liter pro Tag.

2. Täglich zehn Anrufe hatte die Beratungsstelle „Wasser" im vergangenen Jahr. Würden alle Empfehlungen umgesetzt, würden in Bad Laum täglich 500 Liter Wasser weniger verbraucht, stellte ... fest.

Die Verneinung kann herausgenommen und die Angabe aufs Jahr umgerechnet werden, um das Wort täglich nicht zweimal zu verwenden. Dann würden „pro Jahr 180.000 Liter Wasser gespart".

3. „Das schont die Umwelt, den Geldbeutel jedes Einzelnen und die Kosten für die Trinkwasseraufbereitung"

Auch dieses Zitat müsste verbessert werden, da es sich um eine Faktenaussage handelt, die dem Allgemeinwissen entspricht.

Lösung 3 – Zitate verbessern

1. Experten sehen keinen Zusammenhang zwischen den schweren Erdbeben, die sich innerhalb kurzer Zeit in der Türkei, in Griechenland und in Taiwan ereigneten (nachprüfbare Einschätzung). „Deren zeitliches Zusammentreffen kann man als Zufall bezeichnen" (Einschätzung), sagte der Seismologe und Geophysiker Nicolai Gestermann von der Bundesanstalt für Geowissenschaften und Rohstoffe in Hannover (nachprüfbare Tatsache). „Das neue Erdbeben in Taiwan hat erst mal nichts mit den Erdbeben in Griechenland und der Türkei zu tun; und auch die beiden Erdbeben in der Türkei und Griechenland hätten nicht unbedingt etwas miteinander zu tun (Einschätzung). Es ist auch weiterhin weltweit mit schweren Beben zu rechnen", (Einschätzung) meinte Gestermann (nachprüfbare Tatsache). Auch in der Vergangenheit hat es immer wieder schwere Erdbeben gegeben (nachprüfbare Tatsache). „Die wird es auch in Zukunft geben. Von daher ist das Erdbeben in Taiwan nichts Außergewöhnliches" (Einschätzung).[1]

---

1 Der veröffentlichte Text lautete: „Experten sehen keinen Zusammenhang zwischen den schweren Erdbeben, die sich innerhalb kurzer Zeit in der Türkei, in Griechenland und in Taiwan ereigneten. ‚Das kann man als Zufall bezeichnen', sagte der Seismologe und Geophysiker Nicolai Gestermann von der Bundesanstalt für Geowissenschaften und Rohstoffe in Hannover. ‚Dieses neueste Erdbeben in Taiwan hat erst mal nichts mit den Erdbeben in Griechenland und der Türkei zu tun; und auch die beiden Erdbeben in der Türkei und Griechenland haben nicht unbedingt was miteinander zu tun.' Es sei auch weiterhin weltweit mit schweren Beben zu rechnen, meinte Gestermann. ‚Auch in der Vergangenheit hat es immer wieder schwere Erdbeben gegeben, und das wird es auch in Zukunft geben. Also von daher ist auch das Erdbeben in Taiwan nichts Außergewöhnliches'"; aus: dpa (Agenturkürzel), „Kein Zusammenhang zwischen den Beben", in: Weser Kurier vom 22. 9. 1999, S. 12.

2. Experten sehen keinen Zusammenhang zwischen den schweren Erdbeben, die sich innerhalb kurzer Zeit in der Türkei, in Griechenland und in Taiwan ereigneten. „Dass die Erde so rasch hintereinander bebte, ist Zufall", sagte der Seismologe und Geophysiker Nicolai Gestermann von der Bundesanstalt für ... „Es gibt weder einen Zusammenhang zwischen den Erdbeben in Taiwan und Europa noch zwischen denen in Griechenland und der Türkei", meinte Gestermann. Auch vor diesen gab es immer wieder schwere Beben. „Die wird es auch künftig geben. Das Erdbeben in Taiwan ist nicht außergewöhnlich."

3. Es gäbe weder einen Zusammenhang zwischen den Erdbeben in Taiwan und Europa noch zwischen denen in Griechenland und der Türkei, sagte der Seismologe und Geophysiker Nicolai Gestermann von der Bundesanstalt für ... „Dass die Erde so rasch hintereinander bebte, ist Zufall". Auch vor diesen gab es immer wieder schwere Beben. Die würde es auch künftig geben. „Das Erdbeben in Taiwan ist nicht außergewöhnlich", so Gestermann.

6.5 Terminankündigung schreiben

Lösung 1 – Leser einbeziehen

Zulässig sind: 2 – Gäste willkommen, 4 – öffentliche Veranstaltung, 6 – nähere Informationen unter Telefon ...

Nicht zulässig sind: 1 – Sie sind herzlich eingeladen, 3 – Interessierte sind herzlich eingeladen, 5 – Informationen erhalten Sie unter.

Denn in 1 und 5 werden die Leser direkt angesprochen. Für 3 gilt: eingeladen wird per Post, persönlich oder telefonisch, aber nicht über die Medien.

Lösung 2 – Termin mitteilen

1. Das erste Treffen von Klein- und Mittelständlern in Murnau findet am Donnerstag, dem 3. März, um 19.30 Uhr im Bürgerhaus im Westerweg 2 statt.

2. Terminankündigung: Zum ersten Mal treffen sich klein- und mittelständische Unternehmen aus Murnau am Donnerstag, dem 3. März,

um 19.30 Uhr. Sie wollen sich künftig regelmäßig treffen, um sich über Berufliches auszutauschen. Die für alle interessierten Unternehmerinnen und Unternehmer offene Veranstaltung dient dem gegenseitigen Kennenlernen und der Suche nach einem Namen für das Treffen. Das erste Treffen findet im Bürgerhaus im Westerweg 2 statt.

3. Die Information, was genau passieren soll – ist die Gründung eines Vereins geplant zwecks Austausch und Weiterbildung oder eher eine Art Stammtisch? Außerdem fehlt eine Telefonnummer, unter der sich Interessierte informieren können.

4. Klein- und Mittelständler gibt es viele in Murnau. Ein Netzwerk oder den regelmäßigen Erfahrungsaustausch gab es aber für diejenigen bisher nicht, die dafür weder nach Garmisch-Patenkirchen noch nach München fahren wollten. Das soll sich jetzt ändern: Beim ersten Treffen von Unternehmerinnen und Unternehmern soll ein Name für den Zusammenschluss gefunden werden und geklärt werden, auf welche besonderen Bedingungen das Unternehmertum in der Urlaubsregion trifft. Ob die Unternehmer sich künftig zwanglos treffen, intern Vorträge organisieren, eine Interessengemeinschaft bilden oder ein Murnauer Unternehmer-Netzwerk gründen? Alles ist möglich! Das erste Treffen ist am Donnerstag, dem 3. März, um 19.30 Uhr, im Gewerbehof im Westerweg 2. Nähere Informationen gibt Sylvio Meier unter Telefon ...

5. Neues Netzwerk in Murnau?

Da das Thema und Ergebnis des Treffens vage sind, wäre ein Fragezeichen in der Überschrift in diesem Fall zulässig (vgl. Übung 5.7 „Überschriften entwickeln").

6. Nützliche Fakten wären: Wie viele klein- und mittelständische Unternehmern gibt es in Murnau? In welchen Branchen sind diese tätig? Sind in den letzten Jahren neue hinzugekommen? Was sind Besonderheiten für Unternehmen in Murnau? In welchen Verbänden sind die Murnauer bisher organisiert? Warum reichen deren Angebote nicht aus?

Informationsquellen könnten unter anderem sein: die Initiatoren, Industrie-, Handels- und Handwerkskammern, Statistisches Landesamt, Branchenverbände, einzelne Murnauer Unternehmer.

Lösung 3 – Veranstaltung ankündigen

1. Mindestangaben für ein Seminar sind:

das Thema, wo und in welcher Zeit findet es statt, wo kann man sich anmelden, wer sind die Veranstalter

Im besten Fall wird außerdem informiert über:

- Anmeldeschluss

- Besonderheiten des Seminars: Wird das Thema zum ersten Mal angeboten, gibt es einen besonderen Anlass?

- Charakter des Seminars: Ist es ein Vortrag mit Diskussion oder eher ein Workshop?

- Dozenten: Name, Qualifikation, Werdegang

- Kernsätze zum Thema von den Dozenten oder Veranstaltern

- Kontaktmöglichkeit für weitere Informationen

- Kosten für die Teilnahme

- Technische Ausstattung

- Teilnehmerzahl maximale

- Zielgruppe: An wen richtet sich das Seminar und warum?

2. Mindestangaben für eine Podiumsdiskussion sind:

Thema, Datum und Beginn, Ort

Im besten Fall wird außerdem angegeben:

- Besonderheiten: Motiv, Grund oder Anlass für die Veranstaltung? Bildet sie den Auftakt einer Reihe oder den Abschluss?

- Eintrittspreis

- Kernsätze zum Thema von den Referenten oder den Veranstaltern

- Kontaktmöglichkeit für weitere Informationen

- Teilnehmer: Wer sitzt auf dem Podium (Name, Position, Qualifikation fürs Thema)?

- Veranstalter

- Ziel der Veranstaltung

3. Mindestangaben für die Eröffnung einer Ausstellung:

Titel der Ausstellung, wann und wo ist die Eröffnung, Name der Künstlerin oder des Künstlers

Im besten Fall wird außerdem angegeben:

- Art der Werke: Bildhauerei, Linolschnitt, Pastellkreide?

- Besonderheiten der Ausstellung: Thema zum ersten Mal ausgestellt oder aus besonderem Anlass? Die wie vielte Ausstellung der Künstler?

- Charakter der Ausstellung: Einzel- oder Gruppenausstellung, besondere technische Ausstattung, Räume

- Charakter der Eröffnung: Wird eine Rede gehalten? Gibt es Musik oder eine Performance? Von wem (Name, Qualifikation/Position)?

- Dauer der Ausstellung

- Eintrittspreis

- Kernsätze von den Künstlern oder Veranstaltern zum Thema der Ausstellung oder deren Besonderheit

- Öffnungszeiten, muss man sich vorher anmelden?

- Qualifikation der Künstler: erhaltene Auszeichnungen, bisherige Ausstellungen, Werdegang, Ausbildung

- Technik der Werke: künstlerischer Technik, Stil

- Veranstalter

4. Mindestangaben für die Ankündigung einer Tagung oder Konferenz:

das Thema, wo und in welcher Zeit findet sie statt, wie oder wo kann man sich anmelden, wer sind die Veranstalter

Im besten Fall wird außerdem informiert über:

- Anmeldeschluss

- Begleitelemente: Gibt es parallel eine Ausstellung, ein Kulturprogramm, einen Empfang?

- Besonderheiten der Tagung: Zum wie vielten Mal findet sie statt, gibt es einen besonderen Anlass?

- Charakter der Tagung: Gibt es Vorträge, Podiumsdiskussionen, Workshops

- Kernsätze von Dozenten oder Veranstaltern zum Thema

- Kontaktmöglichkeit für weitere Informationen

- Kosten der Teilnahme

- Öffnungszeiten

- Teilnehmer: Name und Qualifikation

- Zahl der erwarteten Teilnehmer

- Ziel der Tagung: Sollen Impulse oder ein Thema gesetzt werden, dient sie der Weiterbildung, dem Aufbau von Strukturen oder dem Ermitteln von Zukunftszielen?

- Zielgruppe: An wen richtet sich die Tagung?

5. Mindestangaben für die Ankündigung einer Messe:

der Titel, wo und in welcher Zeit sie stattfindet, wer sind die Veranstalter

Im besten Fall wird außerdem informiert über:

- Anmeldeschluss

- Aussteller: Anzahl, Branchen, Produktschwerpunkte, Umsätze

- Begleitelemente: Gibt es ein Kulturprogramm, wird die Messe von Prominenten eröffnet, ein Kinderprogramm oder Gastronomie vor Ort geboten?

- Besonderheiten: Zum wie vielten Mal findet sie statt, gibt es einen besonderen Anlass? Gibt es Führungen, Mit-mach-Elemente, Verkaufsshows, Verlosungen, Vorträge, Produktproben, Podiumsdiskussionen, Sicherheitsrichtlinien, Workshops?

- Charakter: Sonderausstellung, Publikums- oder Fachmesse, in Hallen oder unter freiem Himmel
- Kernsätze von Veranstaltern, großen Ausstellern oder Sonderausstellern zum Thema
- Kontaktmöglichkeit für weitere Informationen
- Kosten für den Eintritt, das Begleitprogramm oder das Buchen von Messeständen
- Thema: Leitmotiv der Messe, Hintergrundinformationen zum Thema, aktuelle Branchenentwicklungen
- Veranstalter: Name, Arbeitsschwerpunkte, Motive, die Messe auszurichten
- Zahl der erwarteten Besucher, Besucherzahlen vorheriger Messen
- Ziel der Messe: Sollen Aspekte des Themas öffentlich thematisiert werden, ein Überblick ermöglicht oder Verkäufe gefördert werden?
- Zielgruppe: An wen richtet sich die Messe?

6. Mindestangaben für die Ankündigung einer Fortbildung:

das Thema, wo und in welchem Zeitraum findet es statt, wo kann man sich informieren, wer sind die Veranstalter

Im besten Fall wird außerdem informiert über:

- Abschluss: Welchen gibt es?
- Anmeldeschluss
- Besonderheiten: Wird das Thema zum ersten Mal angeboten, gibt es einen besonderen Anlass?
- Charakter der Fortbildung: Gibt es Praxisteile und Praktika, Prüfungen oder Abschlussarbeiten?
- Dozenten: Name und Qualifikation
- Kernsätze der Veranstalter zum Thema

- Kosten der Teilnahme, gibt es Stipendien oder Fördermöglichkeiten

- Nutzen: Inwiefern erleichtert die Fortbildung die berufliche Arbeit oder erhöht die Chancen auf dem Arbeitsmarkt?

- Relevanz des Themas für die Zielgruppe

- Technische Ausstattung

- Teilnehmerzahl maximal

- Zielgruppe: An wen richtet sich die Fortbildung?

6.6 Pressemitteilung verfassen

Lösung 1 – Produktvorstellung

A) 1. Satz:

Key-Work Consulting GmbH,	unnötige Abkürzung
der Spezialist	nicht belegte Behauptung, besser wäre „spezialisiert auf"
für Business Intelligence	unklare Wortbedeutung
und PLM Lösungen,	nicht erklärte Abkürzungen
präsentiert mit ‹ems	im Text selbst nicht erklärte Abkürzung mit Sonderzeichen
ein neuartiges	unnötig lang, kürzer wäre „neues"
Komplettwerkzeug	unklare Wortbedeutung

für das professionelle Direkt Marketing.

Der Satz sollte mit dem Neuen beginnen, nicht mit Informationen zur Firma.

Geänderter Satz:

Ein neues Programm für das professionelle Direkt Marketing präsentiert die auf Business Intelligence spezialisierte Firma Key-Work Consulting.

2. Satz

Mit diesem Werkzeug	gemeint ist ein Programm
eröffnen sich Unternehmen	Verb steht im Passiv, besser wäre aktiv „das Werkzeug bietet Unternehmen"
beim immer wichtiger werdenden	„immer wichtiger werdend" kann gestrichen werden
Thema Direkt Marketing	„Thema" kann gestrichen werden, da das Direkt Marketing wichtiger wird, nicht „das Thema Direkt Marketing"
neue, zukunftsweisende	inhaltliche Wiederholung: neu stand bereits im ersten Satz und was als zukunftsweisend angekündigt wird, wird ebenfalls neu sein
Möglichkeiten und Ansätze.	inhaltliche Wiederholung

Geänderter Satz:

Es bietet Unternehmen zukunftsweisende Möglichkeiten beim Direkt Marketing.

3. Satz

Mit der Komplettlösung ‹ems	unnötige Leserverwirrung durch synonyme Verwendung der Worte Werkzeug und Lösung
für das strategisch-analytische und operative Direkt Marketing	nachvollziehbarer wären Beispiele
stellt die Key-Work Consulting GmbH	zwischen „stellt" und „vor" stehen unnötig viele Worte, wodurch die Leserkonzentration unnötig vom Inhalt abgelenkt wird; unnötige Abkürzung

voller Stolz	das die Firma stolz auf ihr Produkt ist, gar „voller Stolz" ist weniger interessant, als dessen konkrete Einsatzmöglichkeit
ein völlig neuartiges und	etwas neues wird nicht neuer, wird es als „völlig neuartig" bezeichnet
innovatives Werkzeug vor.	unnötige Wiederholung in werbender Sprache, da „völlig neuartiges" auch innovativ ist und im dritten Satz in Folge auf das neue hingewiesen wird

Geänderter Satz:

Mit der Komplettlösung ‹ems bietet Key-Work Consulting ein innovatives Werkzeug für das strategisch-analytische sowie das operative Direkt Marketing.

4. Satz

Vom Kundenbeziehungsmanagement	das lange Substantiv kann in ein Verb plus Substantiv aufgelöst werden, also „Kundenbeziehungen managen", oder in zwei, drei Substantive, also „Management der Beziehungen zu den Kunden"
über Analysen und Segmentierungen	offen bleibt, was analysiert und segmentiert wird
bis zur operativen Kampagne	Von-bis-Aufzählungen sollen inhaltlich eine Bandbreite deutlich machen, beispielsweise von Anfang zum Ende, von A bis Z oder von klein zu groß

können Marketingexperten ihre Ideen	ein inhaltlich richtiger Anschluss wäre gewesen „reichen die Einsatzmöglichkeiten des ‹ems"
jetzt unmittelbar in die Tat umsetzen.	kürzer wäre „direkt umsetzen"

Geänderter Satz:

Die Einsatzmöglichkeiten reichen von Analysen und dem Management der Kundenbeziehungen bis zu operativen Kampagnen.

B) Satz 1 bis 4 geändert

Ein neues Programm für das professionelle Direkt Marketing präsentiert die auf Business Intelligence spezialisierte Firma Key-Work Consulting. Es bietet Unternehmen zukunftsweisende Möglichkeiten beim Direkt Marketing, Mit der Komplettlösung ‹ems bietet Key-Work Consulting ein innovatives Werkzeug für das strategisch-analytische sowie das operative Direkt Marketing. Die Einsatzmöglichkeiten reichen von Analysen und dem Management der Kundenbeziehungen bis zu operativen Kampagnen.

Satz 1 bis 4 verbessert

Ein neues Programm für das Direkt Marketing präsentiert die auf Business Intelligence spezialisierte Firma Key-Work Consulting in Karlsruhe. Mit vorkonfigurierten Datenstrukturen und einem integrierten Call Center bietet deren Programm „enterprise marketing studio", kurz ems, Unternehmen zukunftsweisende Möglichkeiten. Mit der Komplettlösung können sowohl Analysen durchgeführt als auch Kundenbeziehungen gemanagt und Kampagnen geplant werden.

Lösung 2 – Erfolgsmeldung

A) 1. Satz

In Leopoldshöhe bei c-trace	wo das ist, dürfte vielen unklar sein mindestens die Angabe der Branche fehlt
gehen die Arbeiten trotz Jahreswechsel unverändert weiter.	„die Arbeit" hätte ausgereicht

Geänderter Satz:

Trotz Jahreswechsel geht die Arbeit bei der Firma c-trace unverändert weiter.

2. Satz

Während in den letzten Jahren nach Silvester langsam Ruhe eintrat, geht es in 2008 unvermindert weiter.	Weitgehend inhaltliche Wieder- holung des ersten Satzes. Dass es im Gegensatz zu den vorherigen Jahren dieses Mal weiter geht, wäre – wenn überhaupt – der interes- santere Aspekt. Der Satz hätte daher besser mit dem Neuen begonnen.

Geänderter Satz:

– Satz streichen –

3. Satz

Wenn auch viele Fahrzeuge in den letzten Wochen des zurückliegenden Jahres	unnötige Aufblähung von „in den letzten Wochen"
aufgebaut wurden, stehen doch schon die nächsten Projekte an.	„doch" passt nicht, da der Fahrzeugaufbau und die „nächsten Projekte" inhaltlich kein Wider- spruch sind

Geänderter Satz:

Viele Fahrzeuge wurden in den letzten Wochen aufgebaut und nächste Projekte stehen an.

4. Satz

Firma c-trace, die	einleitender Artikel fehlt
Ident- und Wiegesysteme	was Identsysteme sind, bleibt unklar
für die Abfallwirtschaft entwickelt und produziert, hat ein erfolgreiches Jahr hinter sich.	der inhaltliche Zusammenhang zu den „nächsten" Projekten wird nicht hergestellt, vielmehr erneut in anderen Worten auf den Erfolg hingewiesen

Geänderter Satz:

Die Firma c-trace entwickelt und produziert Ident- und Wiegesysteme für die Abfallwirtschaft.

B) Satz 1 bis 4 geändert

Unverändert geht die Arbeit trotz Jahreswechsel bei der Firma c-trace weiter. Viele Fahrzeuge wurden in den letzten Wochen aufgebaut und nächste Projekte stehen an. Die Firma c-trace entwickelt und produziert Ident- und Wiegesysteme für die Abfallwirtschaft.

Satz 1 bis 4 verbessert

Viele Fahrzeuge wurden in den letzten Wochen aufgebaut und die nächsten Projekte stehen an: Trotz Jahreswechsel geht die Arbeit bei der Firma c-trace, die Ident- und Wiegesysteme für die Abfallwirtschaft entwickelt und produziert, unverändert weiter.

Lösung 3 – Marketing

A) 1. Satz

Mercedes-Benz führt mit seinem neuen Markenauftritt	die Kombination von „neu" und „Markenauftritt" erinnert eher an Werbesprache denn an informierende Pressetexte
erstmals	„erstmals" und „wird eingeführt" ist eine inhaltliche Wiederholung: Gäbe es das akustische Markenzeichen nicht erstmals, könnte es auch nicht eingeführt werden
auch	Füllwort, kann gestrichen werden
ein akustische Markenzeichen ein.	bei der ersten Nennung wäre Sound Logo prägnanter

Geänderter Satz:

Mercedes-Benz führt ein Sound Logo ein.

2. Satz

Das neue Sound Logo wird	zwei Mal „neu" in zwei Sätzen (neuer Markenauftritt)
ab 01. November 2007 in	Jahresangabe und „führende" Null können gestrichen werden
allen internationalen	wird das Sound Logo auch national eingesetzt, reicht „allen"
Hörfunk- und Werbespots	falsche Wortwahl: gemeint sind Hörfunk- und Fernsehspots, Werbespots wäre der Oberbegriff
zum Einsatz kommen und	Passivkonstruktion, besser wäre „wird eingesetzt"

verstärkt das weiterent- wickelte Markendesign.	wie ein Markendesign erst weiterent- wickelt und dann verstärkt wird und wozu das führt, wissen wohl vorzugsweise Marketingexperten

Geänderter Satz:

Das akustische Markenzeichen wird ab 1. November in allen Werbe- spots eingesetzt.

3. Satz

Der	um den Lesern keinen unnötigen Per- spektivwechsel zuzumuten,müsste es mit „sein" weitergehen
einprägsame Klang,	würde besser konkretisiert, um weni- ger an Werbung zu erinnern.
kombiniert mit einem neuen filmischen Abspann,	würde besser konkretisiert oder gestrichen
rückt den Stern als Markenbild	wie ein Klang ein Bild in den Vorder- grund rücken kann, versteht das Publikum nicht unbedingt
von Mercedes-Benz	da weitgehend bekannt ist, zu wem der Stern gehört, muss Mercedes- Benz nicht schon wieder genannt werden
in der Kommunikation	wieso in der Kommunikation? Eben ging es noch um Werbespots
noch stärker in den Vorder grund.	„stärker" hätte mehr als ausgereicht

Geänderter Satz:

Sein Klang rückt den Stern stärker in den Vordergrund.

4. Satz

„Mit unserem neuen	das dritte „neu" in vier Sätzen
Sound Logo wird die Marke Mercedes-Benz	das dritte „Mercedes-Benz" in vier Sätzen
in Zukunft	„in Zukunft" ist überflüssig, weil „wird" bereits in die Zukunft weist
nicht nur visuell, sondern auch akustisch	„auch akustisch" reicht aus, da zuvor der Stern als optisches Element genannt wurde
eindeutig und schneller wahrnehmbar sein",	da es bisher kein Sound Logo gab, war die Marke akustisch nicht wahrnehmbar und kann dies nun nicht „schneller" werden
sagt	da ein Zitat wiedergegeben wird, wurden die Worte bereits gesprochen, ist also die Vergangenheitsform zu wählen
Dr. Olaf Göttgens,	Titel werden in Pressemitteilung nicht genannt, sofern sie fachlich nicht relevant sind. Ist die Position des Zitierten wichtiger als seine Person, wird die Position zuerst genannt
Vice President Brand Communications Mercedes-Benz Cars.	in einer deutschen Pressemitteilung wäre die Übersetzung der Position aus dem englischen hilfreich gewesen, vor allem bei Spezialbegriffen wie „Brand"

Geänderter Satz:

„Mit dem Sound Logo wird unsere Marke auch akustisch wahrnehmbar", sagte der Vizepräsident der Abteilung Markenkommunikation für den Autobereich, Olaf Göttgens.

B) Satz 1 bis 4 geändert

Mercedes-Benz führt ein Sound Logo ein: Das akustische Markenzeichen wird ab 1. November in allen Werbespots eingesetzt. Sein Klang rückt den Stern stärker in den Vordergrund. „Mit dem Sound Logo wird unsere Marke auch akustisch wahrnehmbar", sagte der Vizepräsident der Abteilung Markenkommunikation für den Autobereich, Olaf Göttgens.

Satz 1 bis 4 verbessert

Seinen Stern rückt Mercedes-Benz nun auch akustisch in den Vordergrund: Ab 1. November haben alle Werbespots ein speziell entwickeltes Sound Logo. „Dass weiterentwickelte Markenzeichen macht uns akustisch unmittelbar wahrnehmbar", sagte der Vizepräsident der Abteilung Markenkommunikation für den Autobereich, Olaf Göttgens.

Lösung 4 – Europa

A) 1. Satz

Das Europäische Jahr des interkulturellen Dialogs 2008 gab heute in Berlin die Botschafter des Jahres offiziell bekannt.

> Ein Europäisches Jahr ist keine handelnde Person und kann daher nichts bekannt geben.

Geänderter Satz:

Die Botschafter des Europäischen Jahres des interkulturellen Dialogs 2008 wurden heute in Berlin vorgestellt.

2. Satz

Die Botschafter des Europäischen Jahres sind Menschen der Öffentlichkeit.

> Menschen können einer breiten
> Öffentlich bekannt sein oder in der
> Öffentlichkeit stehen, was „Menschen
> der Öffentlichkeit" sind, ist dagegen
> unklar.

Geänderter Satz:

Es sind Menschen, die einer breiten Öffentlichkeit bekannt sind.

3. Satz

Sie helfen, die Menschen im Sinne der Kampagneninhalte zu mobilisieren und die Botschaft des interkulturellen Dialogs zu verbreiten.

> Besser wäre gewesen, den Inhalt der
> Botschaft, die Art der Hilfe und die
> gewünschte Form der Mobilisierung
> konkret zu benennen, statt dass Bot-
> schafter nun abstrakt einem Jahr hel-
> fen, Menschen zu mobilisieren.

Geänderter Satz:

Sie setzen sich für den Austausch zwischen den Kulturen ein.

4. Satz

Die Botschafter haben eine Vorbildfunktion und geben dem Europäischen Jahr 2008 durch ihre Aussagen in Interviews und Statements
eine Stimme.

> Kürzer und konkreter als „Vorbild-
> funktion" wäre „Vorbilder", „durch
> ihre Aussagen" kann gestrichen wer-
> den.

Geänderter Satz:

Die Botschafter sind Vorbilder und geben dem Europäischen Jahr 2008 in Interviews und Statements eine Stimme.

B) Satz 1 bis 4 geändert

Die Botschafter des Europäischen Jahres des interkulturellen Dialogs 2008 wurden heute in Berlin vorgestellt. Es sind Menschen, die einer breiten Öffentlichkeit bekannt sind. Sie setzen sich für den Austausch zwischen den Kulturen ein. Die Botschafter sind Vorbilder und geben dem Europäischen Jahr 2008 in Interviews und Statements eine Stimme.

Satz 1 bis 4 verbessert

Die acht Botschafter des „Europäischen Jahres des interkulturellen Dialogs 2008" in Deutschland wurden heute in Berlin vorgestellt. Sie sind einer breiten Öffentlichkeit bekannt, setzen sich für den Austausch zwischen den Kulturen ein und geben dem Europäischen Jahr in Interviews und Statements eine Stimme.

Lösung 5 – Partnerschaft

1. Satz

Mit einer großen	„groß" kann gestrichen werden
Dankesfeier	„Feier" würde ausreichen, da lediglich Heide Simonis dankte
im Rathaus ist die erfolgreiche	besser wäre aktiv „wurde die Partnerschaft beendet" oder kürzer „endete"
Städtepartnerschaft	Städtepartnerschaft deutet auf zwei Städte als Partner hin
von Lübeck und UNICEF	Großschreibung nur bei echten Abkürzungen, die dann auch erklärt werden müssen, es fehlt die Information, wer oder was Unicef ist

| offiziell zu Ende gegangen. | die beiden Teile des Verbs „ist" und „gegangen" sind durch zehn Worte voneinander getrennt |

Geänderter Satz

Mit einer Feier im Rathaus endete offiziell die erfolgreiche Partnerschaft zwischen Lübeck und dem Kinderhilfswerk der Vereinten Nationen, Unicef.

2. Satz

Über 160 Aktionen und Veranstaltungen haben die Lübecker 2007 organisiert	„organisierten" ist klarer als „haben organisiert"; besser als „2007" wäre: im Jahr 2007 oder im vergangenen Jahr
und dabei rund 340.000 Euro eingenommen,	„nahmen ein" ist besser als „haben eingenommen"
die den UNICEF-Projekten	zum zweiten mal „Unicef" in zwei Sätzen
„Schulen für Afrika" und „Wasser im Sudan"	Satz enthält viele Informationen, besser auf zwei Sätze aufteilen
zugute kommen.	„spendeten" ist besser als „zugute kommen"

Geänderter Satz

Über 160 Aktionen und Veranstaltungen organisierten die Lübecker im vergangenen Jahr und nahmen rund 340.000 Euro ein. Die spendeten sie für die Projekte „Schulen für Afrika" und „Wasser im Sudan".

3. Satz

„Wir können sehr zufrieden sein", sagt Bürgermeister Bernd Saxe, „unser Ziel, einen Euro pro Einwohner zu sammeln, haben wir weit übertroffen."

der erste Teil des Zitates sagt zu wenig aus; da er die Worte bereits sprach, muss es „sagte" heißen

Geänderter Satz

„Unser Ziel, einen Euro pro Einwohner zu sammeln, haben wir weit übertroffen," sagte Bürgermeister Bernd Saxe.

4. Satz

Die UNICEF-Vorsitzende Heide Simonis dankte der Stadt, der Lübecker UNICEF-Arbeitsgruppe

das fünfte Mal „Unicef" in vier Sätzen

unter Leitung von Ingrid Stockfisch

wenn sie der Leiterin nicht ausdrücklich dankte, kann der Name gestrichen werden

und den vielen Menschen,

das „und" könnte durch „sowie" ersetzt werden, da ein weiteres „und" kurz darauf folgt

Vereinen und Firmen, die sich mit Engagement und Phantasie für die Städtepartnerschaft eingesetzt haben:

„mit Engagement einsetzen" kann durch „engagieren" ersetzt werden

„Alle zusammen haben die Partnerschaft zu einem tollen Erfolg für Kinder gemacht.

erster Teil des Zitats ist wenig aussagekräftig

Und sie haben damit ein Fundament gelegt, damit Lübeck auch künftig zu den Vorreitern gehört, wenn es um Kinder und ihre Rechte geht."	zwei mal „damit" in einem Satz

Geänderter Satz

Die Unicef-Vorsitzende Heide Simonis dankte der Stadt, der Lübecker Arbeitsgruppe des Kinderhilfswerkes, deren Leiterin Ingrid Stockfisch sowie den Menschen, Vereinen und Firmen, die sich für die Partnerschaft engagierten: „Sie haben ein Fundament gelegt, damit Lübeck auch künftig zu den Vorreitern gehört, wenn es um Kinder und ihre Rechte geht."

Satz 1 bis 4 geändert

Mit einer Feier im Rathaus endete offiziell die erfolgreiche Partnerschaft zwischen Lübeck und dem Kinderhilfswerk der Vereinten Nationen, Unicef. Über 160 Aktionen und Veranstaltungen organisierten die Lübecker im vergangenen Jahr und nahmen rund 340.000 Euro ein. Die spendeten sie für die Projekte „Schulen für Afrika" und „Wasser im Sudan". „Unser Ziel, einen Euro pro Einwohner zu sammeln, haben wir weit übertroffen," sagte Bürgermeister Bernd Saxe. Die Unicef-Vorsitzende Heide Simonis dankte der Stadt, der Lübecker Arbeitsgruppe des Kinderhilfswerkes, deren Leiterin Ingrid Stockfisch sowie den Menschen, Vereinen und Firmen, die sich für die Partnerschaft engagierten: „Sie haben ein Fundament gelegt, damit Lübeck auch künftig zu den Vorreitern gehört, wenn es um Kinder und ihre Rechte geht."

Lösung 6 – Symposion

A) 1. Satz

Das Institut für Allgemeine und Vergleichende Literaturwissenschaft veranstaltet zusammen mit der Romanistik der Johannes Gutenberg-Universität Mainz

	offen bleibt, ob mit „Romanistik" ein Studiengang gemeint ist, ein Fachbereich oder ein Institut
am 14. und 15. Februar 2008	die Jahreszahl ist in einer Pressemitteilung für die allgemeinen Medien unnötig
ein Symposion mit dem Titel „9/11 als kulturelle Zäsur".	der Titel ist interessanter als die Veranstalter und das Datum, sofern alle Leser zweifelsfrei wissen, was mit 9/11 gemeint ist

Geänderter Satz:

„9/11 als kulturelle Zäsur" ist der Titel eines Symposiums der Johannes Gutenberg-Universität Mainz, das der Fachbereich Romanistik und das Institut für Allgemeine und Vergleichende Literaturwissenschaft am 14. und 15. Februar durchführen.

2. und 3. Satz

„Bei der Tagung	inhaltliche Wiederholung von Symposium
wollen wir	die Auflösung wer „wir" ist, folgt zu spät
zusammen mit Wissenschaftlern aus den Bereichen werden	„zusammen" und „den Bereichen" kann gestrichen werden
Film, Kultur, Literatur, Medien, Musik und Theater	Kultur ist der Oberbegriff, anschaulicher als eine vollständige Aufzählung in willkürlicher Reihenfolge wäre eine Von-bis-Aufzählung oder eine alphabetische Reihenfolge,
herausfinden, welchen Einschnitt	„Einschnitt" ist vage und legt zugleich fest, dass es keine zwei oder mehr Einschnitte gab

die Ereignisse	„Ereignisse" kann gestrichen werden
am 11. September	um welchen 11. September es geht, ist unklar
für den jeweiligen Bereich	zwei Mal „Bereich" in einem Satz
bedeutet haben",	„haben" bezieht sich auf Einschnitt, es muss also „hat" heißen; besser wäre ein Verb, das zu Einschnitt passt
kündigt Dr. Sascha Seiler vom Institut für Allgemeine und Vergleichende Literaturwissenschaft an,	in zwei Sätzen steht zwei Mal das Wort Institut
der das Symposion gemeinsam mit Junior-Prof. Dr. Sandra Poppe und dem Romanisten Dr. Thorsten Schüller organisiert.	„gemeinsam" kann gestrichen werden die Abkürzung „Prof." muss ausgeschrieben werden

Geänderter Satz:

„Mit Wissenschaftlern aus der Kultur – insbesondere aus Film, Literatur, Medien, Musik und Theater – wollen wir herausfinden, welche Einschnitte der 11. September in diesen Bereichen auslöste". Das kündigte Dr. Sascha Seiler vom Institut für Literaturwissenschaft an, der die Tagung mit Junior-Professorin Dr. Sandra Poppe und dem Romanisten Dr. Thorsten Schüller organisiert.

4. Satz

Auf welche Art und Weise	kürzer wäre „wie"
wird die Art	„die Art" kann gestrichen werden
des theoretischen Denkens	Denken ist meist theoretisch
beeinflusst und wie schlägt sich dieses veränderte Denken in Kunstdiskursen nieder?	Denken und „schlagen" passen nicht gut zusammen, zwei Mal „Denken" in einem Satz, Der Zusammenhang zwischen dieser Frage und dem Thema der Tagung wird nicht deutlich

Geänderter Satz:

Ermittelt werden solle beispielsweise, wie 9/11 das Denken beeinflusst hat und wie sich dies auf die Kunstdiskurse auswirke.

B) Satz 1 bis 4 geändert

„9/11 als kulturelle Zäsur" ist der Titel eines Symposiums der Johannes Gutenberg-Universität Mainz, das der Fachbereich Romanistik und das Institut für Allgemeine und Vergleichende Literaturwissenschaft am 14. und 15. Februar durchführen. „Mit Wissenschaftlern aus der Kultur – insbesondere aus Film, Literatur, Medien, Musik und Theater – wollen wir herausfinden, welche Einschnitte der 11. September in diesen Bereichen auslöste". Das kündigte Dr. Sascha Seiler vom Institut für Literaturwissenschaft an, der die Tagung mit Junior-Professorin Dr. Sandra Poppe und dem Romanisten Dr. Thorsten Schüller organisiert. Ermittelt werden solle beispielsweise, wie 9/11 das Denken beeinflusst hat und wie sich dies auf die Kunstdiskurse auswirke.

Satz 1 bis 4 verbessert

Die Terroranschläge in New York am 11. September 2001 haben bis heute Folgen. Um die Auswirkungen auf Filme, Literatur, Medien, Musik und Theater geht es auf dem Symposium „9/11 als kulturelle Zäsur" an der Johannes Gutenberg-Universität Mainz. „Wir wollen herausfinden, wie der 11. September das Denken beeinflusst hat und welche Folgen das für die Kunstdiskurse hat", kündigte Dr. Sascha Seiler vom Institut für Allgemeine und Vergleichende Literaturwissenschaft an. Er organisiert die Tagung am 14. und 15. Februar gemeinsam mit Junior-Professorin Dr. Sandra Poppe und dem Romanisten Dr. Thorsten Schüller.

6.7 Überschrift entwickeln
Lösung 1 – Hauptüberschrift finden

1. An Bord der „Polarstern": 100 Tonnen der Antarktis-Station

   Antarktis-Station wieder in Bremerhaven

   Forschungsstation ist wieder in Bremerhaven

   Nach fünf Monaten ist „Polarstern" zurück

   „Polarstern" brachte 100 Tonnen Material

   „Polarstern" brachte Antarktis-Station zurück

   „Polarstern" hatte Antarktis-Station an Bord

2. Die beste Überschrift ist: Antarktis-Station wieder in Bremerhaven.

   An Bord der „Polarstern": 100 Tonnen der Antarktis-Station: Die Information ist fünf Monate alt.

   Forschungsstation ist wieder in Bremerhaven: Hier wird die zentrale Aussage des Textes nicht wiedergegeben, da der lange Transportweg nicht erkennbar ist. Nach dieser Überschrift könnte die Forschungsstation zuvor auch zehn Kilometer hinter der Bremerhavener Stadtgrenze gewesen sein.

   Nach fünf Monaten ist „Polarstern" zurück: Es gibt keinen Leseanreiz, da das Besondere dieser Rückkehr nicht genannt wird, die an Bord befindliche Forschungsstation. Es wird lediglich vermeldet, wie lang etwas weg war. Dass es sich um ein Schiff handelte, ist nur für die Lesenden eindeutig, die wissen, dass „Polarstern" ein Schiff ist.

   „Polarstern" brachte 100 Tonnen Material: Die Überschrift ist nur für die Lesenden eindeutig, die wissen, dass „Polarstern" ein Schiff ist.

„Polarstern" hatte Antarktis-Station an Bord: Es wird die veraltete Information angekündigt, dass das Schiff die Station an Bord „hatte". Dem Text ist klar zu entnehmen, dass diese Tatsache schon fünf Monate alt ist.

Die Redaktion veröffentlichte die Meldung mit der Überschrift „Forschungsstation ist wieder in Bremerhaven".

Lösung 2 – Passende Unterzeile auswählen

1. – „Altersspuren" suchen mit der Linse

   – Bundesweiter Fotowettbewerb „Altersspuren"

   – „Denkmal mit der Linse"

   – Fotowettbewerb „Altersspuren"

   – Jugendliche fotografieren „Altersspuren"

   – Mit der Kamera auf Spurensuche

   – Spuren suchen mit der Kamera

2. Bundesweiter Fotowettbewerb der Stiftung Denkmalschutz

3. Da die Worte aus der Hauptüberschrift nicht in der Unterzeile wiederholt werden sollten, passen zu der Unterzeile „Bundesweiter Fotowettbewerb der Stiftung Denkmalschutz" von den genannten Hauptüberschriften: „Altersspuren" suchen mit der Linse, Mit der Kamera auf Spurensuche, Spuren suchen mit der Kamera.

   Die komplette Überschrift könnte demnach lauten:

   Hauptüberschrift: Spuren suchen mit der Kamera

   Unterzeile: Bundesweiter Fotowettbewerb der Stiftung Denkmalschutz

4. Die beste Hauptüberschrift ist: Spuren suchen mit der Kamera. Sie enthält kurze Worte, ein Verb und ist – noch am ehesten – verständlich und entspricht der zentralen Aussage des Textes.

   „Altersspuren" suchen mit der Linse und Jugendliche fotografieren „Altersspuren": Was mit „Altersspuren" gemeint ist, wird erst nach

Lesen des Textes klar.

Bundesweiter Fotowettbewerb „Altersspuren": kein Verb.

Denkmal mit der Linse: Es ist unklar, ob das Denkmal eine Linse hat oder ob die Lesenden aufgefordert werden, mal mit Hilfe einer Linse zu denken. Damit ist der Titel des Fotowettbewerbs missverständlich und als Überschrift nicht geeignet.

Fotowettbewerb „Altersspuren": kein Verb.

Mit der Kamera auf Spurensuche: Enthält ein langes Substantiv mehr anstatt des Verbs.

Damit sind alle Überschriften, die das Wort „Altersspuren" enthalten, zweite Wahl. Da das Wort in Anführung gesetzt ist, wird außerdem der Eindruck erweckt, dies sei der Titel des Wettbewerbs. Der Text wird also verfälscht. Zweite Wahl sind auch Überschriften mit dem Wort „Linse", da es weder um Kontaktlinsen noch um Linsensuppe geht. Das Wort „Kamera" ist eindeutiger.

Die Redaktion veröffentlichte die Meldung unter der zweizeiligen Überschrift: Mit der Kamera auf Spurensuche. Eine Unterzeile erschien nicht, da dies bei kurzen Meldungen in dieser Redaktion nicht üblich ist.

Lösung 3 – Überschriften verbessern

1. Weil die Überschrift das Engagement lächerlich macht, indem die Assoziation ausgelöst wird, Dresdner würden wie Hunde reflexartig „Laut geben".

2. Hauptüberschrift: Bollerwagen und Bockwurst statt Abgase

   Unterzeile: „Tag der offenen Autobahn": Straße wird mit Volksfest eröffnet

Da Lkw eine Abkürzung ist und Autos der Oberbegriff, muss Lkw ersetzt werden. Das Wort „Auto" sollte möglichst nur ein Mal benutzt werden. Dass Würstchen vor Ort jemandem Geschmack auf eine Straße machen, ist unwahrscheinlich.

3. Hauptüberschrift: „Mehr als ein Euro pro Einwohner
                         gesammelt"

Unterzeile: Lübecker Unicef-Jahr offiziell beendet
                        – Fundament für Kinder und ihre
                        Rechte gelegt

Literatur

Ahlke, Karola Ahlke/Jutta Hinkel, *Oft werden Phrasen daraus*, in: sage & schreibe, März/April 1999, S. 20–33.

Bachmann, Cornelia, Public Relations: Ghostwriting für Medien: eine linguistische Analyse der journalistischen Leistung bei der Adaption von Pressemitteilungen, Bern u. a. 1997.

Beaudoin, Jean-Pierre, *Brückenschlag in Old Europe*, in: pressesprecher 6/2005, S. 36–38.

Becker, Cordelia, *Ideen statt Schreibe*, in: Der österreichische Journalist, 6/1996, S. 30 ff.

Bertram, Jürgen: Das Ende der Fernsehkultur, Frankfurt 2006.

Braden, Maria, Getting the message across. Writing for the Mass Media, Boston/New York 1997.

Brody, E. W./Dan L. Lattimore, Public relations writing, New York/Westport/ Connecticut/London 1990.

Burton, Cathie/Alun Drake, Hitting the Headlines in Europe, London/Sterling 2004.

Buschardt, Tom/Nicole Kidd/Stefany Krath, Die Pressemitteilung, Starnberg 2000.

dan (Autorenkürzel), *Nachrichtenagenturen haben Angebot verdoppelt*, in: epd medien Nr. 80 vom 10. 10. 2007, S. 21–22.

Deutscher Presserat, Publizistische Grundsätze (Pressekodex), Bonn 2006.

dpa (Agenturkürzel), *„Kein Zusammenhang zwischen den Beben"*, in: Weser Kurier vom 22. 9. 1999, S. 12.

eb (Autorenkürzel), *Forschungsstation ist wieder in Bremerhaven*, in: Weser Kurier vom 8. 6. 1999, S. 16.

Erdmann, Bettina/Helma Nehrlich: *Journalismus auf dem gesponserten Lotterbett?*, in: menschen machen medien, 2/2005, S. 16–19.

Falkenberg, Viola, Im Dschungel der Gesetze. Leitfaden Presse- und Öffentlichkeitsarbeit, Bremen 2004.

Falkenberg, Viola, *Evaluation der Qualität von Pressearbeit*, in: pr-magazin, 9/2001, S. 35–42.

Falkenberg, Viola, Ist Arbeitsschutz ein Tabuthema der Medien? Untersucht anhand der Aktion „Tatort Betrieb" der IG Metall in Baden-Württemberg, Berlin 1993, unveröffentlichte Abschlussarbeit des Journalisten-Weiterbildungsstudiums an der FU Berlin.

Förch, Julia, *Amica und ihre Freunde*, in: pr-magazin, 1/1998, S. 43.

Förster, Hans-Peter, Zweitberuf: Pressesprecher, Neuwied/Kriftel/Berlin 1997.

Frech, Günter, *Von der Verlegeragentur zur Agentur der Kaufleute?* in: menschen machen medien, 8.–9.1999, S. 9–11.

Friedrichs, Hanns Joachim, *Vom „Handwerk" der Sprache*, in: Gesellschaft für deutsche Sprache (Hg.), Wörter und Unwörter, Niedernhausen/Ts. 1993, S. 18–22.

Gaßdorf, Dagmar, Das Zeug zum Schreiben – Eine Sprachschule für Praktiker, Frankfurt am Main, 1996.

Gerhardt, Rudolf, Lesebuch für Schreiber – Vom journalistischen Umgang mit der Sprache. Ein Ratgeber in Beispielen, Frankfurt am Main 1996.

Gesterkamp, Harald/ Peter Lange, *Zwischen Propaganda, Zensur und Kommunikation per Internet. Die vielschichtigen Abhängigkeiten von Medien und Menschenrechten*, in: menschen machen medien, 5/1999, S. 14–20.

Grote, Christoph, *Sollen Freie Vorspänne mitliefern?* in: journalist, sage & schreibe Werkstatt, 10/1999, S. 11.

Grunsky, Nina, *Ein Kessel Buntes*, in: pr-magazin, 2/1999, S. 39.

Gurn, Petra/Olaf Mosbach-Schulz (Hg.), „Risikokommunikation in den Medien" – Workshopdokumentation der Universität Bremen vom März 1998.

Haller, Michael, *Das Unbekannte nahebringen*, in: journalist, sage & schreibe Werkstatt, 9/1999, S. 10 f.

Hartmann, Frank, Studie ‚Journalismus in Deutschland': *Gute Chancen für professionelle PR*, in: Günther Schulze-Fürstenow/Bernd-Jürgen Martini (Hg.), Handbuch PR, Neuwied/ Kriftel/Berlin 2. Auflage 1994, Ergänzungslieferung vom 8. 3. 1996, 2.430, S. 7.

Häusermann, Jürg, Journalistisches Texten: sprachliche Grundlagen für professionelles Informieren, Aarau/Frankfurt am Main 1993.

Heibutzki, Henry J., Kein Kommentar! in: ManagerSeminare, Oktober–Dezember 1997, S. 118 f.

hen (Autorenkürzel), *Deutscher PR-Rat rügt Agentur Flaskamp*, in: epd medien Nr. 98 vom 12. 12. 2007, S. 9–10.

hen (Autorenkürzel), *Nachrichtenportale im Internet werden vermehrt genutzt*, in: epd medien Nr. 59 vom 28. 7. 2007, S. 16–17.

hen (Autorenkürzel), *Studie: Boulevardisierung der Nachrichtensendungen nimmt zu*, in: epd medien Nr. 38, 16. 5. 2007, S. 18.

Herles, Helmut, *Sprachkritik im Glashaus*, in: Initiative Tageszeitung (Hg.), Redaktion 1997 – Almanach für Journalisten, Bonn 1997, S. 155–158.

Hintermeier, J., Public Relations im journalistischen Entscheidungsprozess dargestellt am Beispiel einer Wirtschaftsredaktion (Nürnberger Nachrichten), Düsseldorf 1982; nach: Michael Kunczik, Journalismus als Beruf, Köln/Wien 1988, S. 249.

Hirst, Martin, *MEAA Code of Ethics for Journalists. An historical and theoretical overview*, in: Media International Australia, No. 83 von 2/1997, S. 63–77.

Hoffmann, Walter/Werner Schlummer, Erfolgreich beschreiben – Praxis des Technischen Redakteurs, München 1990.

Huber, Claudia Kristine, Dokumentation – Black Box Brüssel. EU Journalismus zwischen Affirmation und Kontrolle, epd medien Nr. 96 vom 5. 12. 2007.

Hübner, Wendelin, *„Die Qual zu schreiben"*, Interview mit Wolf Schneider, in: pressesprecher 05/2007, S. 48 f.

Hüttner, Bernd, Verzeichnis der Alternativmedien 2006/7, Neu-Ulm 2006.

Illgner, Gerhard, *Neusprech in Babylon*, in: journalist, 4/1999, S. 20 f.

Jarboe, Greg, *Celebrating the 100th Birthday of the Presse Release*, http://www.newesforce.com/art-celebrating_the_100th_birthday.html, 26. 10. 2007.

Jarboe, Greg, *The News Headline wasn't optimized*, http://newsforce.com/art-this_news_headlinie_want_optimized.html, 26. 10. 2007.

Jipp, Karl-Ernst, Wie schreibe ich eine Nachricht, Stuttgart 1990.

Kaiser, Andrea, *Verwertungsketten – Die Relevanzkriterien der Nachrichten*, in: epd medien Nr. 45 vom 12. 6. 2004, S. 18–20.

Kaiser, Josef, *Global Player vor Ort*, in: pr-magazin, 2/1999, S. 22–25.

kel (Autorenkürzel), *Zeitschriftenverleger: Ernüchterung nach Werberückgängen*, in: epd medien Nr. 92 vom 21. 11. 2001, S. 18.

Kimmel, Tatjana, *Sex und Crime als Nachrichtenfaktoren – Erfahrungen aus dem redaktionellen Alltag*, in: Dokumentation der Tagung zur Darstellung sexualisierter Gewalt in der öffentlichen Berichterstattung „Tatort Medien", Mainz 1998, S. 36–42.

Klein, Dora, *Schlagzeilen bringen Spenden*, in: pr-magazin, 1/1998, S. 46.

Kniesburges, Maria, *Der Riß – Armut im Wohlstandsland*, in: Informationen aus dem Gemeinschaftswerk der Evangelischen Publizistik, Info 4/1998 vom Dezember 1998, S. 7.

Knieß, Anne Katharina, Presseverteiler – Das Kapital der Pressestelle, in: Ralf Laumer (Hg.), Bücher kommunizieren, Das PR-Arbeitsbuch für Bibliotheken, Buchhandlungen und Verlage, Bremen 2005, S. 31–39.

Kroll, Dr. Jens M. /Olaf Kroll, Pressetaschenbuch, Seefeld, erscheint alle zwei Jahre aktualisiert für achtzehn Themenbereiche von Ernährung bis Motor-Presse.

Kruse, Otto, Keine Angst vor dem leeren Blatt. Ohne Schreibblockaden durchs Studium, Frankfurt am Main/New York 5. Auflage 1997.

Kunczik, Michael, Journalismus als Beruf, Köln/Wien 1988.

Linden, Peter, Wie Texte wirken, Bonn 1998; zitiert nach: Peter Linden, *Kamera im Kopf*, in: sage & schreibe, März/April 1999, S. 34.

Lindner, Wilfried, Taschenbuch Pressearbeit, Heidelberg, 2. Auflage 2001.

Linß, Vera, *Quelle der Nachricht: Öffentlichkeitsarbeit*, in: Menschen machen Medien, 9/2006, S. 22.

lsw (Kürzel des dpa-Basisdienstes), *IG Metall: Betriebe nach Umweltaktion „Per"-frei*, in: Reutlinger General- Anzeiger vom 19. 5. 1989.

Lüdeke, Thomas/Holger Sievert, *Kommunikation im Mittelstand – Mehr als polnische Imagebroschüren*, zur Studie vom Sommer 2004, unter: http://www.pr-guide.de am 22. 1. 2008.

Luthe, Detlef, Öffentlichkeitsarbeit für Nonprofit-Organisationen, Augsburg 1994.

Meyn, Hermann, *Korpsgeist der Insel*, in: journalist, 7/1998, S. 36.

Meyn, Hermann, *Schleusen-Wärter*, in: journalist, 9/1999, S. 46.

O. A., Daten zur Mediensituation in Deutschland 2003, in: Media Perspektiven Basisdaten von 2003.

O. A., *Friedrich Wilhelm IV. und die Entwicklung des preußischen Preßbüros*, in: Michael Kunczik (Hg.), Geschichte der Öffentlichkeitsarbeit in Deutschland, Köln/Weimar/Wien 1997, S. 83–87.

O. A., *Geglückter Seitenwechsel*, in: menschen machen medien, 3/2005, S. 6.

O. A., Impressum. Schweizerisches Medienhandbuch, in elektronischer Form unter www.persoenlich.com.

O. A., *Irreführende Pressemitteilung*, in: journalist, 8/1999, S. 23.

O. A., Journalisten-, Medien- & PR-Index, Wien 2006/1.

O. A., *Konzeption für die Presse- und Öffentlichkeitsarbeit des Deutschen Bundesjugendringes*, in: Deutscher Bundesjugendring (Hg.), Reden ist Silber Schweigen ist Schrott, München 1996, S. 44–46.

O. A., Medienhandbuch, Hamburg oder Berg-Kempfenhausen, regelmäßig aktualisiert beispielsweise für Baden–Württemberg, Berlin/Potsdam, Hessen, Hamburg, Düsseldorf, Köln, München, Niedersachsen/Bremen, Rhein/Main, Rhein/Ruhr, Wiesbaden.

O. A., *Mit Pressefotos achtmal höhere Abdruckchancen*, in: www.prportal.de/?article=02-09-06-331464, 2. 9. 2006.

O. A., *„Nur noch Werbung und Marketing"*, in: menschen machen medien, 5/1998, S. 26.

O. A., *Presseinformationen sind bevorzuge PR-Infoquelle von Journalisten*, in: Pfeffers Newsletter Nr. 86 vom 24. 10. 2006.

O. A., *Pressemitteilungen: Die meisten sind für den Papierkorb*, in: Pfeffers Newsletter Nr. 46, 48. Kalenderwoche 2005.

O. A., Schweizer PR- & Medienverzeichnis, Zürich, 34. Ausgabe 2007.

O. A., *„Unwichtiges wird aufgeblasen, Wichtiges verschwiegen"*, in: pressesprecher 1/2006, S. 6.

O. A., Urteil des Landgerichts Hamburg vom 31.1. 2007, veröffentlicht in MIR 03/2007, nach: http://www.medien-internet-und-recht.de/volltext.php?mir¬_dok_id=619, 31. 8. 2007.

Patalong, Frank, *Blind Date*, in: Insight, Mai 1999, S. 42–45.

Peltzer, Karl/Reinhard v. Normann: Das treffende Zitat, o. O. 12., neu bearbeitete Auflage 1995.

Petersen, Kathrin, *Der Marsch der Pinguine*, in: pr-magazin, 2/1999, S. 42 ff.

Pfeifer, Hans-Wolfgang, Sicherung journalistischer Qualität verlangt ein Qualitätsmanagement, in: Initiative Tageszeitung (Hg.), Redaktion 1994 – Almanach für Journalisten, Bonn 1993, S. 37–41.

Pflaum, Dieter/Wolfgang Pieper (Hg.), Lexikon der Public Relations, Berlin 1990.

Pierson, Matthias, Kommentierte Synopse zum Gesetz gegen den unlauteren Wettbewerb (UWG) vom 3. Juli 2004, in: JurPC Web-Dok. 249/2004, unter http://www.jurpc.de/aufsatz/20040249.htm am 8. 1. 2008.

Posewang, Wolfgang, Wörterbuch der Medien, Neuwied/Kriftel/Berlin 1996.

Prandl, Heribert, *„Zwangsjacken"*, in: epd medien Nr. 98 vom 12. 12. 2007, S. 27–31.

Pusch, Luise F., Das Deutsche als Männersprache, Frankfurt am Main 1984.

Rager, Günter, *Qualität in der Zeitung – Ergebnisse erster Untersuchungen*, in: Initiative Tageszeitung (Hg.), Redaktion 1994 – Almanach für Journalisten, Bonn 1993, S. 165–170.

Raue, Paul-Josef, Interview mit Wolf Schneider, in: Initiative Tageszeitung (Hg.), Redaktion 1995 – Almanach für Journalisten, Bonn 1994, S. 109–116.

Rehbein, Marcia, *Hauptsache Pressefreiheit*, in: sage & schreibe, 1.–2./1999, S. 40.

Renz, Ulrich, *Vom Kansas City Milkman und anderen Aspekten des Agenturjournalismus*, in: menschen machen medien, 8.–9./1999, S. 8 f.

rid (Autorenkürzel), *PR-Rat rügt Schleichwerbung der Bundesagentur für Arbeit*, in: epd medien Nr. 15 vom 24. 2. 2007, S. 9–10.

rid (Autorenkürzel), *Presserat und Redaktionen bekräftigen Schleichwerbeverbot*, in: epd medien Nr. 75 vom 22. 9. 2007, S. 18–19.

rid (Autorenkürzel), *ARD verlangt von Bavaria 2,5 Millionen Euro Schadensersatz*, in: epd medien Nr.1 vom 7. 1. 2006, S. 17–18.

Roggenkamp, Viola, *Frau kriegt Frau*, in: Die Zeit vom 11. 3. 1999, S. 70.

Rommel, Manfred, *„Ohne Rücksicht fremde Gedanken stehlen"*, in: Initiative Tageszeitung (Hg.), Redaktion 1996 – Almanach für Journalisten, Bonn 1996, S. 75–80.

Scheidt, Jürgen vom, Kreatives Schreiben – Wege zu sich selbst und zu anderen, Frankfurt am Main 1993.

Schisau, Dietz/Josef Ohler, Die Nachricht in Presse, Funk und Fernsehen, München 2003.

Schneider, Wolf, *Wer liest denn schon noch die Tageszeitung*, Rede in Hannover am 3. 9. 1995, http://www.teefax.de/Philosophie/Texte/Tageszeitung.htm vom 22. 3. 2006.

Schneider, Wolf/Detlef Esslinger, Die Überschrift, München 1993.

Scholl, Armin/Siegfried Weischenberg, Journalismus in der Gesellschaft – Theorie, Methodologie und Empirie, Opladen/Wiesbaden 1998.

Schröder, Thomas, *„Wir müssen die Sprache der Medien beherrschen"*, in: Pressesprecher, 1/2006, S. 15.

Schuylenburg, Gaby, *Gibt es eine Diskussionskultur beim Thema „Risiko" in den Medien?* in: Gurn/Mosbach-Schulz, S. 85–91.

Schwamberger, Astrid, *Gliedern, gestalten, stimulieren*, in: journalist, sage & schreibe Werkstatt, 7/1999, S. 13.

Society of Professional Journalists Sigma Delta Chi, *Code of Ethics*, www.cincinnati_spj.org/ethics.html vom 21. 10. 1999, S. 1 ff.

Stamm, Willy (Hg.), Leitfaden durch Presse und Werbung, Essen, jährlich aktualisiert.

Stollorz, Volker, *Panikmacher oder Pannenhelfer? Warum Medien über Risiken schreiben, wenn sie aus Sicht der Wissenschaft schweigen sollten*, in: Gurn/Mosbach-Schulz, S. 64–73.

Stürzer, Hans Werner, *Durchgeknalltes aus der „Zeit"*, in: journalist, 4/1999, S. 18.

Stürzer, Hans Werner, *Sprache im Entsafter*, in: journalist, 4/1999, S. 14–17.

Trömel-Plötz, Senta, Vatersprache Mutterland, München 1993.

Trömel-Plötz, Senat, *Weiblicher Stil – männlicher Stil*, in: Senta Trömel-Plötz (Hg.), Gewalt durch Sprache – Die Vergewaltigung von Frauen in Gesprächen, Frankfurt am Main 1984.

Tucholsky, Kurt, *Der leidige Rotstift*, zitiert nach: Elger Blühm/Rolf Engelsing, Die Zeitung. Deutsche Urteile und Dokumente von den Anfängen bis zur Gegenwart, Bremen 1967, S. 234 f.

Verband österreichischer Zeitungen (Hg.), Österreichisches Pressehandbuch 2008, Wien 2008.

Verband österreichischer Zeitungen (Hg.), Pressehandbuch 1999, Wien 1999.

Vogel, Andreas, *Titelthema Fachpresse, Ein unterschätzter Bereich*, in: menschen machen medien 6–7/2007, S. 8–9.

Wandtke, Artur (Hg.), Public Relations und Medienrecht, Potsdam 2004.

Weischenberg, Siegfried, Nachrichten Schreiben 2000 plus, Wiesbaden 2001

Weischenberg, Siegfried, Nachrichten Schreiben, Wiesbaden 1997.

Weischenberg, Siegfried, Nachrichtenschreiben – Journalistische Praxis zum Studium und Selbststudium, Opladen 1988.

Werder, Lutz von, 1995, S. 14, 18; zitiert nach: Sonja Klug, Bücher für Ihr Image – Leitfaden für Unternehmen und Business-Autoren, Zürich 1996, S. 94.

Wienen, Viola, *Agenda: Was darf die PR*, in: www.pressesprecher.com/magazine/artikel/723.php am 31.1. 2008.

Zehrt, Wolfgang, Die Pressemitteilung, Konstanz 2007.

Zerfaß, Asgar, *Techniken, Tools, Theorien. Management-Know-how für Public Relations*, in: Medien Journal – Zeitschrift für Kommunikationsberufe (Österreich), 3/1998, S. 6.

Zimpel, Dieter, Zeitungen, Zeitschriften, Funk und Fernsehen, München, jährlich aktualisiert.

Stichwortverzeichnis

Die Autorin

Viola Falkenberg ist ausgebildete Tageszeitungsjournalistin. Sie war zehn Jahre festangestellt und freiberuflich für Print- und Hörfunkmedien in Hamburg, Bremen, Frankfurt und Bonn tätig. Sie arbeitet seit 1990 bundesweit als Dozentin und Beraterin für Presse- und Öffentlichkeitsarbeit und ist seit 2000 Mitglied des Rundfunkrats von Radio Bremen. Im Jahr 2004 gründete sie den Viola Falkenberg Verlag, 2008 die „Akademie für Pressearbeit – Pressada".